KB040771

총을 든 아이들,
소년병

총을 든 아이들, 소년병
시에라리온 내전으로 꿈과 미래를 짓밟힌 소년병들에 관한 보고서

지은이 | 미리엄 데노브
옮긴이 | 노승영
펴낸이 | 김성실
기획편집 | 이소영 · 박성훈 · 김하현 · 김성은 · 김선미
마케팅 | 곽홍규 · 김남숙
인쇄 · 제본 | 한영문화사

초판 1쇄 | 2014년 7월 1일 펴냄

펴낸곳 | 시대의창
출판등록 | 제10-1756호(1999. 5. 11.)
주소 | 121-816 서울시 마포구 연희로 19-1 4층
전화 | 편집부 (02) 335-6125, 영업부 (02) 335-6121
팩스 | (02) 325-5607
이메일 | sidaebooks@daum.net

ISBN 978-89-5940-294-6 (03300)

책값은 뒤표지에 있습니다.
잘못된 책은 바꾸어드립니다.

Child Soldiers: Sierra Leone's Revolutionary United Front
By Myriam Denov

Published in the United States of America by Cambridge University Press, New York

Copyright © Myriam Denov 2010

First published 2010

Korean translation copyright © Window of Times 2014

This translation published by arrangement with the Syndicate of the Press of the University of Cambridge, England, through Shinwon Agency Co., Korea

이 책의 한국어판 저작권은 원저작권자와 독점 계약한 시대의창에 있습니다. 저작권법에 따라 한국 내에서 보호를 받는 저작물이므로, 이 책의 일부나 전부를 상업적으로 이용하려면 미리 허락을 받으십시오.

이 도서의 국립중앙도서관 출판시도서목록(CIP)은
서지정보유통지원시스템 홈페이지(http://seoji.nl.go.kr)와
국가자료공동목록시스템(http://www.nl.go.kr/kolisnet)에서 이용하실 수 있습니다.
(CIP제어번호: CIP2014017223)

총을 든 아이들,
소년병

Child Soldiers

시에라리온 내전으로 꿈과 미래를 짓밟힌 소년병들에 관한 보고서

미리엄 데노브 지음 | 노승영 옮김

시대의창

사랑하는 레오니에게

감사의 말

무엇보다 이 책의 주인공인 전직 소년병과 토론 진행자에게 최고의 감사와 존경을 보낸다. 이 빼어난 젊은이들은 귀한 시간과 통찰력을 아낌없이 내주었으며 이 연구에 최선을 다해 참여했다. 이들은 생판 모르는 이방인에게 자신의 삶을 드러내어 우리 연구자들의 삶을 풍요롭게 해주었다. 나는 이들의 힘과 솔직함, 무한한 지혜에 끊임없이 감동하고 겸허해졌다. 모두에게 감사하며, 이 연구가 이들의 신뢰와 너그러움, 정신력, 회복 능력을 제대로 표현했기를 바란다.

연구 과정에서 넉넉한 재정 지원을 해준 캐나다 사회·인문학 연구 위원회와 캐나다 국제개발기구 아동 권리·보호국에 감사한다. 이곳 담당자들은 아동 권리를 신장하고 이 연구를 지원하는 데 헌신했다. 특히 연구 과정에서 꾸준한 뒷받침과 헌신, 후원을 아끼지 않은 미셸

몽고메리에게 감사한다. 미셸, 당신의 너그러운 마음씨는 제게 무엇보다 큰 힘이 되었어요.

2005년에 나는 '소화기小火器 연구 계획'에 참여하여 〈시에라리온에서의 소년병 만들기와 되돌리기The Making and Unmaking of Child Soldiers in Sierra Leone〉라는 제목의 논문을 컬럼비아 대학에 제출했다. 논문을 단행본으로 발전시킬 마음을 먹은 것은 학술대회 참가자들의 격려와 조언 덕이다.

절친한 친구이자 동료인 압둘 마나프 케모카이에게 깊이 감사한다. 마나프는 내게 자신의 식견과 지혜를 아낌없이 나누어주었고, 전쟁을 겪은 아동을 소개했으며, 시에라리온의 아름다움과 복잡한 사정을 끈기 있게 열정적으로 보여주었다. 연구 과정에 도움을 준 톰 베아, 존 코커, 파 모모 포파나, 존 카마라, 안수마나 코네, 모모 투라이, 모지스 좀보의 친절한 마음씨와, 특히 우정에 깊이 감사한다.

특별히 언급할 사람이 두 명 있다. 둘은 내 멘토였으며 나를 지적으로 자극하고 전문적·개인적으로 도와주었다. 리처드 매클루어는 이 책의 토대가 된 연구 사업에서 핵심적인 역할을 맡았다. 매클루어는 나와 함께 시에라리온을 여행하며 현장 조사의 온갖 어려움을 함께했다. 이렇게 명석하고 헌신적인 학자이자 다정한 인품의 소유자와 일하게 된 것은 큰 행운이었다. 전쟁을 겪은 소녀들에 대한 수전 매케이의 참신한 연구는 내게 영감을 불어넣었다. 그뿐 아니라 수전은 끊임없이 나를 지원하고 자신의 통찰력을 전해주었으며 연구와 집필 과정에서 귀한 견해를 들려주었다. 리처드와 수전, 당신들의 우정과 지도에 감사해요.

　탁견과 자상한 마음씨를 보여준 알루사인바, 사이먼 아템, 덩 마조크, 켄 상고에게 감사한다. 당신들을 만난 것은 내 삶의 축복이에요. 제니퍼 브라운, 캐스린 캠벨, 베라 초로보크, 제시카 리치, 크리스티나 영에게도 감사한다. 멀리 떨어져 있는 데다 임신과 집필 때문에 제때 연락하지 못했는데도, 이 빼어난 여인들은 변함없는 우정으로 격려해주었다.

　연구를 즐거움으로 만들어준 맥길 대학의 멋진 동료들에게 감사한다. 특히 지원과 웃음, 격려를 베풀어준 샤론 본드, 샤리 브로트먼, 시드니 두더, 에스텔 호프마이어, 니콜 아이브스, 줄리아 크레인, 타마라 서스먼, 짐 토르크지너에게 감사한다. 매일같이 지원과 격려를 보내준 얼래나 보너, 알린 코언, 리디아 엘-셰리프, 릴리언 이어노니, 엘리자베스 아이어피노, 마릴레나 오르시니, 마리아 파체코에게도 감사한다. 그 덕분에 맥길 대학에서 소중한 경험을 할 수 있었다.

　원고가 도착하기를 끈기 있게 기다리며 많은 도움을 준 케임브리지 대학 출판부의 편집자 존 해즐럼, 톰 오라일리, 캐리 파킨슨에게 무한한 감사를 전한다. 원고를 꼼꼼히 읽고 조언해준 이들에게도 감사한다.

　이 책을 쓰기까지 가까이에서 멀리에서 수많은 사람들이 값진 도움을 주었다. 실질적인 조력자로서뿐 아니라 친절과 헌신, 인내, 지원으로 함께한 캐서린 브라이언, 탬신 파, 소피아 구티에레즈이사자, 린지 존스, 인발 솔로몬에게 깊이 감사한다. 특히 마이크 액턴, 론 크렐린스틴, 페테르 드 용, 마리아 로스에게 감사한다.

　우리 가족은 이 여정에서 중요한 역할을 담당했다. 돌아가신 아버지 알 데노브는 내게 창의력과 양심을 심어주었다. 어머니 셀리아 데노브와 새아버지 로버트 벨은 매 발걸음 힘을 주었으며 무한한 격려를 보내주었다. 언제나 사랑과 격려, 웃음을 선사한 미나 데노브, 조시 홀로웩, 낸시 즈보크에게는 어떤 감사의 말도 부족할 것이다. 레아 리처즈는 초고가 나올 때마다 읽어주었으며 병중에도 귀한 의견을 전해주었다. 앙드레, 당신은 길고 때로는 힘겨운 마라톤 같은 글쓰기 여정을 나와 함께 뛰었어요. 이 일을 끝마칠 수 있었던 것은 당신의 재치와 도움, 인내 덕분이에요. 당신의 날카로운 지성, 감식안, 논평 덕에 길을 잃지 않을 수 있었어요. 당신이 없었다면 어떤 책도 쓸 수 없을 거예요. 마지막으로, 사랑하는 레오니에게. 너는 내게 희망과 빛, 웃음을 가져다주었단다. 사랑하는 아가, 이 책은 널 위한 거야.

기 니

나이거 강

팔라바

야나

그베리아 팀바코

카마퀴에

카발라

벤두구

파두구

코이나두구

카마론

콜렌테 강

캄비아

펜뎀부

붐부나

쿠루보니아

망게

마케니

포트로코

룬사르

마그부라카

엔게마

코이두

룽기

쿠프르

페펠

시 에 라 리 온

프리타운

요니바나

옐레

바나나

제도

헤이스팅스

카일라훈

론티풍크

모얌바

보아지부

팡구마

펜뎀부

셈베훈

마노

보

다루

셍게

그방바톡

세와 강

블라마

케네마

모로 강

숨부야

코리분두

조루

본데

포토루

터틀 제도

셔브로 섬

푸제훈

지미

라 이 베 리 아

대 서 양

술리마

0 20 40 60 80 100 120 140km

0 20 40 60 80km

우간다 '신의 저항군'에 납치되어온 소년병.

© Liz St. Jean Photography

무기 다루는 법을 속성으로 배웠어요. 싸움이 한창이어서 훈련은 신속하고 집중적이었어요. 엎드려 매복하고 기면서 총알 피하는 법을 배웠고요. 권총 사격도 속전속결로 배웠어요. 표적을 세워놓고 세 번 빗맞히면 죽는 거예요. 표적을 못 맞힌 죄로 두 사람이 제 눈앞에서 처형당했어요. 저는 첫 발에 표적을 명중시켜서 '한 방에 끝'이라는 별명을 얻었죠.(소년)

소년은 어떻게 되었을까?

지난 10년간 대중매체는 소년병의 사진으로 차고 넘쳤다. 대중잡지와 신문을 장식하든, 동영상과 뉴스 보도의 배경으로 스쳐 지나가든 어디에서나 AK-47(옛 소련의 공격용 소총으로, 세계에서 가장 널리 사용된 견착식 무기_옮긴이)을 짊어진 소년병의 모습이 눈에 띈다. 대중매체는 순진한 애들이 미치광이가 되었다는 식의 이야기를 늘어놓기도 하고 아동을 약자로, 위험인물로, 피해자로, 정신이상자로, 때로는 영웅으로 덧칠하기도 한다. 이 사진들은 '순진무구하며 보호받아야 하는 아동기'라는 통념을 여지없이 무너뜨린다. 집단적 충격, 공포, 혐오, 매력, 자부심, 전율, 동정심을 한꺼번에 불러일으켜 잠시도 눈을 뗄 수 없게 만들기도 한다. 하지만 이런 매혹적인 이미지 뒤에 가려진 진실 또한 그에 못지않게 의미심장하다. 물론 총 뒤의 소년에 대해, 그가 어떻게 해서 무기를 들고 그토록 위협적인 포즈를 취하게 되었는지에 대해 우리는 아는 것이 거의 없다('소년'이라고 쓴 것은 이런 사진에 소녀가 등장하는 일은 거의 없기 때문이다). 총이야말로 소년을 정의하는 본질적 요소다. 게다가 사진을 찍은 뒤에 이 소년에게 어떤 일이 일어났는지 우리는 전혀 모른다. 소년은 어떻게 되었을까? 사람들이 예견하듯 테러 조직의 일원이 되었을까? 용병이 되었을까? 아니면 군벌이? 통념과 역경을 이겨내고 폭력의 과거를 씻어 '민간인'으로서 정체성을 얻었을까? 대중매체에 좀처럼 등장하지 않는 수많은 소녀들은? 이들은 어떻게 되었을까? 강력하면서도 정형화된 이미지의 그늘에는 깊은 침묵과 텅 빈 공간이 자리 잡고 있다.

이 책은 시에라리온 전직 소년병들의 삶과 현실을 탐구하며 ─ '소년병'이라지만 소년도 있고 소녀도 있다 ─ 11년간의 내전 당시와 이후에 이 아동들이 어떻게 되었는지 추적한다. 이 책은 아동이 직접 들려주는 이야기로 침묵과 텅 빈 공간을 채우려 한다. 비인간적이고 비정상적인 존재로 묘사되는 아동에게 ─ 우리는 대중매체를 통해 이런 이미지를 소비하는 데 얼마나 익숙해져 있는지! ─ 인간의 모습을 돌려주고자 한다.

시에라리온 아동의 이야기에서 분명한 사실은 이들이 살아온 이야기가 언론과 대중 담론이 그려내는 제한된 이미지에 단호히 이의를 제기한다는 것이다. 이 아동들은 종종 극단의 논리로(극단적인 피해자로, 극단적인 가해자로, 극단적인 영웅으로) 포장되지만, 이들의 삶과 경험, 정체성은 사실 세 가지를 전부 합친 모호하고도 모순된 공간에 놓여 있다. 이것이야말로 전후戰後의 삶에서 이 아동들이 풀어야 할 가장 힘겨운 숙제다.

'소년병'을 정의하다

무력충돌에 적극 가담한 아동을 일컫는 용어는 여러 가지가 있다. 대표적인 용어로 '소년병child soldier'과 '무장세력에 연계된 아동children associated with fighting forces'이 있으며 둘은 종종 혼용된다. 하지만 두 용어는 전쟁에 몸담은 아동의 현실을 제대로 포착하지 못하며 둘 다 근본적인 문제가 있다. '소년병'은 아동이 전쟁의 폭력에 몸담았다는 역설, 특히 아동기의 '순수함'이라는 구성개념이 전쟁의 잔혹과 폭력으로 얼룩지는 역설을 포착하지만, 어느 시기를 '아동'으로 정의할 것인지를 놓고 이견이 분분하다. 유엔 '아동의 권리에 관한 협약'에서는 아동을 "18세 미만의 모든 사람"으로 정의한다(제1조). 하지만 '아동기'는 논란거리가 되는 개념이자 문화와 집단에 따라 내용과 형식이 달라지는 사회적 구성물이며, 각 지역의 이해와 가치에 따라 달리 정의된다. 아동기를 나이로만 정의하는 것은 생물학과 의학에 뿌리를 둔 서구의 편견을 반영할 뿐 아니라[1] 문화적 지위, 사회적 지위, 경제적 지위, 성적 지위, 계급적 지위 등 나이의 개념을 뛰어넘는 두드러진 결정 요인을 배제할 우려가 있다. 보이든과 레빈슨[2] 의 말을 들어보자.

아동기를 규정하는 기준은 매우 다양하다(드물게나마 나이가 이용되기도 한다). 이러한 기준으로는 노동을 시작하는 나이, 학업을 마치는 때, 초경을 맞는 나이, 약혼, 결혼 등이 있다. …… 게다가 같은 사회 안에서도 사회계층이 다르면 사회적·경제적 역할에 따라 저마다 다른 시기에 성년기에 도달할 수 있다.[3]

전쟁 상황에는 아동의 위치가 더욱 복잡해진다. 동생들의 유일한 보호자가 되거나 전투에 적극 가담함으로써 성인 구실을 할 수 있기 때문이다.

설상가상으로 국제기구마다 '아동'과 '청소년'(youth, adolescent, young people)을 달리 정의하고 있으며 때로는 개념이 겹치기도 한다. 유엔 '아동의 권리에 관한 협약'에서는 아동을 '18세 미만의 모든 사람'으로 정의하지만, 유엔 세계청소년행동프로그램에서는 15~24세를 '청소년youth'으로 간주한다.[4] 게다가 세계보건기구와 유엔아동기금(이하 유니세프)에서는 'adolescent'(15~19세), 'youth'(15~24세), 'young people'(10~24세)을 구분한다.[5] 이 책의 조사 대상인 시에라리온을 보자면, 시에라리온 청소년정책연구원에서는 '청소년youth'을 15~35세로 정의한다[6].• 궁극적으로, 아동을 정의한다는 것은 "개인, 가족 구성원, 또래 집단, 공동체가 생활에서 일어나는 사건과 통과의례라는 맥락에서 협상을 벌이는 과정"이다.[7]

• 하지만 2007년에 시에라리온 정부는 아동을 18세 미만으로 정의하는 아동권리법을 통과시켰다.

'소년병' 개념을 고려할 때 골치 아픈 문제는 나이만이 아니다. '병사'라는 단어는 제복을 입고 실전을 위해 폭넓은 군사훈련을 받은 군인의 전형적인 이미지를 연상시킨다. 이는 제국주의 시대 이후의 전쟁에서 변변한 훈련과 복장도 갖추지 못한 채 반군 집단의 사병으로 동원된 소년병의 현실과는 동떨어진 이미지다.[8] 게다가 '병사'라는 전형적 개념에는 여성과 소녀가 전쟁에 참여하고 아동이 전령이나 경호원, 요리사, 첩보원, 짐꾼 등 다양한 지원자支援者 구실을 하는 현실이 드러나지 않는다.

아동이 전쟁에서 전투 말고도 다양한 역할을 맡고 있음을 인정해 최근에는 '무장세력에 연계된 아동'이라는 용어가 전문용어로 도입되었다. 하지만 이 용어는 아동이 현대 전쟁에 적극적으로 기여하고 있음을 제대로 표현하지 못하고 아동이 주변부에 머문다는 뉘앙스를 풍긴다. 또한 이런 용어를 쓸 경우, 전시에 지원자가 된 아동은 무장해제disarmament · 동원해제demobilization · 사회복귀reintegration(이하 DDR) 과정에서 '전투원'에게 제공되는 지원을 받지 못할 수 있다.

중요한 사실은 '소년병'과 '무장세력에 연계된 아동'이라는 두 용어가 전 세계적으로, 또한 폭넓은 의미로 쓰이고 있지만 전쟁에서 아동이 처한 현실의 다양성과 여러 뉘앙스를 포착하지는 못한다는 것이다. 개발도상국 아동이든 선진국 아동이든 적대 행위에 노출되었을 때의 경험과 의미, 결과가 비슷할 수도 있겠지만 사하라 이남 아프리카에서 무장 게릴라 단체에 몸담은 열두 살짜리 아동의 경험과 영국에서 군에 복무하는 열일곱 살짜리 아동의 경험은 전혀 다를 수 있다

(둘 다 '소년병'으로 인식될 수는 있겠지만 말이다). 게다가 전 세계적으로 아동이 무력충돌에 몸담는 현실을 포착하는 데는 폭넓은 정의가 도움이 되지만, 전쟁에서 겪는 복잡다단한 경험과 현실을 이해하는 데는 오히려 방해가 된다. 하지만 소년병의 현실을 이렇듯 미묘하고 개인적으로 이해하기 시작하면 더 복잡한 현실과 논란이 모습을 드러낸다. 이를테면 브라질 빈민가에서 총을 든 아이들, 돌을 던지는 팔레스타인 아이들, 지휘 체계를 갖춘 미국의 무장 갱단 등 전 세계에서 무장 폭력에 관여하는 아동을 '소년병'으로 간주해야 할까?

이 책에서는 이러한 분명한 한계와 모순을 인정하는 한에서 '소년병'이라는 용어를 쓰되 '파리 원칙The Paris Principles'•에서 제시한 정의를 따를 것이다. 파리 원칙은 무력충돌에 몸담은 아동에 대한 지침으로, 2007년 파리에서 열린 국제회의에서 확정되었다.•• 프랑스 정부가 주최하고 유니세프가 후원한 이 회의에서 제시한 아래의 내용은 소년병 현상에 대해 국제적으로 인정받은 최근의 정의다.

아동, 소년 소녀를 포함하나 이에 국한되지 않는 18세 미만의 사람으

• 파리 원칙은 "국가, 인권 행위자, 인도주의 행위자, 개발 행위자, 군·보안 행위자(국가 및 비非국가), 유엔 기구를 비롯한 관련 기구, 기타 국가 간 행위자, 국내·국제기구, 지역사회 기반 단체"가 제정했다. "[파리 원칙의] 목적은 아동의 …… 보호와 안녕을 위한 개입의 지침을 제시하고 정책과 사업의 결정을 지원하기 위한 것이다. …… 파리 원칙의 목표는 아동의 불법 모병이나 이용을 막고 …… 군대와 무장단체에 몸담은 아동을 방면하고 …… 군대와 무장단체에 몸담은 모든 아동의 사회복귀를 도모하고 모든 아동에게 가장 안전한 환경을 보장하는 것"이다(UNICEF 2007, p. 6).
•• 앞에서 언급한 한계가 있기는 하지만, 이 책에서는 소년병을 정의할 때 유엔 '아동의 권리에 관한 협약'을 따를 것이다(이 책 20쪽을 보라). '아동'은 소년과 소녀를 둘 다 일컫는다.

로, 여하한 능력의 군대나 무장단체에서 전투병, 요리사, 운반병, 전령, 첩보병, 성적性的 목적으로 이용되고 있거나 과거에 모집되거나 이용된 적이 있는 자. 이 정의는 적대 행위에 직접 가담하고 있거나 가담한 적이 있는 아동에 국한되지 않는다.[9]

'파리 원칙'에 따르면 위 정의에서 '군대'는 국가의 군대를 일컫고 '무장단체'는 '아동의 무력충돌 참여에 관한 아동권리협약 선택의정서'• 제4조에서 정의하듯 (군대가 아닌) 무장단체를 일컫는다. 이 책에서는 두 개념의 분명한 차이를 염두에 두고 두 용어를 이러한 의미로 쓸 것이다.

아동기와 소년병에 대한 정의와 개념화는 현재의 지식수준을 반영하기에 시간이 지나면서 계속 달라진다. '사회적 범주로서의 아동기'라는 관념이 비교적 최근에 도입되었듯,[10] 국제적인 법적 수단, 의정서, 보호조치가 마련되기 전에는 아동을 무력충돌에 동원하는 것이 금지되지 않았다. 이 책에서는 이들 아동에 대한 이해의 폭을 넓힘으로써 소년병 개념을 변화시키는 데 기여하고자 한다. 나의 바람은 시에라리온 소년병들의 다면적이고 모순된 삶을 드러내어 다음과 같은 관습적이고 대중적인 표상을 넘어선 복잡한 이미지를 제시하는 것이다.

• 선택의정서는 입대 연령 하한선을 18세로 상향 조정했으며 18세 미만을 군대에 강제 모병하는 행위를 금지했다. 선택의정서는 비非국가 무장단체가 18세 미만을 모집하고 이용하는 행위를 둘 다 명시적으로 금지한다. 또한 국가가 이러한 행위를 범죄로 규정하도록 했다.

시한폭탄 혹은 피해자

소년병에게 대중적 관심이 쏠린 것은 2000년 무렵부터다. 그때부터 이들을 보호하기 위한 운동이 벌어지고 학계에서도 소년병이라는 주제에 차츰 눈길을 돌리기 시작했다. 하지만 극단의 (비)논리를 반영하듯, 전 세계 언론과 정책 담론에서는 전쟁과 폭력의 악순환에 사로잡힌 이 아동을 위험인물이자 무법자이면서 불쌍한 피해자인 동시에 (최근에는) 구원받은 영웅이라는 대조적인 이미지로—글, 말, 영상을 동원하여—표상했다. 이러한 이미지에서 눈에 띄는 것은 소녀 병사의 부재다. 비가시성이야말로 소녀 병사를 정의하는 특징이다. 이 강력한 상징이 어떤 함의를 지니는지 좀 더 살펴보자.

위험인물이자 무법자

여러 연구자들이 지적하듯 소년병은 대개 자신의 행동을 전적으로 자각하는 위험하고 사악한 사회병질자sociopath —악당, 해충, 야만인, 괴물—로 낙인찍힌다.[11] 신문기사에서는 소년병을 희생자에게 일말의 가책도 느끼지 않는 "소름 끼치도록 효율적인 살인 기계"로 묘사했다.[12] 한 신문은 "약물에 취한 소년병들이 감정 없는 로봇처럼 살인을 저지른다"고 보도했다.[13] 아프리카에 대한 담론에서 특히 두드러진 점은 언론 보도와 담론이 아프리카 대륙을 "새로운 야만주의"[14]의 먹잇감으로 묘사할 뿐 아니라, 복잡하게 얽힌 상황이 무장한 악당이라는 위험한 계층을 새로이 탄생시켰다고 주장한다는 것이다. 이를테면 "우간다 소년병들이 비뚤어진 것은 전쟁 때문이다"[15]라거나 "라이베리아 소년 병사들이 폐허를 남기다"[16]라는 식의 주장이다. 소년병은 인종주의와 고정관념의 희생양이 되어 "아프리카의 전쟁을 불가해하고 잔인하며 (문명화된) 세계 질서와 동떨어진 현상으로 몰아가고자 하는 자들"에게 이용되고 있다.[17]

게다가 언론 보도는 전쟁 중에 소년병이 저지른 폭력과 무법 행위가 종전 뒤에도 계속될 수밖에 없다는 뉘앙스를 풍긴다. 무력충돌에 가담한 아동은 가차 없는 폭력과 부조리, 불법의 악순환에 빠진 것으로 인식되기에 일반적으로 영구적인 손상을 입었다고 간주된다. "폭력의 언어에는 능하지만 시민사회의 원칙에는 무지하여 …… 이들의 삶을 구원하기에는 이미 늦었"다는 것이다.[18] "민간인의 삶으로 돌아간 소년병은 걸어다니는 유령이며, 상처받고 무식한 부랑자 신세"다.[19]

소년병을 위험인물이자 무법자로 묘사하는 선정적인 언론 보도는 정책 결정자의 말과 생각에도 영향을 미쳤다. 미국의 유엔 대사 매들린 올브라이트는 1996년 1월에 유엔안전보장이사회에 제출한 성명에서 "자동화기를 소지하고 무고한 민간인을 학살하며 법 규정을 무시하"는 라이베리아 소년병 실태에 분노를 표했다. 올브라이트는 소년병의 "정체성이 오로지 자신이 휴대하는 무기를 통해서만 드러난"다고 말했다.[20] 2007년에 프랑스 외무장관은 아동과 무력충돌에 관한 회의에 기조연설자로 참석하여 소년병이 "안정과 성장을 위협하는 시한폭탄"이라고 경고했다.[21]

전 세계의 대다수 뉴스 보도와 학계·정치권의 상당수 담론은 소년병을 위협적이고 야만적으로 묘사함으로써, 무력충돌에 몸담은 아동을 정신이상자 취급했다. 소년병의 이미지는 '순진함, 연약함, 순수함의 자연스러운 과정에서 벗어난 아동기'에 대한 공포를 불러일으키는 데 이용되었다.

미국 당국이 소년병을 잠재적으로 위험하고 비정상적이고 위협적인 존재로 묘사한 사례로 쿠바 관타나모 수용소에 수감 중인 젊은 캐나다인 오마르 카드르가 있다. 열다섯 살이던 2002년에 아프가니스탄에서 수류탄을 던져 미군 병사를 살해한 혐의로 8년간 구금된 카드르는 미국 역사상 최초로 전쟁범죄로 재판받은 아동이다. 죄목은 살인, 살인미수, 알카에다와 공모, 아프가니스탄의 미군 호송대에 대한 테러와 첩보 활동 등이었다. 미군 수석 군검찰관을 지낸 모리스 데이비스 대령은 2006년에 카드르를 언론에 소개하면서 "법정에 들어서면 카드르가 미국인을 죽이려고 폭탄을 만들면서 웃음 짓고 있었다는 증거를 보게 될 것입니다"라고 잘라 말했다.[22]

2001년에 열두 살의 나이로 미얀마 정부에 대항하여 '신의 군대'라는 카렌족 반군을 이끌어 유명세를 탄 쌍둥이 형제 조니 투와 루서 투도 이와 비슷하게 위협적인 존재로 묘사되었다. 언론은 투 형제를 "테러 쌍둥이"[23]이자 "정글의 어린 제왕"[24]으로 부르고, 형제가 시가를 피우는 사진을 전 세계에 유포했으며, 어린 나이와 일탈적 행동을 부각시켜 투 형제를 위험한 아동의 화신으로 묘사했다.

불쌍한 피해자

소년병을 위험인물로 치부하는 것과 대조적으로 이들을 불쌍한 피해자로 묘사하는 경우도 있다.[25] 이 논리에 따르면 무장세력에 가담한 아동은 기만적이면서도 강력한 군벌뿐 아니라 비민주적 정권과 사회세력의 꼭두각시로 묘사된다. 이들 아동은 "마음의 상처를 입은 아동", "지워지지 않는 흉터를 지닌 아동"[26], "길 잃은 어린 영혼"[27] 따위로 일컬어지며 깊은 연민을 불러일으켰다. 이러한 이미지는 아동을 순진하고 취약하고 보호받아야 할 존재로 보는 현대 서구의 근본적이고 낭만화된 관념에서 비롯한다. 아동은 전적으로 의존적이고 무력한 피해자로, 궁극적으로는 연민의 대상으로 간주된다.

몇몇 연구자는 소년병을 전형적인 피해자로 보는 관점은 일부 비정부기구가 전략적으로 유포한 것이며, 그 목적은 소년병 문제에 대해 전 세계의 관심을 이끌어내는 것이라고 지적했다.[28] 모든 비정부기구가 소년병의 피해자 이미지를 유포하는 것은 아니지만, 마셸은 "구호사업과 구호단체를 선전하거나 심지어 정치 쟁점으로 만들기 위해 전직 소년병들은 총을 들고 포즈를 취하라는 요구를 받았으며 …… 인도주의 단체들은 '더 비극적인' 사연을 가진 아동을 뽑아달라는 …… 영화 제작자와 언론인의 요청을 승낙한 것으로 알려져 있"다고 주장했다.[29] 이들 아동의 순진무구한 표정은 문화와 정치를 초월하여 연약함과 결핍을 생생하게 표현하며[30] 특히 무시무시한 AK-47과 대조를 이루어 사람들의 마음을 움직인다. 몸에 맞지 않는 옷을 입은 것처럼 자신이 초래하지 않은 상황에 홀로 내던져진 소년병들은 어른의 잘못을 웅변하는 사례로 제시된다. "아동의 특별한 이미지는 관찰자의 마음속에서 적어도 어떤 상황에 대한 공포를 상징하거나 구체화하는 듯하"다.[31] 게다가 아동을 피해자로 간주하는 분위기에서 이런 이미지를 유포하면, 상황에 따라서는 더 많은 기부를 유도하고 대중의 분노와 대응을 불러일으키며 종전 뒤에 소년병의 동원해제와 지역사회 수용, 심지어 보상을 촉진하여 일부 비정부기구의 의제에 추진력을 제공할 수 있다.

이런 이미지가 소년병에 대한 국제적 관심과 보호 운동을 이끌어내는 데는 도움이 될지 모르지만, 여기에는 중요한 의미가 담겨 있다. 버먼은 제3세계 비상사태를 해결하려고 아동의 이미지를 동원하는 행위를 '비상사태의 상징' 또는 '재난 포르노'라고 이름 붙였다.[32] 이는 사람들의 고통과 참상을 선정적으로 묘사하여 상업적 이익을 추구하는 몹쓸 태도를 일컫는 것이다. 버먼은 재난을 당한 제3세계 아동의 이미지가 연민을 불러일으킬 수는 있겠지만 연민은 "생색을 내고 수혜자를 '타자'로 전락시킬 위험이 있"는 양날의 칼이라고 경고한다.[33] 이런 상황에서 아동은 자신의 가족과 문화가 그러하듯 고통의 표상으로 비인간화된다. "자신의 능력을 과시하여 자국의 불안정을 해소하"려는 서구적 시각의 피동적 대상으로 전락하는 것이다.[34] 궁극적으로 이러한 이미지는 현재 지배적인 식민주의적이고 온정주의적인 관계를 고착화한다.

영웅

소년병을 영웅적 인물로 묘사하는 것은 그다지 새로운 현상이 아니다. 미국 남북전쟁 당시에 북군과 남군에서 군악대와 고수로 활약한 소년 수백 명은 용기와 영웅적 행동으로 칭송받았다. 아동문학에서는 어린 병사의 삶을 그리는 것이 관행이었다. 신문, 책, 잡지는 북 치는 소년의 이야기를 영웅적 모험담으로 포장해 실었다.[35] 게다가 전쟁에 참여한 아동이 해방 투쟁에 몸담았다는 이유로 영웅 대접을 받기도 한다.[36] 하지만 서구 언론이 소년병을 영웅으로 묘사하고 전직 소년병 ─특히 서구에 사는 소년병─ 을 유명 인사 대접하고, 심지어 스타로 떠받드는 것은 최근에 불거진 현상이다. 전 세계의 수많은 오마르 카드르와 달리, 이 아동들은 폭력에 가담하기는 했지만 크나큰 어려움을 이겨내고 극단적 폭력에서 살아남아 결국 구원받은 용감한 생존자로 묘사되었다. 시에라리온 소년병의 경험을 책으로 펴내(한국어판《집으로 가는 길》, 북스코프 2007) 국제적 주목을 받은 이스마엘 베아에 대한 언론의 초기 반응은 이 같은 분위기를 똑똑히 보여주는 예다. 언론이 베아의 책을 단순한 영웅 이야기로 보지는 않았지만, "마약에 찌든 소년병이던 베아가 자신의 영혼을 되찾다"[37], "소년병에서 소년 스타로"[38] 같은 표현에서 보듯 일부 언론은 무장 폭력에 가담했다가 벗어난 베아의 여정을 폭력에서 구원으로의 영웅적 변신으로 묘사했다. 《플레이보이》에서 아르마니 재킷을 걸치고 교과서를 든 베아의 사진은 이 감동적인 변신을 상징한다. 뒤에 놓인 위장 배낭에는 그의 과거를 암시하듯 AK-47 한 정이 삐죽 나와 있다. 이름 없는 아프리카 소년병에서 전 세계적 영웅이자 패션모델로 변신한 베아를 묘사하는 언론의 태도는 유별난 것이 아니다. 전쟁의 폭력에서 벗어난 덕에 대중의 주목을 끌고 영웅의 자리에 오른 소년병은 베아 말고도 또 있다. 좋은 예로 2004년에 에리트레아의 팝 가수 세나이트 메하리는 전직 소년병으로 겪은 이야기를 자서전《불의 심장Heart of Fire》으로 펴냈다.[39] 책의 부제 '소년병에서 소울 가수로, 어느 소녀의 비범한 여정'은 메하리가 폭력에서 민간인의 삶으로, 다시 스타로 발돋움한 영웅적 행로를 표현한다. 러스컴은《타임 매거진》에서 서구 사회가 "아프리카 소년병을 짭짤한 문화상품"으로 여긴다며 "'무기를 든 소년'은 대중문화의 유행어가 되었다. 소설, 영화, 잡지, 텔레비전 할 것 없이, 야구 경기에서 마스코트가 커다란 스펀지 손을 흔들듯 우지 기관단총을 휘둘러댄다"라고 말한다.[40]

　베아와 메하리 같은 젊은이가 소년병의 현실에 대한 대중적 지식과 인식을 고양하는 데 중요한 역할을 한 것은 사실이지만 이러한 묘사는 예상치 못한 결과를 낳기 마련이다. 서구에 살고 있는 한 전직 소년병은 끊임없이 밀려드는 인터뷰 섭외, 대중매체 출연 요청, 그의 사연을 책과 영화로 만들게 해달라며 내민 거액의 사례금을 의식적으로 피했다고 밝혔다. 그는 서구 매체가 소년병에 매혹되는 것, 특히 소년병을 영웅으로 떠받드는 것을 매우 거북해하며 애증을 느낀다. 첫째, 그는 오로지 전직 소년병으로만 알려지는 것을 원치 않는다. 둘째, 무엇보다 그는 유명세가 거저 주어지는 것이 아니며 무거운 부담이 따른다고 생각한다. 전쟁에서 끔찍한 잔학 행위를 저질렀는데도 결국에는 사람들에게 주목받고 사회적 지위를 누리고 유명인 대접을 받는 등 암묵적으로 또한 명시적으로 보상받는 현실을 어떻게 받아들여야 할까?

보이지 않는 소녀들, 상징적 피해자

(요즘 회자되는) 소년병에 대한 묘사와 (시대를 초월하는) 총 든 소년의 사진을 보노라면 오늘날의 무장단체에 소녀가 전혀 존재하지 않는다고 오해하기 쉽다. 학술 문헌에서도 비슷한 유형의 성性 (비)가시성이 관찰된다. 개발도상국의 소년병 현상 배후에 또 다른 조건과 요인이 있음을 기록한 증거가 늘고 있지만, 학계와 정치권의 상당수 문헌은 소년병을 남성 고유의 현상으로 치부했으며 무력충돌을 성의 관점에서 보지 못했다. 무력충돌을 남성들 사이에서 벌어지는 현상으로 간주하는 통념 때문에, 군대나 무장단체에 속한 여성들은 종종 주변적 존재나 투명인간 취급을 받았다.[41]

소녀들이 오래전부터 군사적으로 이용되었는데도 이러한 사실이 대체로 간과되었다고 주장하는 사람도 있다.[42] 소녀들이 군대에 동원된 사실을 기록한 드문 사례로는 잔 다르크, 서아프리카 다호메이 왕국의 여군 전투부대, 나치 정권의 독일 소녀 등이 있다. 잔 다르크는 16세의 나이로 4000명의 부대를 이끌고 잉글랜드에 대항하여 1429년에 오를레앙에서 영국군을 몰아냈다. 잔 다르크는 종교적 열정으로 병사들의 사기를 진작하여 잇딴 전투에서 승리를 거두었으며 샤를 7세가 랭스에서 대관식을 올릴 때 곁을 지켰다고 한다. 1년 뒤에 부르고뉴 병사들에게 사로잡혀 영국에 팔려간 잔 다르크는 화형장에서 처형당한 뒤 성인으로 추증되었다.

　서아프리카 다호메이 왕국(지금의 베냉)에서는 대규모 여군 전투부대가 오랫동안 상비군에 소속되어 활약했다. 여성으로만 이루어진 이른바 '아마존 부대'가 창설된 것은 왕국이 군사적으로 곤경에 처한 1727년이다. 병력을 실제보다 많아 보이게 하려고 후방에 배치된 여군 연대는 예상과 달리 혁혁한 전과를 올렸다. 왕은 아마존 부대를 왕실 경호부대로 편성했다. 병력은 19세기 초의 800명가량에서 19세기 중엽에는 5000명 이상으로 증원되었으며, 그중 수천 명이 전투병이었다.[43] 전사로 훈련받은 소녀들은 정서적 유대를 끊고 임신을 피하기 위해 엄격한 금욕주의 규칙을 지켰다. 여군의 규모를 유지하기 위해, 아버지들은 9~15세의 딸이 있는지를 3년마다 보고해야 했으며, 그중에서 가장 적합한 딸이 여군으로 선택되었다.[44]

　최근 사례로, 나치 정권에서는 독일인 소녀와 젊은 여인을 우생학적으로 중시했다. 생물학적으로 남성을 보완하며 독일 혈통의 '지배자 인종'을 영속시켜준다는 이유에서였다. 나치 이데올로기에 따르면 소녀는 공업과 농업의 임무를 면제받았으며 무기를 들지 않아도 된다고 선언되었다. 하지만 1930년에 히틀러 유겐트는 '독일 소녀 동맹'이라는 여성 조직을 창설했다. 조직은 여성의 부차적 지위(가사, 육아 등을 일컫는다_옮긴이)를 강조했지만, 실제로는 나치의 이상을 전파했으며 "체육, 규율, 합리성, 효율을 토대로 삼았"다.[45] 전쟁이 절정에 이르자 젊은 여인 수만 명이 농업과 공업에 종사하거나 준準군사적 임무를 수행했다. 게다가 독일 대중은 눈치채지 못했지만 1944년에 소녀들이 대공포 사수로 배치되었으며 대포와 기관총, 수류탄, 소총 사용법을 훈련받았다. 카터는 무장 SS(히틀러 친위대는 일반 SS와 무장 SS로 나뉜다_옮긴이)의 지휘하에 "입술을 붉게 칠하고 인정사정없이 싸운" 소녀 '암살단'이 있었다고 말한다.[46]

오늘날 무력충돌을 논의하고 분석하는 과정에서 소녀의 존재는 철저히 외면당했다. 소녀들의 전쟁 경험은 "사회적·정치적 폭력에 대한 학문적·대중적 연구에서 가장 작은 부분"[47]에 머물렀으며 전쟁 당시와 이후에 소녀들이 수행한 다양한 역할이 인정받은 것은 최근 들어서였다.[48] 관료와 정부, 국내·국제기구는 소녀들이 무력충돌에 몸담았고 그 나름의 요구와 권리가 있음을 번번히 은폐하거나 간과하거나 거부했다.[49]

쉽게 눈에 띄지는 않지만 소녀들은 언론에 보도되는 것보다 훨씬 광범위하게 무장세력에 동원되고 있다. 1990년부터 2003년 사이에 소녀들은 55개국에서 무장세력에 관여했으며 38개국에서는 적극적으로 무력충돌에 가담했다.[50]• 소녀들은 무장한 반정부 단체, 준군사 조직, 민병대에 주로 소속된 것으로 보이지만 정부군에 참여하는 경우도 있었다. 중앙아프리카공화국, 차드, 콜롬비아, 코트디부아르, 콩고민주공화국, 네팔, 필리핀, 스리랑카, 우간다에서는 지금도 소녀들이 무장세력에 몸담고 있다.[51] 무장단체와 군대에 소속된 여성의 비율은

• 이러한 국제적 분쟁과 내전을 겪은 나라로는 앙골라, 부룬디, 콜롬비아, 콩고민주공화국, 엘살바도르, 에리트레아, 에티오피아, 과테말라, 레바논, 라이베리아, 마케도니아, 네팔, 페루, 필리핀, 시에라리온, 스리랑카, 수단, 짐바브웨 등이 있다(Mazurana et al. 2002).

지리적 상황에 따라 다르지만 대개 전체 전투원의 10~30퍼센트에 해당한다.[52] 최근 아프리카의 분쟁에서는 전체 아동 전투원의 30~40퍼센트가 소녀였다고 한다.[53]

중요한 사실은 학계와 정계 그리고 언론계에서도 무장단체 내의 소녀들을 논의할 때 이들을 대개 말 없는 희생자, 특히 부차적 지원 임무를 맡은 '아내'나 성노예로 묘사하는 경향이 있었다는 것이다.[54] 이같은 성차별적gendered 묘사가 전쟁을 겪은 일부 소녀의 경험을 반영하는 것은 사실이지만, 소녀들을 오로지 성폭력 피해자나 '아내'로 치부하는 것은 이들이 살아온 현실을 왜곡하는 것이다. 소녀의 전쟁 경험과 심각한 신변 불안, 인권침해뿐 아니라 무력충돌 당시와 이후에 이들이 맞닥뜨리는 어려움을 제대로 파악하려면 소녀들의 피해자 처지를 부각시키는 것이 중요하지만, 그러다 보면 소녀들을 행위 주체로서의 능력과 도덕의식, 경제 능력이 결여된 말 없는 희생자로 전락시킬 위험이 있다.

소년병의 이미지는 시사하는 바가 크다. (남성) 소년병을 위험인물이나 불쌍한 희생자로 묘사하는 이미지와 담론은 아동에 대한 우리의 가장 역설적인 '상식'을 드러낸다. 아동은, 한편으로는 피동적이고 결백하고 동정받아 마땅하지만 다른 한편으로는 두려운 존재라는 것이다. 그렇다면 아동이 '일탈적' 행동을 하는 이유는 이들에게 내재하는 이중성, 이들의 오점 때문이라는 말이 된다. 상반된 극단의 논리와 아동 행동의 이념적 규범이 결합되면 아동은 행위 능력을 부인당하고 '무고한 피해자'로 전락하거나 본질적으로 사악한 존재로 치부된다.

게다가 위험인물, 불쌍한 피해자, 영웅이라는 세 가지 묘사에는 중요한 요소가 공통으로 들어 있다. 각 묘사에서 소년병은 낯선 존재, 현실과 동떨어진 존재, 추상적 존재가 되어 전시와 전후의 상황과 삶이 지닌 복잡성을 잃는다. 소년병 모집을 전략적으로 금지하기 위해서든 소년병 문제에 대한 대중의 관심을 이끌어내기 위해서든 이러한 표상은 대중의 통념을 형성하는 정형화된 이미지를 쉽게 만들어낸다. 또한 이 표상은 북반구와 남반구 사이의 구분을 반영하고 재생산하여 소년병이 특정 인종에 국한되고 비정상적 성격의 소유자이며 야만적이라는 관념을 고착하며, 소년병과 이들의 사회를 비인간화한다. 소년병의 이미지와 담론은 식민주의 논리가 뿌리내릴 수 있는 토양이다.[55]

궁극적으로, 일면적이고 성차별적이고 대체로 일차원적인 묘사들에서 보듯 소년 소녀 병사 문제는 불확실하고 모순적이다. 무엇보다 정형화된 이미지에 의존하는 것은 소년 소녀들이 무력충돌에 가담하게 되는 얽힌 복잡성을 제대로 표현할 언어가 없기 때문이다.

소년병 만들기와 되돌리기

소년병의 대조적 상징과 성차별적 이미지는 이들이 어떤 의미를 전달하는지뿐 아니라 어떤 의미를 감추는지를 이해하는 데도 매우 중요하다. 총을 든 어린 소년의 전형적 표상은 제한적이고 피상적일 뿐, 아동이 어떤 과정을 거쳐 폭력과 무력충돌에 빠져들었는지, 이들을 구해내려면 어떻게 해야 하는지 파악하거나 이해하려고 시도하지 않는다.

사회복귀

아동이 겪은 전쟁 경험의 정도를 이해하려면 군사화 및 복귀 과정에 대한 통찰력이 핵심적이지만 이런 편협한 묘사로는 그런 통찰력을 거의 얻을 수 없다. '군사화militarization'는 "시민사회가 폭력을 생산하기 위해 스스로를 조직하는, 모순되고 긴장된 사회과정"으로 정의되며,[56] 군인으로서의 삶과 민간인으로서의 삶 사이의 경계를 모호하게 만들기 때문에 전방과 후방, 민간인과 전투원의 구별이 사라진다.[57]

'군사화'는 상징의 정치적 이용, 무력 숭상, 군사적 주제를 통한 사회 조작 등을 동원해 시민사회에서 군사정권으로의 권력 이전을 묵인하도록 하는 것이다.[58] 군사화 과정과 아동을 연관 지어볼 때, 소년병은 어떻게 만들어지는가? 아동이 자신의 정체성을 병사이자 군사정권의 구성원으로 재구성하는 과정은 어떻게 일어나는가? 아동은 어떤 과정을 거쳐 잔학 행위를 거리낌 없이 저지르는 무장 전투병이 되는가? 소년병이 평온한 삶을 떠나 파괴와 폭력을 가하고 때로는 무방비 상태의 민간인을 공격하기까지 근본적인 변화를 겪는 과정을 제대로 설명하려면, 소년병을 있는 그대로 서술하는 것만으로는 부족하다. 군사화 과정과, 아동이 폭력과 무력충돌의 복잡한 세계에 발을 디디는 과정을 규명해야 한다.

아동이 무장 폭력에 가담하는 과정을 이해하려면 군사화 과정을 반드시 규명해야 하듯, 소년병의 장기적 현실과 전망을 파악하려면 탈군사화demilitarization 과정과 종전 뒤 사회복귀 과정을 규명해야 한다. 유엔에서는 '사회복귀'를 이렇게 정의한다.

전직 전투원이 민간인 신분을 얻어 지속 가능한 일자리와 소득을 얻는 과정. 기본적으로 사회복귀는 기간이 확정되지 않은 사회적·경제적 과정이며 주로 해당 지역에서 진행된다. 사회복귀는 국가를 전반적으로 발전시키고 국가의 책임성을 고양하는 과정의 일환이며, 외부에서 장기간 지원해야 할 경우가 많다.[59]

개인에게든 지역사회에든 사회복귀는 매우 고달픈 일일 수 있지만, 전직 소년병이 종전 뒤에 정신이상과 일탈을 겪을 수밖에 없다는 통념은 부적절할 뿐 아니라 성급하다. '탈군사화' 과정, 즉 아동이 체계적 폭력의 세계에서 벗어나 민간인의 삶에 적응하는 과정을 규명하려는 연구는 이제 막 시작되었을 뿐이다.[60] 동원해제에 뒤이어 소년병을 '되돌리'고 이들의 삶과 자기개념을 다시 조화시키는 과정에 대해서는 추가 연구가 필요하다.

따라서 이 책은 시에라리온 혁명통일전선(이하 RUF)에 몸담았던 아동 중 일부의 '만들기'와 '되돌리기'를 살펴보고자 한다. 시에라리온 아동 76명(소년 36명, 소녀 40명)을 표본으로 삼아 2년 넘게 진행한 심층 면접과 소집단 토론을 토대로 이들 소년병이 어떻게 '만들어졌'는

지, 군사화와 (병사이자 전사로서) 정체성 재구성이 어떻게 이루어졌는지 규명하는 것이 이 책의 목표다. 또한 탈군사화와 사회복귀 과정을 들여다보고 종전 뒤에 정체성과 자기개념을 재건하는 과정에서의 어려움을 추적하고자 한다.

이 책에서는 무력충돌 당시와 이후에 이 아동들의 삶을 추적하기 위해 몇 가지 개념 도구를 활용했다. 첫째, '만들기making'와 '되돌리기unmaking' 개념은 아동의 전쟁 당시와 이후에 살아온 과정 —즉 소년병 '되기' 과정이 어떤 것인지, 전쟁이 한창일 때 소년병으로 '살아가'는 것이 어떤 의미인지, 전쟁이 끝난 뒤에 아동이 폭력의 세계에서 어떻게 벗어났는지 —을 연대기적으로 펼쳐 보이는 도구다. 둘째, 앤서니 기든스의 이론적 개념인 '구조structure', '행위agency', '구조의 이중성duality of structure'을—이에 대해서는 1장에서 자세히 설명한다—렌즈로 사용하여 전쟁 당시와 이후의 아동이 겪는 삶을 들여다본다. 이들 개념 도구는 시에라리온에서 수집한 실증 자료의 얼개를 짜고 아동의 삶에 대한 이해를 증진하는 수단이었다.

귀 기울이기

아동은 현대 전쟁의 주역이지만, 무력충돌과 전쟁의 대의, 그 영향에 대한 이들의 견해가 고려되는 일은 거의 없다. 기존의 권력 구조와 이른바 '전문' 지식을 반영하듯, 이들 아동은 이야기의 '주체'이기보다는 '대상'에 머물고 만다. 보이든은 전쟁과 그 영향에 대한 정보의 출처가 주로 성인이며 여기에 중요한 함의가 있다고 말한다.

그것은 아동의 견해가 연구자의 전문 지식과 해석 기술과 비교할 때 관련성이나 과학적 타당성이 없음을 암시한다. 즉 아동의 증언은 신뢰할 수 없으며 아동은 자신의 삶을 적절히 서술할 능력이 없다는 것이다. …… 아동은 유효한 견해를 보유하고 표명할 만큼 성숙하지 않았다고 여겨진다.[61]

극심한 불이익과 오랜 폭력에 시달린 아동은 자신의 관점, 지식, 관심, 요구를 공개적으로 표명할 기회를 좀처럼 얻지 못한다. 다운은 이렇게 말한다.

학술 문헌과 대중매체를 보면 …… 아동이 절망적 상황에 처해 있음이 분명히 드러나지만, 소외된 이들 사회적 행위자에게 귀 기울이고 아동이 이 같은 상황에 처한 것이 어떤 의미인지 밝힐 수 있도록 아동의 경험과 생각, 행동, 의견을 분석적으로 탐구하는 경우는 거의 드물다. 한마디로 아동은 보이되 들리지 않는 존재다.[62]

소년병을 일차원적으로 묘사하고 이들의 시각을 도외시하는 상황을 고려할 때, 아동의 시각에 기반해 소년병을 바라보는 대안적 관점을 마련해야만 한다. 소외된 아동을 위해 러드와 에번스가 제안한 첫 단계는 "아동의 태도와 신념을 파악하"는 것이다.[63] 소년 소녀를 막론하고 전직 소년병이 자신의 개인적 경험을 증언하고 자신을 전쟁에 끌어들인 요인과 종전 뒤의 현실을 고찰하도록 하면, 무력충돌에 관여

한 아동을 비정상적으로 보는 시선을 바로잡을 수 있다.[64]

이와 더불어 아동의 다양성을 감안하고 성, 인종, 계층 같은 요인이 아동의 현실을 어떻게 형성하고 제약하는지 반드시 파악해야 한다.[65] 전쟁을 겪은 소녀들이 사회적·정치적·경제적 권력의 영역에서 배제되고 무력충돌 담론에서 소외되는 상황에서 이것은 더더욱 중요한 과제다.[66]

이에 따라 이 책에서는 시에라리온 반군 RUF에 몸담은 소년 소녀를 대상으로 한 심층 면접과 소집단 토론을 바탕으로 전쟁 당시와 이후의 경험을 피해자화와 적극적 참여의 두 관점에서 추적한다. 또한 아동의 내적인 행위와 영웅적 행동, 즉 생존 전략, 독립적 행동 능력, 지배적인 폭력 문화 안에서 저항하는 창의적인 방법을 살펴본다.

단, 참가자들이 RUF에서 겪은 경험을 모든 RUF 소년병이나 시에라리온에서 전투 집단에 몸담은 다른 아동, 다른 나라 소년병의 경험으로 일반화할 수는 없다. 만들기와 되돌리기의 경험에 유사점이 있을지라도 각 상황의 고유한 특징과 사회·역사적 조건을 고려해야 한다.

이 책의 주요 내용

이 책의 주안점은 전직 소년병의 정신적·경험적 세계와, 아동이 이 세계에 내재하는 폭력적 충돌에 빠져들고 벗어나는 과정을 심층적으로 들여다보는 것이다. 이에 따라 조사 자료에 대한 통계분석은 실시하지 않았으며 아동이 말하는 전쟁 당시와 이후의 복잡하고 모호하고 가변적인 현실과 이야기에 초점을 맞추었다. 아동의 고유한 관점과 경험을 부각하기 위해 면접에서 나눈 대화를 직접 인용했다. "우리는 아동을 대신해 말할 권리를 내세우기보다는……자신의 전쟁 이야기를 들려달라고 아동에게 요청해야 한"다.[67]

1장에서는 전 세계의 소년병 실태를 살펴보고 현대 전쟁의 아동 참여에 대한 최근 문헌과 주된 설명을 검토한다. 이러한 설명은 두 가지 주요 관점을 취한다. 하나는 아동의 무력충돌 참여를 주로 이들이 자란 사회문화적·경제적 환경의 파생물로 보는 관점이며, 다른 하나는 아동이 행위 능력을 갖고 자신의 행동이 어떤 의미와 결과를 낳는지 자각한 상태에서 행동한다고 보는 관점이다. 두 관점을 검토한 뒤에, 소년병 문제를 탐구하는 대안적 틀이 될 앤서니 기든스의 구조화 이론, 특히 '구조', '행위', '구조의 이중성' 개념을 설명한다.

2장에서는 시에라리온의 무력충돌 역사를 설명한다. 식민 지배의 유산, 시에라리온 사회의 점진적 군사화 그리고 정치적 억압과 부패, 국가 실패, 내전으로 이어지는 과정을 추적한다. 이 책은 RUF 소년병에 초점을 맞추고 있기 때문에 반군의 등장과 이들의 전략, 활동을 간략히 설명한다. 이어서 전쟁을 둘러싼 중심적 사건과 전쟁에 연루된 다양한 지역적·국가적·국제적 행위자와 집단, 기구를 요약한다.

3장에서는 이 연구의 방법론적 접근법, 즉 4~7장에 제시된 자료를 어떻게 수집하고 분석했는지를 설명한다. 전직 소년병을 개념화하고 연구하는 데는 온갖 윤리적·방법론적 딜레마가 있기 때문에, 이 장에서는 전직 소년병을 연구자이자 협력자로서 연구에 참여시키는 참여적 접근법에 주목한다.

4장에서는 RUF의 소년병 '만들기'를 살펴본다. 조사 참가자들이 RUF에 어떻게 모집되었는지, 어떻게 해서 무력충돌의 세계에 점차 발을 들이게 되었는지 들여다본다. 특히 참가자들이 겪은 신체 훈련, 기술 훈련, 이념 교육과 세뇌에 대해 설명한다. 또한 군사화 과정을 촉진시킨 연대와 단결, 역할 배정, 보상과 진급, RUF의 폭력 문화의 중요성을 중점적으로 살펴본다.

5장에서는 RUF의 폭력 문화 안에서 참가자들이 겪은 일상생활과 경험을 심층적으로 들여다본다. 특히 아동이 피해자화, 가담, 저항의 변화하는 현실을 변증법적으로 경험하는 다면적 세계에 초점을 맞춘다. 또한 참가자들이 RUF의 정체성을 받아들인 정도와 폭력 문화에 대한 대응을 살펴본다.

6장에서는 소년병 '되돌리기', 즉 아동이 폭력과 무력충돌의 세계에서 벗어나는 방법과 동원해제 이후에 자신을 재정의하고 지역사회에 복귀하려는 노력을 추적한다. 종전 직후에 참가자들의 탈군사화 경험에 영향을 미친 개인적·구조적 요인과 전쟁 뒤의 새로운 정체성을 만들어내려는 노력을 살펴본다.

7장에서는 구조와 행위를 통해 소년병 만들기와 되돌리기 과정을 이 연구에 접목한 과정을 요약한다. 또한 전쟁이 끝난 뒤에 새로 생겨난 상징적 전쟁터에 대해 논의한다. 연구에 참가한 전직 소년병뿐 아니라 이들의 장기적 재활과 사회복귀를 지원하고자 하는 정부, 단체,

기구도 이 전쟁터에서 싸워야 한다. 마지막으로, 소년병 '되돌리기'의 장기적 맥락에서 구조와 행위라는 틀을 활용할 때 명심해야 할 교훈을 제시한다.

1장

총을 든 아이들

©UNICEF CAR | Pierre Holtz

중앙아프리카공화국 북부 반군 캠프 안의 소년

밀림에서 지휘관이 되었어요. 병사가 다들 어린애여서 부대 이름이 '꼬마 부대'였어
요. 부대원은 일곱 명이었어요. 저를 지휘관으로 임명한 건 제 지휘관님이었어요. 그
렇게 뿌듯할 수가 없었어요. …… 부대원들은 …… 저를 좋아했어요. 저는 부대원을
지켜주고 작전에 필요한 여분의 탄약 같은 물품을 조달해주었어요. …… 하지만 명령
을 따르지 않으면 매질을 하기도 했죠. [가장 심한 벌로] 최전방에 보내버리기도 했어
요. 저한테 매를 맞으면 다치거나 드러눕기가 예사였죠. …… 기분이 좋았죠. 애들
은 맞아야 정신을 차린다니까요.(소년)

모든 전쟁이 아동에게 영향을 미치지만, 현재의 분쟁들이 과거 어느 때보다 큰 영향을 미치고 있다는 증거가 속속 드러나고 있다. …… 아프리카 사회에 점점 깊이 …… 침투하고 있는 세력과 관계와 압력은 …… 세계화와 밀접하게 연관되어 있다. …… 많은 개발도상국이 채무와 구조조정 계획에 속박되어 기본적 서비스를 감축하고 공공 부문의 규모를 줄이는 등 재조정을 시행하고 있다. 불평등이 확산되었으며, 사회구조가 타격을 입어 생계가 더욱 불안해졌다. 가계와 공동체는 아이를 양육하고 보호할 여력이 없으며, 아동을 보호해야 한다는 규범이 힘을 잃고 있다. …… 이는 아동의 상품화로 이어졌으며 …… 소년병을 비롯한 아동노동이 증가하고 있다.[1]

많은 미성년 전투원은 멀쩡한 정신으로 싸움을 선택하며 자신의 선택을 (때로는 자랑스럽게) 옹호한다. …… 민병대 활동은 청소년이 출세할 수 있는 기회다. …… 이들은 합리적 행위자로서 자신의 처지를 놀랍도록 성숙하게 이해한다.[2]

소년병에 대해, 또한 무장단체와 군대에서 소년병을 쉽게 찾아볼 수 있는 현실에 대해 국제적 우려와 학계의 관심이 쏠리고 있지만, 아동이 무력충돌에 가담하는 현상에 대한 설명에서는 두 가지 관점이 대립하고 있다. 위 인용문에서 보듯, 한편에서는 아동의 전쟁 참여를 아동이 통제할 수도 온전히 이해할 수도 없는 구조와 힘에 연관시켰다. 다른 한편에서는 이러한 구조주의적 관점이 소년병을 지나치게 결정론적으로 서술한다며 반론을 제기했다. 소년병은 행위 능력을 지니고 있으며 대체로 합리적 선택과 숙고를 토대로 행동한다는 것이다. 두 관점은 아동의 무력충돌 가담이라는 현실을 부분적으로 포착하기는 하지만, 둘 다 사회와 개인, 구조와 행위의 기본적 연관성을 담아내지 못한다. 이 장에서는 배경지식을 제시하기 위해 우선 소년병의 현 상황을 간략히 설명하고 소년병 현상의 전 세계적 성격을 서술한다. 이어서 아동의 전쟁 가담을 바라보는 두 대립적인 관점을 검토한다. 두 관점에 내재하는 이원론에 대한 대안으로 앤서니 기든스의 구조화 이론을 원용하여 소년병의 복잡한 삶과 현실을 분석하는 틀로 삼을 수 있을지 살펴본다.

소년병,
얼마나 많을까?

폭력과 무력충돌이 전 세계 수많은 아동의 일상이 되었다. 전 세계에서 아동은 전쟁과 (무력 침략에 예외 없이 따르는) 잔학 행위의 직접적인 피해자이자 목격자였으며 지금까지도 적극 가담자로 분쟁에 휘말려 있다. 아동은 "전쟁의 새로운 얼굴"이자 "우리 시대 전쟁의 거의 모든 분야에서 새로 나타난 특징"이다.[3] 하지만 아동이 무력충돌에 가담하는 것은 새로운 현상이 아니다. 파리 원칙[4]에서 개략적으로 제시한 정의를 따르자면 ─파리 원칙은 무장단체와 군대에서 아동이 맡는 전투 임무와 지원 임무를 둘 다 '가담'에 포함한다─무력충돌을 목적으로 소년 소녀를 동원하는 일은 예전부터 꾸준히 일어났다.

십자군, 나폴레옹전쟁, 미국독립전쟁과 남북전쟁, 20세기 전반의 파시즘 전쟁 모두 아동을 무력충돌에 동원했다.[5] 1212년의 '소년 십자

군'은 아동의 신성한 능력이 적을 물리칠 것이라며, 훈련도 받지 않은 소년 소녀 3만~5만 명가량을 모집했다. 아이들은 예루살렘을 점령하고 성묘聖墓(예수의 무덤으로 전해지는 곳_옮긴이)를 되찾기 위해 프랑스와 독일에서 출정했다.[6] 하지만 목적지에 도달한 사람은 아무도 없었으며 집에 돌아온 사람도 거의 없었다. 대부분은 노예로 팔려가거나 지중해에 빠져 죽었다.[7]

프로이센, 영국, 오스트리아 등 유럽 군대에서는 1789년에 프랑스혁명이 일어나기 오래전부터 아동을 병력의 일부로 삼았다. 1786년에 프랑스군은 '앙팡 드 트루프'(아동 부대)라는 이름으로 자녀를 부모의 부대에 공식적으로 배속하는 독특한 편제를 갖추었다. 미래의 군인과 군사 인력으로 활약할 '앙팡 드 트루프'는 귀중한 인적 자원으로 여겨졌다. 아동을 교육하고 훈련하여 열여섯 살이 되기도 전에 맡은 임무에서 전문가로 키울 수 있었기 때문이다.[8] 같은 시기에 영국 해군에서는 '소년 탄약병powder monkey'이라는 이름으로 여덟 살도 안 된 어린 소년들이 승무원으로 복무했다. 소년들은 전함에 설치된 대포를 재장전하는 위험한 작업을 비롯한 여러 중요 임무를 맡았다. 전함이 뭍에 정박했을 때는 전쟁터의 보병 부대를 오가며 전령 노릇을 했다.[9]

미국 남북전쟁 당시 남군과 북군에서는 아홉 살 이상의 소년 수백 명이 군악대와 고수로 참전했다.[10] 고수와 나팔수는 기상, 취침, 훈련, 말에게 물 먹이기 등의 시각을 알렸을 뿐 아니라 전쟁터에서 명령을 하달하는 유일한 수단이었다. 수로를 파고 야전병원에서 군의관을 보조하고 전쟁터에서 부상병을 후송하는 임무도 소년병 몫이었다. 고수

중 일부는 전투에 직접 참여하기도 했다.[11]

나치는 제3제국을 위해 몸 바쳐 싸울 미래의 군인을 훈련하기 위해 1922년에 히틀러 유겐트를 창설했다. 1933년부터 1936년 사이에 히틀러 유겐트에 자발적으로 가입한 청소년은 100만 명에서 500만 명으로 늘었다. 1936년부터는 모든 청소년이 히틀러 유겐트에 의무적으로 가입해야 했다. 히틀러 유겐트 교육의 핵심은 군사화였으며, 목표는 영토를 확장하고 유럽 내 유대인을 학살하고 최종적으로는 멸종시키는 것이었다. 인문·과학 교육보다는 체육과 군사훈련이 더 중시되어 히틀러 유겐트 캠프에 참가한 소년들은 무기 사용법을 배우고 체력을 길렀으며 전쟁 전략을 학습하고 반反유대주의를 주입받았다. 소년들은 여러 해 동안 군사훈련을 받은 뒤에 —일부 훈련은 다른 활동으로 위장되었다—전쟁에 참가해 인명을 살상했다.[12] 이들은 1945년 베를린 전투에서 독일 방어 부대의 주력으로 활약했다.

아동이 무력충돌에 가담한 역사적 사례는 그 밖에도 많다.* 아동은 오래전부터 군대와 무장단체에 몸담았지만 여기에 관심이 쏠리기 시작한 것은 10년 전부터이며, 지금은 소년병 현상이 정치적·인도주의적 · 학문적 의제의 최일선에 놓여 있다.[13] '소년병 징집 금지 연대'는 전 세계 소년병의 최근 현황을 보여주는 보고서를 다수 발표했다. 2004년에 발표한 《글로벌 리포트Global Report》에서는 전 세계 41개국에서 18세 미만 소년병 25만 명이 무장세력에 소속되어 분쟁에 가담

• 아동이 무력충돌에 가담한 역사적 사례는 Marten(2002)을 보라.

하고 있다고 추산했다. 2008년 발표에서는 소년병 수가 2004년보다 줄었는데, 이것은 평화조약과 동원해제 사업에 따라 소년병 수만 명이 무장단체와 군대를 떠났기 때문이다.• 하지만 이와 동시에 다른 나라에서 분쟁이 발발하거나 재발하거나 확전되어 일부 지역에서는 소년병 모집이 증가하기도 했다.•• 아동을 동원하는 분쟁은 감소 추세인 듯하나(2004년의 27건에서 2007년에는 17건으로 감소) 이것은 소년병 모집과 이용을 중단시키려는 운동의 영향이라기보다는 분쟁 자체가 줄었기 때문으로 보인다.[14] 하지만 전 세계 모든 지역에 소년병이 있는 것으로 알려져 있으며, 따라서 분쟁이 있는 곳에는 소년병이 있다.[15]

현대의 분쟁에서는 소년병의 존재를 부인할 수 없지만, 나라마다 정확한 수를 파악하는 일은 여전히 아득하며 특정국이나 특정 지역에 존재하는 소년병 수에 대해 지역, 국가, 국제단체마다 모순되는 통계를 내놓기 일쑤다. 게다가 폭력 수위가 최고조에 이르렀을 때나 전쟁에서 한 치 앞도 내다볼 수 없을 때는 소년병 수를 정확히 집계하기가 여간 어렵지 않다. 언론 보도와 분쟁 지역 접근을 제한하는 곳에서는 현황 파악이 더욱 힘들며, 소년병 통계를 아예 구할 수 없는 곳도 있다. 게다가 18세 미만 아동의 모병을 금지하는 수많은 법률과 조약•••

• 이에 해당하는 나라로는 아프가니스탄, 부룬디, 코트디부아르, 콩고민주공화국, 라이베리아, 남수단 등이 있다.

•• 이에 해당하는 나라로는 중앙아프리카공화국, 차드, 이라크, 소말리아, 수단(다르푸르) 등이 있다.

••• 이를테면 제네바조약 및 부속 의정서(1949년, 1977년), 유엔 아동의 권리에 관한 협약(1989년), 국제노동기구 협약 제182호(1999년), 아프리카 아동 권리 및 복지 헌장(1999년), 아동의 무력 충돌 참여에 관한 아동권리협약 선택의정서(2000년), 유엔안전보장이사회 결의안 1261호, 1314호,

을 피하기 위해 무장단체와 군대는 소년병 실태를 되도록 감추고 싶어 한다. 이에 반해 소년병의 수와 비율을 높여 잡으려는 유혹을 느낄 때도 있다. 무장단체와 군대는 아동 모병 실태를 감추는 것이 유리하지만 일부 비정부기구는 소년병 문제의 심각성을 부각해 대중의 관심과 지원, 지지를 얻는 것이 이익일 수 있다.[16] 소년병 통계를 다룰 때는 이런 사정을 염두에 두어야 한다.

이 책은 시에라리온 반군 RUF에 몸담았던 일부 소년 소녀의 경험에 초점을 맞추고 있지만 소년병을 활용한 것이 비단 시에라리온만은 아니다. 시에라리온의 소년병 실태를 국제적 맥락에서 보려면 전 세계의 소년병 현상에 대한 배경지식이 필요하다. 뒤에서는 지난 20년간 무장단체가 아동을 모집한 적이 있는 주요 지역과 나라의 실태를 추적했다(이것이 전체 현황은 아니다).* 시에라리온 반군 RUF와 비교할 수 있도록 군대가 아니라 무장단체에 초점을 맞추었다. 앞에서 말했듯이 아동 모병의 정확한 통계는 파악하기가 쉽지 않으므로 다음 단락에서 등장하는 수치에 대해서도 신중을 기하기 바란다.

1379호, 1460호, 1539호, 1612호, 1882호, 국제형사재판소에 관한 로마 규정(1998년), 파리 원칙(2007년), 마셸 10개년 전략 검토(2007년, A/62/228 2부) 등이 있다.
* 뒤에서 언급한 일부 상황에서는 (무장단체뿐 아니라) 군대에서도 아동을 모병한 경우가 있다.

아프리카

지난 20년간 아프리카의 거의 모든 무력충돌에서는 아동이 전투 및 지원 임무를 맡았다. 2004년에 소년병 징집 금지 연대는 아프리카에서 무장단체와 군대에 연계된 소년병을 10만 명 이상으로 추산했는데, 이 수치는 아프리카가 소년병 현상의 중심지라는 통념에 일조했다.[17] 지난 20년간 앙골라, 코트디부아르, 라이베리아, 모잠비크, 르완다, 시에라리온의 무장단체에서는 아동을 모병하여 전쟁에 동원했다. 상당수 나라는 분쟁을 질질 끄는 바람에 여러 세대가 피해를 입었다. 최근 2004년부터 2007년 사이에도 부룬디, 중앙아프리카공화국, 차드, 콩고민주공화국, 소말리아, 수단, 우간다에서 아동을 모병했다. 나라별 상황은 다음과 같다.

부룬디에서는 내전 기간(1993~2005년)에 주요 반정부 단체 민족해방군(이하 FNL)이 아동을 모병하여 정부에 대항했다. 대규모 적대 행위는 중단되었지만 부루리와 응고지에서는 2007년 4월부터 5월까지 소수의 학생들이 모병된 것으로 보고되었다. 전직 FNL 소년병 상당수가 무장단체에 가담했다는 이유로 최근에 구금되거나 수감되었다.[18]

중앙아프리카공화국에서는 적대 행위가 시작된 2005년부터 주요 무장단체 '공화국과 민주주의 회복을 위한 인민군'(이하 APRD)과 민주세력동맹에서 아동을 동원했다. 통계는 파악되지 않았지만 APRD 지휘관들 말로는 열두 살 된 어린아이까지 부대 내에서 임무를 맡았다고 한다.[19] 국경을 넘어 차드와 수단에서 아동을 납치하여 모병하기도 한다.

차드에서는 주요 반정부 단체 '변화를 위한 통일전선'(이하 FUC)과 '변화, 통일, 민주주의를 위한 연대'에서 지금도 소년병을 모집하고 있다. FUC는 열두 살 먹은 어린아이까지 끌어들이는 것으로 알려져 있으며 병력의 25퍼센트 이상이 아동으로 추정된다.[20] 많은 아동이 다르푸르 지역의 난민촌에서 강제로 끌려왔다고 한다. 2007년 9월에, 군대와 무장단체를 막론하고 강제로 모집되어 DDR 대상자가 된 아동은 7000~1만 명으로 추산되었다.[21]

코트디부아르에서는 2002년에 분쟁이 시작되어 2004년에 대부분의 적대 행위가 종식되었다. 하지만 보도에 따르면 반정부 단체 '신세력의 군대'(이하 FAFN)는 적어도 2005년 말까지 아동을 모병했다. 2007년 8월에 유엔은 무장단체가 2006년 10월까지도 적극적으로 아동을 모병했다는 주장을 뒷받침하는 증거는 없다고 발표했다. 하지만 산발적 보도로 보건대 아동이 여전히 FAFN에서 노예 취급을 받고 있으며 여자아이들은 성폭력을 당하고 있는 듯하다.

콩고민주공화국에서는 전쟁으로 1998년 이래 550만 명이 목숨을 잃었다.[22] 콩고민주공화국 과도정부가 정권을 잡은 2003년에 분쟁은 공식적으로 종식되었지만 폭력과 불안정은 끝나지 않았다. 주요 반정부 무장단체 '콩고 민주회의 고마'(고마는 콩고민주공화국 동부에 있는 도시다_옮긴이)는 전체 병력의 20~25퍼센트가 아동이라고 한다.[23] 정부군과 반군을 합쳐 콩고민주공화국에서 전쟁에 가담한 아동 수는 3만 명으로 추산된다.[24]

시에라리온에서는 1991년부터 2002년까지 11년간 내전을 치르면서 RUF, 군 혁명평의회(이하 AFRC), 시민방위군(이하 CDF)을 비롯한 수많은 무장단체가 아동을 모병했다. 시에라리온의 소년병 모집의 세부 현황과 진행 과정은 뒤에서 자세히 설명할 것이다.

1980년대부터 정치 불안에 시달린 소말리아에서는 모든 교전 당사자가 아동을 모병했으며 그 수가 수천 명에 이른다. 아동을 적대 행위에 동원한 주요 무장단체로는 '이슬람 법정 연대'와 '평화 회복과 테러 근절을 위한 연대'가 있다.[25]

수단 다르푸르 지역에서는 친정부 민병대와 무장단체 간에 충돌이 벌어졌으며, 2006년 5월부터 6월 사이에만 아동 수천 명을 모병했다.[26] 남수단 방위군, 수단 인민해방군, 잔자위드(아랍어로 '말 탄 총잡이'라는 뜻_옮긴이) 민병대 모두 국내외에서 아동을 모집했다.[27] 2007년에 차드 정부는 수단 동부 국경 지대의 난민촌에서 아동 수천 명을 납치했다는 의심을 사고 있다.[28] 수단 아동은 인접국 차드와 우간다의 무장단체에 끌려가는 일도 흔하다. (국제) 난민촌과 (국내) 실향민촌 아동이 특히 위험한 상황에 처해 있다.[29]

우간다 북부 지역에서는 1986년 이래로 줄곧 무력충돌로 인해 아동의 안전이 위협받고 있다. 반군 '신神의 저항군'(이하 LRA)은 지난 20년간 아동 2만 5000명가량을 강제로 납치했다.[30] LRA는 전체 병력의 80~90퍼센트가 소년 소녀일 정도로 아동의 비중이 크다.[31] 2002년 5월부터 2003년 5월까지 무려 아동 1만 명이 집과 학교, 마을에서 납치당했다. 요즘 들어 LRA의 모병 행위가 눈에 띄게 줄기는 했지만 여전

히 젊은 여성과 아동 2000명이 LRA에 남아 있는 것으로 추정된다.[32]

아메리카

지난 20년간 콜롬비아, 엘살바도르, 과테말라, 페루 등 라틴아메리카 나라에서 아동 수천 명이 무장단체에 몸담았다.[33]

과테말라는 1960년부터 1996년까지 내전을 치르면서 과테말라 민족혁명연합을 비롯한 무장 반정부 단체에서 수많은 아동을 강제로 모병했다.[34] 하지만 소년병의 수와 연령이 정확히 알려지지 않은 탓에 많은 아동이 종전 뒤 배상 및 사회복귀 사업의 혜택을 입지 못했다.[35]

엘살바도르는 1980년부터 1992년까지 내전을 치르는 동안 주요 반정부 단체 '파라분도 마르티 인민해방전선'(파라분도 마르티는 엘살바도르의 사회운동가로, 혁명을 이끌다 정부에 처형당했다_옮긴이)은 병력의 20퍼센트가 아동이었던 것으로 추정된다.[36] 엘살바도르 변두리 빈민가와 농촌에서 많은 아동이 강제로 모병되었다고 한다.[37]

페루에서는 1980년에 혁명 단체 '빛나는 길'이 정부와 전쟁을 벌이는 와중에 토착민 마을에서 아동 수천 명을 강제로 모병했다고 한다.[38] 1980년대에 자위自衛위원회(이하 CAD)는 열두 살 먹은 아동까지 모집했다. 2005년 11월에 한 인권 단체는 아야쿠초 토착민 마을에서 열다섯 살밖에 안 되는 아동이 CAD에 소속되어 있는 것을 발견했다. 마을 지도자들을 면담했더니, 이곳 사람들은 12세부터 60세 사

이의 모든 주민이 외부의 위협으로부터 마을을 수호할 책임이 있다고 생각했다.[39]

최근 들어 라틴아메리카에서 분쟁이 줄기는 했지만 아직도 아동 수천 명이 소년병으로 붙들려 있으며, 콜롬비아의 기나긴 내전에서는 아동이 병력의 대다수를 차지한다. 현재 주요한 무장 반정부 단체 콜롬비아 혁명군과 민족해방군이 소년병을 이용하고 있다. 40년간 내전을 치르면서 아동 1만 1000~1만 7000명이 이들 무장단체에 몸담은 것으로 추정된다.[40] 비정규 전투원 4명 중 1명은 18세 미만이라고 한다.[41]

유럽

흔히들 유럽은 소년병과 무관할 거라 생각하지만 아동 모병 행위는 유럽도 예외가 아니다. 지난 20년간 보스니아 헤르체고비나, 체첸, 나고르노카라바흐, 터키, 코소보, 마케도니아에서는 무장단체가 아동을 첩보병, 전령, 무기 및 탄약 운반병, 전투병으로 이용했다.[42]

보스니아 헤르체고비나에서는 민족 간 내전을 치르면서 1992년부터 1995년까지 10세 이상 아동 3000~4000명이 무장단체에 모집된 것으로 추정된다.[43]

코소보에서는 1998년부터 1999년까지의 위기 상황에 준군사 조직과 무장단체에서 아동을 모병했다고 한다.[44] 2000년 10월 현재 코소보 혁명군에 소속된 병사 1만 6024명 중 약 10퍼센트가 아동이었으며 대다수는 16~17세였다고 한다.[45] 언론 보도에 따르면 열네 살 먹은 아동까지 KLA에 소속되어 있었다.[46]

체첸을 비롯한 캅카스 북부 지역에서는 분리주의자 반군들이 18세 미만 아동을 모집했다고 한다(그중에는 열두 살짜리도 있었다). 또 무장 반정부 단체, 이슬람 단체, 마을 자위대 등 수많은 무장 정치 단체에 체첸 소년들이 속해 있다고 한다.[47] 소년들은 18세 미만 범죄 조직에도 가담한 것으로 알려졌는데, 이들 조직은 전쟁 경제에서 단물을 빨아먹으려는 현지 병사들과 유착하기가 예사였다.

아시아

지난 20년간 아시아에서는 무장단체의 소년병 모집 문제가 점차 심각해졌다. 대부분 분쟁이 장기화된 나라들로, 아동의 전쟁 참여가 가시화된 것은 2005년부터다. 2004년부터 2007년까지 아프가니스탄, 인도, 인도네시아, 이라크, 미얀마(버마), 네팔, 팔레스타인 점령지구, 필리핀, 스리랑카, 타이에서 무장단체의 소년병 모집이 행해졌다. 특히 아프가니스탄, 이라크, 팔레스타인 점령지구, 스리랑카에서는 소년병이 자살폭탄 공격에 동원되었다고 한다(다른 나라에서는 흔치 않은 현상이다).

아프가니스탄에서는 무장세력이 오래전부터 아동을 모집했다. 아프가니스탄인 3000여 명을 조사했더니 군사 행위에 가담한 사람 중 30퍼센트가 아동이었다.[48] 유니세프에서 2003년 3월부터 6월까지 조사한바, 아프가니스탄 전역에서 소년병 8010명이 무장세력에 가담하고 있었다.[49]

인도에서는 잠무카슈미르 지역의 좌익 혁명 단체들이 열 살짜리 아동까지 모집하여 갖가지 임무에 동원한다고 한다. 2005년에 마오주의자 단체들이 폭력 수위를 부쩍 높이자 아동 모병이 전반적으로 증가했다.[50]

인도네시아에서는 이슬람 국가 건설을 장기적 목표로 삼은 이슬람주의 무장단체 '이슬람 회의'가 아동을 일찌감치 훈련하고 교육하여 소년병으로 키우는 정교한 세뇌 과정을 마련했다고 한다.[51] 아체 북부 지역에서 독립을 추구하는 분리주의 단체 '자유 아체 운동'에서도 아동을 전투 및 지원 임무에 동원했다.[52]

이라크에서는 1990년대에 사담 후세인이 페르시아 만 전쟁 뒤에 10~15세 소년으로 이루어진 준군사 조직 아시발 사담('사담의 새끼 사자'라는 뜻)을 창설하여 소화기와 경보병 전술을 훈련했다. 아시발 사담은 준군사 조직 사담 페다인('사담을 위한 순교자'라는 뜻_옮긴이)의 인력 공급원 노릇을 했는데, 미군에 사담 페다인은 이라크 정규군보다 더 큰 골칫거리였다. 최근 바그다드 주둔 미군은 어린 소년들이 납치와 암살 훈련을 받는 동영상을 발견한 뒤 "알카에다가 아동을 악용하는 추세가 우려된"다고 경고했다.[53] 게다가 알카에다 세력에 팔리거나 납치된 아동은 시장市場 자살폭탄 공격에 동원되었다고 한다.[54]

미얀마(버마)에서는 아동 7만 명이 무력충돌에 연루된 것으로 추정되는데, 소년병 수로는 세계 최대다.[55] 30개가량 되는 정부군과 반군 세력 거의 전부가 12~18세 아동을 모집하며, 부대 중에는 아동 비율이 50~60퍼센트인 곳도 있다.[56] 많은 무장단체가 병력을 증강하기 위해 '브로커'를 통해 소년 전투원을 사고판다고 한다.[57] 유엔 보고서에 따르면 아동의 몸값은 미화 30달러와 쌀 한 자루에 불과하다.[58]

네팔에서는 마오주의 정당인 네팔 공산당과 산하 군사 조직 인민해방군이 소년병을 모집했으며 대부분이 10~16세였다.[59] 16세 이상은 적극적인 군사 임무를 맡았으며 그 미만은 선전 활동, 전령, 식량 조달 등 지원 임무에 동원되었다.[60]

팔레스타인에서는 1988년에 시작된 1차 인티파다(아랍어로 '흔들어 없애다'라는 뜻으로 '봉기'를 일컫는다_옮긴이)를 벌일 때 일곱 살짜리 아이까지도 중요한 구실을 했다. 어떤 아이는 경비를 서다가 이스라엘군이나 이스라엘 주민이 다가오면 사람들에게 알렸고, 어떤 아이는 돌을 던졌고, 또 어떤 아이는 봉기를 대비하여 물자를 비축하고 다른 이들이 (인티파다에 참여했다는 혐의로) 이스라엘군에 끌려가지 않도록 보호했다.[61] 팔레스타인의 2차 인티파다(2000~2004년) 때는 1차 인티파다에 참가했던 청년들이 새로운 청년 집단을 모집해 이끌었다. 이들이 더 조직화되고 군사 조직의 틀을 갖추자 청년들은 더 큰 폭력도 거리낌 없이 저질렀다.[62] 일부는 군사훈련을 받은 뒤 전령으로 활동하거나 이스라엘군과 민간인을 대상으로 전투를 벌이거나 자살폭탄 공격을 감행했다.[63] 2차 인티파다가 시작된 뒤로 이스라엘에서는 자살

폭탄 공격이 164건 터졌는데, 공격자의 평균 연령은 20세였다.[64]

필리핀에서는 필리핀 공산당과 산하 군사 조직 신인민군(이하 NPA), 모로 이슬람 해방전선(이하 MILF. 모로는 필리핀에 사는 이슬람 종족이다_옮긴이), 아부 사야프(아랍어로 '칼 대장장이의 아버지'라는 뜻_옮긴이), 모로 민족해방전선(이하 MNLF), 프롤레타리아 혁명군 알렉스 본카야오 여단(이하 RPA-ABB. 알렉스 본카야오는 노동운동 지도자다_옮긴이) 등이 아동을 동원했다.[65] 이 단체들은 먹고살 길이 막막한 농촌의 가난한 가정에서 아동을 모집한다고 한다.[66] NPA는 병력 7500명 중 5분의 1가량이 아동이며, MILF는 1만 명 중 1000명 이상이 아동이라고 한다.[67] 아부 사야프, MNLF, RPA-ABB는 병력 현황이 제대로 파악되지 않았지만, 산발적 보도에 따르면 이들 단체에서도 아동의 존재가 확인되었다.[68]

스리랑카에서는 타밀 엘람 해방 호랑이(이하 LTTE)가 1980년대 중엽에 아동을 모집하고 이용하여 악명을 떨쳤다.[69] 아동은 일단 LTTE의 '꼬마 여단'에 배속되었다가 다른 부대로 옮겨 전투에 참가하거나 자살폭탄 공격에 투입된다.[70] 모집되는 아동의 연령은 2002년의 14세에서 2007년에는 16세로 높아졌지만 여전히 아동 수천 명이 LTTE에 소속되어 있으며 그중 3분의 1은 소녀라고 한다.[71] 유니세프는 2002년 1월부터 2007년 12월까지 LTTE의 아동 모병 사례가 6248건에 이른다고 발표했다.[72] 1995년 이후 교전 중에 사망한 LTTE 단원 가운데 60퍼센트가 아동이라는 주장도 있다.[73] 2008년에 스리랑카 유엔 대표부는, LTTE가 아동이 무기 사용법 훈련을 받지 않으면 다른 교육을 실시하지 않았으며 이는 유사시에 전투에 투입하기 위해서라고 발표했다.[74] 최근에는 LTTE에서 이탈한 분파 카루나(산스크리트어로 '자비'라는 뜻으로, 공식 명칭은 'Tamil Makkal Viduthalai Pullikal, TMVP'다)에서도 아동을 모병했다.

타이 남부 지역에서는 아동이 분리주의 무장단체 소속으로 전투에 참가했다. 가장 세력이 큰 바리산 민족혁명연합(이하 BRN-C) 산하의 청년 조직은 조직원이 7000명을 넘으며 공립학교 등을 대상으로 전국에서 폭력을 저질렀다고 한다.[75] BRN-C는 방과 후 공부 모임을 핑계로 아이들을 뽑은 뒤에 교육을 거쳐 조직원으로 만들었다.[76] BRN-C에 소속된 아동의 정확한 인원수는 알려지지 않았다.[77]

현재 나와 있는 통계에 따르면 전 세계적으로 수많은 소년병이 무장단체에서 활동하고 있음을 알 수 있다. 하지만 소녀들의 참여는 중요한 현상인데도 통계에 드러나지 않는다. 소년병 통계는 성별을 구분하지 않기 때문에 무력충돌의 성차별적 진실은 종종 간과되고 가려지면서 대부분 미지의 상태에 놓여 있다. 따라서 전 세계에서 무력충돌에 가담한 소녀의 수와 가담 형태를 확인하는 데 훨씬 큰 관심과 주의를 기울여야 한다.

지난 20년간 무장단체의 아동 모병이 세계 곳곳에서 벌어졌다는 것은 소년병이 전 세계적 현상임을 보여준다. 또한 보호 운동과 숭고한 국제적 노력이 펼쳐지고 무수한 법적 보호 수단이 마련되었음에도 국제사회가 소년병 현상을 근절하거나 대폭 감소시키는 데는 역부족이었음을 알 수 있다. 소년병의 현실을 부인할 수 없다면 이 보편적인 전쟁 행위를 이해할 실마리를 어디서 찾아야 할까? 학계, 정부, 아동 운동 단체는 아동이 무력충돌과 무장단체에 가담하고 있는 엄연한 현실을 어떻게 이해하고 설명하는가? 소년병 문제를 부추기거나 일으키는 요인은 대체 무엇인가? 아동을 보호하고 아동에 대한 모병 행위를 금지하는 것과 더불어 아동이 폭력에 발을 디디고 그로부터 벗어나는 과정을 이해하고, 종전 뒤에 적절하게 대처하고 개입하려면 반드시 앞의 물음에 대답해야 한다. 그동안 제시된 설명은 주로 두 가지 접근법으로 나눌 수 있다. 두 접근법을 하나씩 살펴보자.●

● 설명을 두 가지 주요한 접근법으로 나눌 수는 있지만, 여러 연구자가 둘을 통합하려고 노력했다 (이에 대해서는 1장 후반부에서 자세히 설명할 것이다).

어떻게
소년병이 되었나?

구조적 힘은 아동이 무력충돌에 관여하는 현상을 이해하는 데 필수적인 고려 사항으로, 소년병 문제를 논하는 학술 담론의 대부분을 차지한다. 연구자들은 세계화, 전쟁의 성격 변화, 경제 침체, 만연한 빈곤과 사회 붕괴 같은 상황에서 아동이 기본적으로 사회 환경에 내재한 긴장과 폭력의 연장인 행위들에 쉽게 이끌릴 수 있다고 주장한다.[78] 복지의 저하 및 부재, 지역에 기반을 둔 저항 세력이 약소국 정부와 벌이는 무력충돌, 소화기와 중화기(원어는 'light weapon'이지만 우리나라에서는 '보병이 지니는 화기 가운데 비교적 무게가 무겁고 화력이 강한 화기'라는 뜻으로 '중화기'를 쓴다_옮긴이)의 확산, 잔인무도한 군사정권과 군벌의 압제에 내몰린 아동은 자신이 통제할 수도 (심지어) 이해할 수도 없는 사회적 힘에 사로잡혀 옴짝달싹 못한다.

세계화와 변화된 전쟁

아동이 무력충돌에 가담하는 현상은 현대전의 성격 변화와 밀접한 관계가 있다.[79] 많은 연구자들은 무력충돌의 성격에 질적인 변화가 일어났으며 이에 따라 '현대적' 또는 '새로운' 전쟁을 언급할 수 있게 되었다고 주장한다.[80] 칼도가 말한다.

> 1980년대와 1990년대에 새로운 유형의 조직화된 폭력이 발전했다. 아프리카와 동유럽에서 두드러진 이 현상은 현 세계화 시대의 한 측면이다. 나는 이러한 유형의 폭력을 '새로운 전쟁'이라 일컫고자 한다.[81]

칼도에 따르면, '옛 전쟁'은 사회를 변화시키려는 뚜렷한 이념을 추구했으나 '새로운 전쟁'은 세계화에 영향을 받아 범죄적이고 탈정치적이며, 사적私的이고 약탈적으로 바뀌었다. 뚜렷한 정치적·이념적 목표가 없고 대개 민족적·종교적 갈등에서 불거진 새로운 전쟁은 민간인을 직접 겨냥한 공격, 강간, 인종 청소, 잔학 행위를 비롯한 무분별하고 이유 없는 폭력과 대규모 인권침해를 특징으로 한다.

'새로운 전쟁' 개념은 열띤 논란을 불러일으켰으며 타당성과 진실성에 많은 의문이 제기되었다.[82] 이 장에서는 이 논쟁을 자세히 설명할 것이다. 하지만 현대적 전쟁과 연관된 추세 —특히 내전의 증가, 국가 실패, 세계화와 초국적 네트워크—가 아동의 무력충돌 가담에 어김없이 얽혀 있다는 주장이 제기되기도 했다.

내전 증가

이제 적대적인 주권국 군대가, 분명하고 구별되는 전쟁터에서 벌이는 전쟁은 거의 없다. 국가 간의 전쟁은 대부분 국지적 살육전으로 대체되었다. 1990년부터 2003년까지 48개 지역에서 주요 무력충돌이 59건 발생했는데 이 중에서 국가 간의 충돌은 4건에 불과했다.[83]

내전의 증가가 중요한 이유는 전쟁에 관여하는 사람이 달라지기 때문이다. 내전에서는 대개 민간인과 전투원, 전방과 후방의 경계가 흐려진다. 실제로도 비정규군이 전쟁을 수행하는 경우가 늘고 있다. 즉 민간인이 군사적 임무를 맡는다는 뜻인데 이 중 상당수가 강제로 동원된다. 아동과 무력충돌에 관한 유엔 특별 대표를 지낸 올라라 오투누는 현대 내전을 이렇게 설명한다.

> 내전이 일어나면 서로를 잘 아는 사람들끼리 싸우게 된다. 동포와 동포가, 이웃과 이웃이 적이 된다. …… 격렬하고 사적인 오늘날의 살육전 상황에서는 마을이 전쟁터가 되고 민간인이 주요 표적이 된다.[84]

전선이 모호하고 전투원과 민간인이 구별되지 않는 이런 상황에서 (전쟁의 소용돌이에 말려들 수밖에 없는) 아동이 피해자와 전투원으로서 무력충돌에 점점 더 깊이 연루되었다는 주장도 있다.[85]

국가 실패

국가 실패를 현대 전쟁의 중요한 요소로 보는 시각이 늘고 있다.[86] "새로운 전쟁은 국가의 자율성이 침해당하는 상황에서, 극단적인 경우 국가가 붕괴한 상황에서 벌어진"다.[87] 실패한 국가는 갈등, 인도주의 위기, 경제 붕괴를 겪는다.[88] 국민국가가 실패하는 이유는 내부 폭력으로 흔들리고 국민에게 바람직한 정치적 재화(정부가 존재하기에 누릴 수 있는 혜택_옮긴이)를 제공하지 못하여 영토 안에서 권력을 행사하지도 권위를 세우지도 못하기 때문이다. 정부가 정당성을 잃으면 국민은 국민국가 자체를 불법적으로 여긴다. 실패 국가가 "불안정, 대규모 이주, 살인이 저질러질 수 있는 토양"이 되리라는 우려가 일고 있다.[89] 로트버그는 실패 국가의 특징을 이렇게 설명한다.

> 실패 국가에는 긴장과 갈등, 위험이 존재한다. 실패 국가의 일반적인 특징은 다음과 같다. 범죄 폭력과 정치 폭력이 늘고, 국경 통제 능력을 상실하고, 민족적·종교적·언어적·문화적 적대 행위가 증가하고, 내전이 일어나고, 자국민에게 폭력을 저지르고, 제도가 허약해지고, 기반 시설이 악화되거나 미흡해지고, 정당한 수단으로 조세를 징수할 수 없고, 부패가 만연하고, 보건 체계가 무너지고, 유아사망률이 늘고, 기대 수명이 줄고, 정규 교육이 중단되고, 1인당 GDP(국내총생산)가 감소하고, 물가가 상승하고, 비非법정 화폐가 통용되고, 기초 식량이 부족해져 기근이 일어난다.[90]

국가 실패로 인해 가난이 만연하면 일반 국민, 특히 아동이 심각한 타격을 입는다. 실패 국가로 규정된 나라*에 사는 아동이 적절한 주거, 안전한 식수, 보건 및 복지 서비스, 영양, 교육과 취업 기회 등에서 최악의 형편에 놓인 것은 놀랄 일이 아니다.[91] 게다가 제도가 붕괴되고 국가 및 가족 구조가 와해되면 극심한 빈곤과 사회적·정치적 소외가 일어나 무장단체와 군대가 젊은이들을 끌어들일 수 있는 여건이 조성된다.[92]

초국적 범죄 네트워크

칼도는 현대 전쟁을 분석한 글에서 '새로운 전쟁'의 상황과 특징, 성격을 이해하려면 세계적 힘과 세계화 과정이 미친 영향을 이해해야 한다고 강조했다. 칼도는 세계화를 "정치적·경제적·군사적·문화적 측면에서 세계의 상호 연결을 강화하는 것으로, …… 정보 기술혁명과 통신 및 데이터 처리의 급속한 발전"으로 정의한다.[93] 칼도는 수많은 현대 전쟁에 전 세계 기자, 용병, 군사 전략가, 이주민 봉사자, 유엔 같은 국제기구와 국제 비정부기구가 들끓는 것을 보면 세계화의 영향을 알 수 있다고 말한다.

전 세계의 수많은 행위자가 새로운 전쟁에 몸담고 있는 것과 더불어, 준군사 집단의 정치적·군사적 행위자, 조직화된 범죄 집단, 자기 지역을 다스리는 군벌, 용병 및 사병私兵 기업 사이에서 세계적 군사 통합, 연결, 공유 행위가 늘고 있다. 이러한 연결과 제휴는 국제적 무

• 이에 해당하는 나라는 아프가니스탄, 부룬디, 코트디부아르, 콩고민주공화국, 이라크, 시에라리온, 수단, 우간다 등이다(The Fund for Peace 2007).

기 생산 및 교역의 증가, 다양한 형태의 군사 협력과 교환, 군축 협정의 결과로 생겨났으며 초국적인 범죄 네트워크와 조직을 통해 강화되고 확산된다.

소년병이 전 세계 전쟁터에서 수행되는 폭넓은 전쟁 전략의 일환이 되었다는 주장도 있다.[94] 혼와나가 말한다.

> 전술과 기술에 대한 정보는 군인, 군사 전략가, 용병을 통해 이 전쟁에서 저 전쟁으로 전파된다. 언론 보도와 영화도 이런 정보가 퍼지는 데 일조한다. …… 이 같은 초국적 과정을 거쳐, 용인되는 전쟁 행위에 대한 관념과 가치가 확립된다. 소년병 현상의 확산은 바로 이런 맥락에서 보아야 한다.[95]

혼와나는 캄보디아, 우간다, 시에라리온, 모잠비크, 앙골라에서 전쟁 중에 아동이 비슷한 일을 당한 것은 우연이 아니며 세계화로 인한 광범위한 사회적·경제적 위기와 초국적 네트워크의 영향 때문이라고 말한다. 이에 따라 아동을 양육하고 보호하는 지역사회의 역량이 약화되면 아동은 무력충돌에 쉽사리 빠져들게 된다.

보편화된 새로운 전쟁

'새로운 전쟁'이라는 개념이 현대의 무력충돌 패턴을 설명하고 전쟁의 사회적·경제적 측면을 부각하는 데는 유용하지만 무력충돌의 '새로운' 측면이라는 것이 실은 전혀 새롭지 않다는 주장도 있다.[96] 칼리

바스는 '옛' 내전이 이념적 이유로 벌어졌다는 학자들의 주장은 매우 과장된 것이며, 현대 전쟁에서 반군의 동기가 다양하고 치밀하게 계산되었으며 단순한 약탈 행위를 넘어선다는 점에서 이러한 전쟁을 '목적이 없'다고 규정하는 것은 그릇되고 근시안적인 판단이라고 주장했다.[97] 게다가 사람들은 무분별하고 이유 없는 폭력과 대규모 인권침해가 새로운 전쟁의 특징이라고 주장하지만 이것은 20세기 전쟁이나 과거의 내전에서도 볼 수 있던 현상이다. 분쟁에서 이 같은 폭력과 인권침해가 벌어진 것은 (정도는 제각각 다르지만) 수백 년 전부터라는 주장도 있다. 뉴먼은 "분쟁의 행위자, 목표, 공간적 맥락, 인간의 영향, 정치경제, 사회구조는 '새로운 전쟁' 문헌에서 주장하는 것만큼 많이 바뀌지 않았"다고 말했다.[98] 뉴먼은 학자, 정치 분석가, 정치인이 이런 요인을 예전보다 중시하는 바람에 실제보다 더 중요하게 보이는 것이라고 본다. 게다가 통신과 언론이 발달하여 일반 대중이 내전과 잔학 행위의 실상을 쉽게 접할 수 있게 된 탓도 있다. 새로운 전쟁 개념을 비판하는 사람들은 전쟁의 이유, 성격, 영향의 변화가 보기만큼 크지 않으며 '현대적' 분쟁과 '과거' 전쟁의 차이가 과장되었고 학문적 타당성이 없다고 주장한다.[99]

'새로운 전쟁' 논쟁은 지금도 계속되고 있다. 하지만 궁극적으로 보면, 전쟁이 새로워졌든 아니든 내전의 증가, 국가 실패, 사회적·경제적 요인의 세계화, 초국적 네트워크 등의 구조적 요인이 보편화된 것이야말로 아동이 무력충돌에 가담하는 데 직간접적 역할을 한다고 말할 수 있다.

국경을 넘나드는 치명적 무기

소화기와 중화기*(이하 소화기)의 세계적 확산이 아동의 무력충돌 가담에 중요한 영향을 미쳤다는 주장이 있다.[100] 냉전이 끝나자 주인을 잃은 총기 수백만 정이 국제시장에 흘러들었다.[101] 전 세계의 합법적 총기 거래는 2006년에 미화 15억 8000만 달러에 이른 것으로 추산된다.[102] 여러 지역에서는 합법적 경로뿐 아니라 불법적 경로를 통해서도 소화기를 쉽게 구할 수 있다. 국경 단속이 느슨하고 국경 통제가 비효율적이며 부패가 만연하면 불법 밀거래를 통제하기 힘들어져 불법적 확산이 가속화된다.[103] 무기 거래 내역을 신고하는 관행이 정착되고 있지만 수억 달러로 추산되는 비공식 무기 거래는 여전히 큰 비중을 차지한다.[104]

현대 전쟁에서 소화기를 즐겨 쓰는 데는 여러 가지 이유가 있다. 점점 더 치명적이고, 튼튼하고, 휴대가 간편하고, 값싸고, 가볍고, 쉽게 숨길 수 있고, 정비가 간단해지고 있기 때문이다. 소화기가 (특히 무장단체에) 확산될 가능성이 큰 것은 이 때문이다. 소화기를 쉽게 구할 수 있게 되면서 "더 많은 사람이 전투원이 되고 분쟁이 더 오래 지속되고 더 많은 사람, 특히 아동이 고통을 겪게 되었"다.[105] 최근 전쟁에

• '소화기(small arm)'는 권총, 소총, 기관단총, 공격용 소총, 경기관총으로 정의한다. '중화기(light weapon)'는 중기관총, 유탄 발사기, 이동식 대공포, 이동식 대전차포, 이동식 미사일 발사기, 경박격포, 탄약, 포탄으로 정의한다(United Nations 1999).

서 사망한 사람의 80~90퍼센트는 소화기에 목숨을 잃은 것으로 추정된다.[106]

소화기 확산은 전 세계 적대 행위에서 아동의 참여가 확대되는 데 중요한 요인으로 지적되었다.[107] "새로운 전쟁에서 중화기 의존도가 커지는 것은 소년병 이용이 많아지는 한 가지 이유"[108]이며, "현대의 가장 치명적인 전쟁 도구는 칼라시니코프, 즉 AK-47 공격용 소총으로 무장한 남성 청소년"[109]이다. 과거에는 무기를 다루려면 힘과 기술이 많이 필요했기에 아동이 전투에 참여할 수 없었지만, 사용법이 간단하고 몇 시간만 훈련하면 쓸 수 있는 경량 화기가 발전하면서 아동은 전쟁의 변방에서 중심부로 들어왔다.

현대 분쟁에서 아동이 무기를 휴대하는 것은 엄연한 사실이지만, 소화기 확산과 소년병이 '직접' 연관되어 있는지는 의심스럽다. 무기가 부족한 곳에서도 아동이 병사로 이용되고 있기 때문이다.[110] 현대의 많은 분쟁에서 반드시 소화기가 주력 화기로 쓰인 것은 아니다. 마체테(날이 넓은 칼로, 열대나 아열대 지방에서 덤불을 쳐 내거나 사탕수수 가지를 자를 때 쓴다_옮긴이) 같은 일상 도구를 쓰거나 불을 지르는 것이 훨씬 흔할 때도 있다.[111] 게다가 현대 소년병이 가장 널리 쓰는 무기로 통하는 AK-47은 예전 분쟁에서 쓰던 소총과 무게가 사실상 비슷하거나 더 무겁다.

소년병은 스스로
전쟁에 가담했을까?

지금까지 아동의 무력충돌 가담—특히 개발도상국의 소년병 현상—을 분석하는 지배적 관점인 구조주의적 관점을 살펴보았다. 구조주의적 관점에 장점이 많은 것은 사실이지만 결함도 없지는 않다. 주된 비판은 사회적·정치적 과정에서 개인의 행위를 간과하고 개인을 "구조의 꼭두각시"로 여긴다는 것이다.[112] 세계화, 국가 실패, 소화기 확산 같은 사회적 구조는 자연현상과 달리 단순히 사람들에게 작용해 행동을 특정한 방향으로 이끌지 않는다는 이유에서다. 구조주의적 관점은 본질적인 인간적 특징을 무시하여 궁극적으로 인간을 비인간화하고 구조의 단순한 '결과'로 간주한다는 주장이 있다.[113] 비슷한 맥락에서 구조주의적 관점은 왜 어떤 사람은 폭력에 가담하는데 어떤 사람은 그러지 않는지 밝혀내지 못한다.[114] 실패 국가, 세계화, 소화기 확산, 기회 결여 같은 이유가 있다고 해서 젊은이들이 반드시 폭력에 몸담지는 않는다. "젊은이들은 환멸을 느낀다고 해서 …… 무작정 폭력을 재생산하는 것이 아니라 …… 〔정부를〕 장악하거나 무너뜨릴 방법을 찾는"다.[115] 구조주의적 분석에서 누락된 것이 바로 이러한 개인 행위의 측면이다.

개발도상국에서 구조적 요인과 소년병 현상이 연관된 것은 사실이지만 소년병 현상을 결정론적으로 파악하는 시각에 반대하는 연구자도 있다. 마셸은 소년병을 적대적인 사회적 힘이나 환경의 희생자로만 보는 것은 아무리 어려운 여건에서도 의사 결정과 행동에서 일정한 개인적 자율성을 발휘하는 아동의 능력을 무시하는 것이라고 경고했다.[116] 이와 상반된 관점도 있다. 무력충돌에 가담한 아동은 자신이 통제하지도 이해하지도 못하는 구조와 힘의 노예이기는커녕 행위 능력을 가지고 있으며, 자기 행동의 의미와 결과를 숙고하고 자각해 행동한다는 주장이다. 국민을 수탈하는 지배구조, 부패, 자원의 불공평한 분배 같은 나쁜 상황에 직면한 아동은 지배적인 정치·경제 제도에 반기를 들고 배제적 현 상태에서 이익을 얻거나 이를 뒷받침한 자들에게 저항하는 '의식적 선택'을 할 수 있다. 이들 아동은 폭력을 행사하고 다른 사람에게 권력을 휘두르며 강압적 수단으로 부를 축적함으로써 역설적으로 권력과 사회적 지위를 누린다.[117]

다양한 환경에서 소년병을 들여다본 연구들은 아동이 합리적 선택과 행위의 능력을 가지고 있음을 강조한다. 시에라리온 내전에서 소년병들은 종종 자신의 행동이 어떤 결과를 낳을지 똑똑히 알면서 버젓이 폭력을 저지르는 모습으로 그려진다.[118] 소년병은 "지식을 갖추고 있으며 어려운 여건에서 자신의 처지를 최대한 개선하기 위해 합리적이고 적극적인 결정을 내릴 줄 안다. …… 이들 아동의 행위는 시에라리온 내전에서 중요한 구실을 했기에 이를 간과하는 것은 위험한 생각"이다.[119] 시에라리온 소년병을 분석한 또 다른 연구에서는 이들을 고의로 테러와 파괴를 저지르는 오도된 혁명가이자 '룸펜' 불량배로 묘사했다.[120]

　구조를 완전히 배격하지는 않으면서도 소년병의 경험을 이해하는 데 행위가 중요하다고 강조한 연구 성과는 또 있다. 베일은 5~17세에 에티오피아의 티그라이 인민해방전선에 모집된 전직 여성 전투원을 연구했다.[121] 전직 전투원들은 단체의 정치적 의미를 똑똑히 알고 있었으며 아무도 자신이 무력하거나 피해자라고 생각하지 않았다. 게다가 전직 전투원 경력은 단지 과거사에 머물지 않고 이후에 여성들이 정체성을 형성하는 데 적극적인 역할을 했으며 에티오피아 사회의 다른 여성들과 자신을 다르게 볼 수 있는 경험이 되었다. 여성들은 전투원 경험이 자신을 변화시켰다고 여겼으며, 대부분 이 변화를 전투원이 되어보지 못한 여성들에 비해 긍정적으로 평가했다.

　웨스트는 어릴 적에 모잠비크 해방전선에 몸담았던 모잠비크 여성들을 면담했다.[122] 소년병으로 지낸 시절을 회상하던 여성들은 전투에 참가한 경험이 자신에게 힘과 자유를 주었다고 말했다. 게다가 상당수는 전쟁에 참여하면서 식민 지배에서, 또한 모잠비크 사회를 지배하는 가부장적 지배 구조에서 벗어날 수 있었다고 말했다. 웨스트는 여성들이 무분별한 폭력에 단순 가담한 것이 아니라 자신의 시대를 규정한 역사적 드라마에 주연으로 참여했으며, 아동이 성인의 생각이나 주변 환경을 피동적으로 받아들이지는 않는다고 주장한다.

팔레스타인과 아프가니스탄에서 전쟁을 겪은 아동의 경험을 연구한 보이든은 아동이 어른의 생각보다 상황 인식이 뛰어나고 정치적으로 적극적이며 도덕적·사회적으로 트였다고 강조했다. 보이든은 아동이 (특히 전쟁 당시와 이후에) 문화를 생산하고 재생산하는 데 중요한 역할을 하고도 이를 인정받지 못한 것은 연구자가 아동에게 정보를 얻으려 하지 않았기 때문이라고 지적한다. "아동은 동생이나 거동을 못하는 성인을 돌보고 또래를 교육하고 자유 투사나 지역사회운동가, 자원봉사자, 일꾼, 정치 운동가로 활동했지만 그런 역할을 좀처럼 인정받지 못했다. 아동은 성인문화에 영향을 미치지 않고 영향을 받기만 하는 존재로 묘사된다."[123]

제2차 세계대전에 참전한 유대인 소년병을 면담한 로젠은 이들이 비정규군으로서 독일에 맞서 싸우는 데 큰 몫을 했다고 말한다. 어쩔 수 없이, 명예를 위해, 또는 도덕적 의무를 다하려고 전쟁에 뛰어든 아동은 자신을 혁명의 선봉으로 여겼으며 소년병을 피해자로 보는 통념에 반대했다. 로젠은 소년병의 행위, 정치 이념, 의식적 숙고 능력을 강조했다. "소년병은 개인으로서 무기를 들었지만 유대인, 시온주의자, 사회주의자, 공산주의자로서 싸웠다. …… 결국 이 소년병들은 고귀하고 명예로운 선택을 했으며, 이들의 삶은 아동이 자신의 운명을 만들어갈 놀라운 능력이 있음을 일깨운다."[124]

이 같은 연구들은 자신의 행동이 가져올 결과를 알고 자발적으로 행동하는 아동의 모습을 그려낸다. 하지만 합리적 선택 개념을 적용할 때는 조심해야 한다. 숙고와 행위라는 과정은 인간 행동을 사후에 합리화하는 데 동원될 수 있기 때문이다. 세계 곳곳의 소년병이 불리한 사회경제적 상황에 놓여 있음을 생각할 때, 소년병이 저지르는 잔학 행위가 사회적 환경과 전적으로 동떨어진 합리적 의사 결정의 결과라고 보기는 힘들다. 아프리카의 극단적인 폭력을 설명하는 주된 논리인 합리적 선택 개념의 결함은 "가정假定이 지나치게 단순하고 인간을 보편적으로 개념화한다는 것이다. …… 역사 감각이 없는 합리성 가설로는 시기와 장소에 따라 전투원에 차이점이 생기는 이유를 설명할 수 없"다.[125]

순수한 구조주의적 접근법이 결정론에 치우치고 개인 행위자의 역할을 간과했다는 비판을 들었듯, 행위 중심 접근법은 '주의주의主意主義'(지성이 아닌 의지를 존재의 근본 원리나 실체라고 보는 사상_옮긴이)에 치우치고 행위자가 사회구조의 제약과 영향을 전혀 받지 않는다고 생각한다는 비판을 들었다. 개인의 행위를 강조하다 보면 권력과 지배 형태 같은 구조적 특징이 일상생활에서 사람들의 (미시적) 상호작용에 미치는 영향을 제대로 고려하지 못한다. 이 접근법은 집단적 힘과 무관하게 사회적 질서를 구축하는 개인의 자유를 지나치게 부각시키는 듯하다. 따라서 적어도 어느 정도는 구조에 관심을 두어야 한다.

구조와 행위의
상호작용

그렇다면 아동의 무력충돌 가담을 어떻게 이해해야 할까? 아동의 전쟁 가담은 주로 이들이 자란 사회문화적·경제적 환경의 파생물인가? 아동은 행위 능력을 가진 상태에서 자신의 행동이 어떤 의미와 결과를 낳는지 숙고하고 자각하여 행동하는가? 구조주의적 관점과 행위 중심의 관점이 무력충돌 당시와 이후에 아동이 겪은 경험의 일부를 포착할지는 모르지만, 현상을 온전히 해명하려면 두 가지 다른 분석 틀—배후에 깔린 역사적·구조적 영향을 중시하는 틀과 독립적 숙고와 선택을 토대로 행동하는 인간 능력을 인정하는 틀—을 통해 인간의 행동을 설명하는 변증법을 동원해야 한다.

거시적 관점과 미시적 관점 둘 다 대단한 장점이 있는 것은 사실이지만, 둘 다 사회와 개인, 구조와 행위의 본질적 연관성에 주목하지 못한다는 문제가 있다. 일부 연구자는 전쟁 상황에서 아동의 경험과 대응 전략을 분석할 때 흔히 나타나는 구조와 행위의 대립(이분법)을 해소해야 한다고 강조했다.[126] 비슷한 맥락에서 보이든은 아동을, "개인적·집단적 역사와 상황을 분석하"여 의식적 결정을 내리는 능력을 갖춘 "정치적 행위자"로 규정할 것을 제안했다.[127] 우리는 소년병이 자율적으로 합리적 선택권을 행사하는 능력과 이들의 결정과 행동을 형성하고 제약하는 폭넓은 사회적 환경의 변증법을 똑똑히 들여다보아야 한다.

구조와 행위의 상호작용 문제와 씨름하는 저명한 이론가 중에 영국 사회학자 앤서니 기든스가 있다. 기든스는 사회생활의 동학動學을 정확히 포착하려면 반드시 이원론을 넘어서야 한다고 주장했다.[128] 이와 더불어, 구조적 힘이 개인의 행동을 '바깥에서' 제한하고 결정한다는 생각에 반대한다. 개인은 자신의 행동에 대해 알고 있는 능동적 행위자이지 사회 체계의 꼭두각시, 또는 사회 체계의 요구를 단순히 반영하거나 맹목적으로 수행하는 존재가 아니라는 것이다. 기든스는 지난 수십 년간 구조화 이론을 다듬는 과정에서 사회 이론의 분화와 뿌리 깊은 대립을 해소하고자 했으며, 각 분야가 수렴되고 중첩하는 지점에 초점을 맞추었다.[129] 구조화 이론은 인간 행동의 구조적·역사적 토대와 인간이 소유하는 개별적 행위 능력 중 어느 것도 도외시하지 않으며, 특정 시공간에서 인간 행동을 분석해 근본적으로 상보적인 두 접근법의 연관성을 규명하고자 한다. 여기에서 다루는 주제는 일상적 상호작용의 성격, 국민국가와 시민권의 발전, 계급 분석, 사회

진화론, 시간지리학, 근대성의 성격까지 방대하다.[*] 기든스의 관심사는 총체적 사회 이론을 제시하는 치밀한 틀을 만들어내는 것이 아니다.[130] 기든스의 목표는 일반적으로는 사회 분석에, 구체적으로는 사회 연구에 유용한 개념의 집합을 제시하는 것이다. 이 점에서 구조화 이론은 무엇을 분석하느냐에 따라 일부를 끌어 쓸 수도 있고 복잡한 전체 틀을 원용할 수도 있다.

이 책에서는 구조와 행위의 이원론을 극복하고 이를 소년병 연구에 확대하기 위해 구조화 이론의 요소들을 분석 틀로 채택했다. 내가 기든스의 연구와 개념을 토대로 삼은 이유는 소년병이 무장 폭력에 가담하고 벗어나는 과정을 언급하고 분석할 때 흔히 동원되는 이원론을 반박하는 데 이들 개념이 뼈대가 되기 때문이다. 그중에서도 기든스의 '구조', '행위', '구조의 이중성' 개념에 주목한다. 뒤에 설명하겠지만, 이들 개념은 소년 소녀가 시에라리온 반군의 병사가 되고('만들기') 내전이 끝난 뒤에 무장단체에서 벗어나는('되돌리기') 과정을 심층적으로 들여다보는 데 유용한 렌즈가 될 것이다.

인간 행위에 관여하는 '구조'

'구조structure'는 원래 대면 상호작용의 미시적 양태에 대립되는, 사

● 이 분야에 대한 기든스의 연구를 요약한 글로는 Cohen(1989), Held and Thompson(1989), Bryant and Jary(1991), Craib(1992)를 보라.

회의 제도적 양태를 일컫는 용어다. 하지만 기든스는 '구조'를 "행위자가 자신의 활동을 통해 사회를 생산하고 재생산할 때 동원하는 규칙과 자원"으로 정의한다.[131] '규칙'은 관료 조직의 승진 규정처럼 명시적일 수도 있고 올바른 대화 예절처럼 암묵적일 수도 있으며, 우리가 사회적 상황을 헤쳐갈 수 있게 해주는 공식이다(이 공식을 반드시 명시적으로 나타낼 수 있는 것은 아니다). '자원'은 사람들이 무언가를 하는 데(이를테면 사업을 시작하는 데) 필요한 물질적 대상(이를테면 토지)일 수도 있고, 다른 사람을 지배하는 데 필요한 비물질적 요인(이를테면 지위)일 수도 있다. 즉 규칙과 자원이 있으면 사회적 세계에 변화를 일으킬 수 있다. 중요한 사실은 구조가 자연현상처럼 사람에게 단순히 작용하여 행동을 특정한 방향으로 이끌지 않는다는 것이다. "구조적 제약은 행위자가 자신의 행위에 대해 가지는 동기 및 이유와 독립적으로 작용하지 않는"다.[132] 개인은 언제나 선택의 여지가 있으며 자신을 둘러싼 구조를 거부할 수도 있고 받아들일 수도 있다. 이 점에서 구조는 사회적 행위를 조직화하지만, 구조의 생산과 재생산에 "지속적으로 연관되"는 사회적 실천 바깥에 존재하지는 않는다.[133] 따라서 구조는 행위를 방해하는 것이 아니라 행위의 생산에 근본적으로 관여하는 것으로 개념화해야 한다.[134] 기든스는 전통적인 객관주의적 접근법이 구조의 이러한 '수권授權적' 측면을 경시하고 '제약적' 성격에 치중했다고 생각한다. 중요한 사실은 구조가 연속적이거나 실체적으로(진짜로) 존재하지 않는다는 것이다. 구조는 무엇보다 (구조를 구성하는) 규칙과 자원을 이용하는 사람들의 기억에 흔적으로 남는 가상의 존재다.

목표지향적이며 목적추구적인 '행위'

기든스는 '행위'를 '자율적 행위자로부터 시작되는 끊임없는 (세상에 대한) 개입의 흐름'으로 규정한다. 모든 행위가 (개인이 염두에 둔 뚜렷한 목표에 따라 진행된다는 뜻에서) 목표지향적purposeful이지는 않지만, 행위자가 자신이 무엇을 하는지, 자신이 하는 행동에 남이 어떻게 반응하는지, 자신이 어떤 상황에서 행동하는지 끊임없이 주시하며 감시한다는 점에서 행위는 상당 부분 '목적추구적purposive'이다. 행위의 성찰적 감시에서 중요한 측면은 행위자가 자신의 행동에 대한 이유를 제시함으로써 자신이 왜 행동하는지를 자신과 남에게 설명할 수 있는 능력이다. 기든스는 개인이 알 만큼 아는 행위자이며 결코 권력이나 타인의 통제에 종속되어 완전히 무력한 존재가 아니라고 말한다. 기든스는 이 현상을 '통제의 변증법dialectic of control'이라 이름 짓고, 권력이 존재하는 곳에는 언제나 이 현상이 작용한다고 주장한다. 통제의 변증법이란 종속된 집단이 자신의 재량하에 있는 (때로는 변변찮은) 자원을 활용함에 따라 권력의 균형이나 상황이 점차 달라진다는 뜻이다. 기든스는 사람들이 결코 스스로 어찌할 수 없는 사회적 힘의 무기력한 희생자가 아니라고 강조한다.

인간 행위에 따라 재생산되는 구조의 이중성

기든스의 구조화 이론에서 가장 중요한 요소는 '구조의 이중성' 개념이다. 기든스는 구조(사회의 거시적 양태)와 행위/행위자(사회의 미시적 양태)를 이원론dualism의 대립적 요소이자 상호 배타적 영역으로 보기보다는 '이중성duality', 즉 '구조의 이중성'을 이루는 상보적 요소로 간주해야 한다고 주장한다. 기든스는 "구조의 이중성이란 사회구조가 인간의 행위를 통해 구성되는 동시에 이러한 구성의 매개체로 작용한다는 뜻이다"[135]라고 말한다. 따라서 행위와 사회구조는 서로 관계를 맺고 있다. 사람들이 사회적 삶을 성찰적으로 생산하고 재생산한다는 점에서 모든 생산 행위는 곧 재생산 행위다.[136] 구조는 매일의 행위 흐름 안에 존재한다고 생각된다. 구조는 매개체이자 결과다. 말하자면 행위자들이 자신의 행위를 유도하기 위해 구조를 이용하는 것 자체가 구조를 재생산하는 것이다.

　본질적으로 구조는 확립되고 진화하며 인간의 행위를 형성하고 규정하는 매개체로 작용하는 실천의 총합이다. 구조와 이를 지탱하는 이념과 가치는 개인의 행위와 동떨어진 것이 아니라 인간의 행위를 통해 끊임없이 생산되고 재생산되며 이따금 도전받기도 한다. 같은 맥락에서, 구조가 행위의 결과이듯 행위는 구조의 테두리 안에 놓인다. 인간의 행동은, 또한 개인의 결정과 행위 뒤에 놓인 동기는 사회구조의 속성과 뗄 수 없이 연결되어 있다. 행위자는 자신의 사회적 상황을 생산하지만, 행위자의 지식과 선택 범위는 역사적 · 제도적 조건과 의

도하지 않은 결과에 제약받는다.

구조의 이중성은 구조화 이론의 핵심이자, 사회 이론에 존재하는 그 밖의 이원론을 극복하거나 해소하거나 통합할 수 있는 토대다.[137] 기든스는 "사회적 실천의 구조화를 묻는 것은 구조가 어떻게 행위를 통해 구성되는지와 더불어 행위가 어떻게 구조적으로 구성되는지를 설명하겠다는 것이다"라고 말한다.[138]

소년병은 구조적 요인뿐 아니라 개인이 일상생활의 맥락에서 수행하는 행위의 흐름을 반영하는 현상이므로, 소년병 문제를 개념화하려면 구조와 행위의 '역동적' 관계에 천착해야 한다. 나의 의도는 시에라리온 RUF에 몸담았던 소년병의 경험과 관점을 들여다보며 아동의 행위와 사회경제적 구조의 영향이 교차하는 지점을 드러내는 것이다. 다음 장들에서는 소년병이 경험한 복잡한 군사화 및 사회복귀 과정에 '구조', '행위', '구조의 이중성'이 어떻게 침투했는지를 분석하되 연구 참가자들의 목소리와 관점을 동원한다. 소년병이 내전 당시와 이후의 폭력, 역사적·문화적 상황, 정실주의情實主義, 성 억압, 국가 실패, 소화기 확산 등의 구조를 적극적으로 형성하고, 반대로 이 구조가 소년병을 형성하는 과정에서는 기든스의 구조 개념이 뚜렷이 드러난다. 무장단체 안에서와 내전 이후에 소년병이 일상생활에서 수행하는 의도적 행위, 선택, 저항 방법, 정체성 구축 등을 이해하는 데는 기든스의 행위 개념이 결정적이다. 무엇보다 중요한 사실은 구조의 이중성 개념이야말로 RUF 안에서 소년병이 겪은 만들기와 되돌리기 경험 —소년병이 내전 당시와 이후에 자신을 둘러싼 구조와 사회적 상호작용을 그 나름의 다양한 방식으로 활용하고 궁극적으로는 재생산하는 과정 — 을 이해하는 열쇠라는 것이다.

2장에서 시에라리온 내전을 대략적으로 살펴보면 RUF 소년병을 형성하고 생산하는 동시에 소년병이 재생산한 복잡한 역사적 과정과 조건을 더 분명히 알 수 있을 것이다.

2장

시에라리온 내전의
시작과 끝

© dorothy.voorhees

법적으로 금지된 다이아몬드 채굴.

RUF가 민간인에게 폭력을 저지른 주된 이유는 이들을 다이아몬드 광산에서 몰아내기 위해서였다. RUF는 여러 다이아몬드 광산을 장악한 덕에 불법 다이아몬드 판매로 1년에 미화 3000만~1억 2500만 달러를 벌었다고 한다. 거래는 대부분 라이베리아를 경유했으며 찰스 테일러가 직접 주관했다. RUF는 약탈과 불법 채굴로 막대한 돈을 벌어들이고 있었으므로 전쟁을 질질 끌고 심지어 '적'과 협력하는 것조차 자신들에게 이익이었다.

대통령 나리, 우리 다이아몬드는 어디 갔나?
NPRC여, 우리 금은 어디 갔나?
RUF는 그것이 궁금하다

RUF는 시에라리온을 위해 싸운다
RUF는 우리 국민을 구하려 싸운다
RUF는 우리 나라를 구하려 싸운다

대통령에게 말하라, 시에라리온은 우리 조국이라고
우리 부모님께 말하라, 이제는 나를 볼 수 없을 거라고
전쟁터에서의 싸움은 영원한 싸움

시에라리온 국민은 누구나 자신의 땅을 위해 싸우고 있지……

RUF는 바로 지금 우리의 구원자라네.[1]

서아프리카 연안에 위치한 작은 나라 시에라리온은 490만 인구 중에서 15세 미만이 42퍼센트, 15~35세가 34퍼센트를 차지하는 젊은 나라다.[2] 시에라리온은 풀라족, 골라족, 키시족, 코노족, 코랑코족, 크림족, 크리오족, 림바족, 로코족, 만딩고족, 멘데족, 셔브로족, 수수족, 템네족, 바이족, 얄룽카족 등 혈통과 관습이 다른 여러 아프리카 부족으로 이루어졌다. 최대 부족인 멘데족(주로 남부에 산다)과 템네족(주로 북부에 산다)이 인구의 60퍼센트가량을 차지한다. 크리오족은 해방 노예의 후손으로, 18세기 말엽에 프리타운에 정착했으며 인구의 약 10퍼센트를 차지한다. 종교는 이슬람교가 대부분이며(60퍼센트가량) 나머지는 기독교(30퍼센트)와 토착 종교(10퍼센트)다. 문맹률은 남성이 51퍼센트, 여성이 71퍼센트에 달한다.[3] 평균 교육 기간은 남성이 4년 미만, 여성이 2년 미만이다.[4] 시에라리온은 빈곤율이 세계에서 가장 높다. 인구의 70퍼센트가량이 빈곤선 밑에서 살아가며 유엔개발계획 인간개발지수는 179개국 중 꼴찌였다.[5] 평균 연소득은 미화 249달러로 세계 최하위다.[6] 기대 수명은 남성이 40세, 여성이 43세로 아프리카 평균보다 10년 낮으며 세계 평균보다는 25년 낮다.[7]

이 같은 비참한 가난과 보건·복지의 심각한 부실을 가져온 토대는 복잡하고 다면적일 뿐 아니라 식민지, 취약하고 부패한 국가, 제도적 붕괴, 구조적 폭력 등과 밀접하게 연관되어 있다. 11년간의 내전도 이 때문에 일어났다. 오래전부터 제도적 취약성에 시달리던 시에라리온의 "그림자 국가(통치자의 사적 지배를 일컫는다_옮긴이)"[8]가 무너지게 된 것은 만연해 있던 부패 때문이다. 시에라리온은 나쁜 지배구조와 관리 부실로 만성적 경제 침체와 고실업, 점진적인 시민사회 해체를 겪었다. 이로 인해 (특히 젊은 층에서) 환멸이 쌓이고 반란이 일어났다. 결국 잔혹한 내전이 터져 7만 명(추산)이 죽고 200만 명 이상이 보금자리를 잃었으며, 1만여 명이 팔다리를 잘리고 가뜩이나 부실하던 기반 시설이 초토화되었다.[9] 인접국인 라이베리아, 코트디부아르, 기니 등에서 일어난 사건과 분쟁이 시에라리온에 중대한 영향을 미쳤다는 사실에도 주목해야 한다. 이들 나라의 수많은 군대와 무장단체는 인접국의 파벌들을 인적·물적으로 지원했다.

　엄청난 수의 아동이 강제적으로 또는 자발적으로 전쟁에 가담했으나, 소년병의 수는 조사 기관에 따라 편차가 크다.●[10] 이를테면 유엔 시에라리온 대표부(이하 UNAMSIL)는 여러 무장세력과 연계된 아동의 수를 1만 명으로 추산한다.[11] 반면에 유니세프는 아동 6000명이 폭력에 동원되었다고 추정한다.[12] 전쟁에 동원된 아동이 4만 8000명에 이른다는 연구 결과도 있다.[13] 한마디로, 군대와 무장단체에 몸담은 아

● 이러한 편차가 생기는 한 가지 이유는 '소년병'의 정의가 다르기 때문이다. 시에라리온 진실과 화해 위원회에 따르면 어떤 단체는 '소년병'을 전투에서 싸우는 사람으로 정의하는 반면 또 어떤 단체는 임무와 상관없이 무장단체나 군대에 몸담은 모든 아동을 포함하는 넓은 뜻으로 정의한다(Sierra Leone Truth and Reconciliation Commission 2004).

동의 정확한 수는 "계산 불가능"이다.[14] 한편 소년병으로 분류되지 않은 채 전투에서 죽거나 탈출한 아동이 부지기수다. "무장세력과 연계된 아동의 전체 인원수를 정확히 계산하는 것은 불가능하지만 당_當위원회에 제출된 여러 기관의 보고서로 볼 때 이 전쟁에서 아동이 널리 동원된 것은 분명하"다.[15]

이 장에서는 내전의 구조적 선행조건을 살펴보고 전쟁의 진행 과정과 여기에 연관된 수많은 등장인물과 사건을 추적한다.

왜 시에라리온에서
내전이 일어났을까?

시에라리온이 폭력과 무력충돌에 빠져든 것은 민족 갈등 때문이 아니며[16] 권력 사유화의 위기patrimonial crisis[17](외국 원조가 철수하고 농산물 시장이 침체하여 그동안 부정하게 맛보던 떡고물을 누리지 못하는 현상_옮긴이), 청년층의 룸펜 문화와 반항 문화[18], 탐욕[19], 국가의 공모, 정치적 부패와 억압[20], 역사적·문화적 조건 등 여러 요인과 연관되어 있다. 이렇듯 다양한 요인이 서로 얽혀 시에라리온 젊은이들의 삶과 선택에 크나큰 영향을 미친 잔혹한 분쟁으로 이어진 것이다.

식민지적 억압과 권력 사유화

시에라리온의 전쟁과 폭력은 역사적으로 뿌리가 깊으며 그중에서도 대서양 노예무역이 중요한 시발점이었다. 로절린드 쇼가 《노예무역에 대한 기억 *Memories of the Slave Trade*》에서 말한바, 1700년대 들어 시에라리온에서는 노예로 팔려나가는 사람이 하루에 200명에 이르렀다.[21] 이 때문에 각 공동체는 끊임없이 전쟁을 벌였으며, 시에라리온 국민은 대서양 무역과 국내 교역을 위한 노예사냥의 피해자이자 가해자가되었다. 노예무역은 이 지역의 인구 구성에 중대한 영향을 미쳤다. 농업 부문의 일손이 부족해지고 정치 구조가 중대한 변화를 겪었으며, 이로 인해 족장과 무장 상인이 막강한 권력을 손에 넣었다. 노예로 팔려간 사람은 1100만~2000만 명에 이를 것으로 추산되며,[22] 시에라리온은 지독한 후유증에 시달렸다. 쇼는 노예무역이 현대로 들어서서도 계속되었으며(시에라리온 시골 지역에서는 1929년까지 계속되었다) 노예무역의 토대가 된 착취와 살인, 약탈 경제가 시에라리온의 문화와 역사, 일상생활에 오랜 영향을 미쳤다고 주장한다. "폭력은 일상이 되었"다.[23] 게다가 노예무역이 중단된 뒤에도 가난과 사회적 의존, 부랑자 현상이 세대를 뛰어넘어 되풀이되었으며, 이로 인해 "군사적으로 동원하기에 제격인 농촌 하층계급"이 형성되었다.[24]

1780년대가 되자 미국독립전쟁 당시에 영국 편에서 싸우다 영국과 캐나다에 정착한 해방 노예들이 (영국 법원이 자국 영토에서 노예제도를 불법화함에 따라 해방된 영국 내 노예들과 더불어) 아프리카에 다시 정착하게 해달라고 영국 정부에 청원했다. 해방 노예들은 시에라리온에 당도하여 '자유의 도시'(프리타운)에 정착했다. 이곳은 "흑인과 유색인이 영국 정부의 보호하에 …… 자유인으로 살아갈 행복한 정착지"가 될 터였다.[25] 하지만 정착지는 얼마 안 가서 질병이 창궐하고 식량이 부족해지고 이들에게 땅을 빼앗긴 템네족 지주들이 공격하는 등 온갖 문제에 시달렸다. 영국 정부는 문제를 해결하기 위해 1808년에 정착지를 직할 식민지로 선포했으며 1896년에 영국 보호령으로 삼았다. 중요한 사실은 영국이 시에라리온을 국가로 발전시키고자 노력하지 않았으며 보호령을 '식민지에 인접한 외국'으로 규정했다는 것이다(따라서 국가의 지위를 인정받지 못했다_옮긴이).[26] 민주주의적 정치 문화의 씨앗을 뿌리려는 노력은 최소한에 머물렀다. 영국은 군대와 경찰, 대표성이 없는 입법위원회 같은 기구를 내세워 통치했으며 복종과 정실주의가 대의제와 권리를 짓눌렀다.[27] 게다가 영국은 식민지 시절의 간접 통치 방식을 따라 보호령을 소규모의 여러 '족장령族長領 chiefdom'으로 분할했으며 각 족장령을 통치한 것은 대족장 paramount chief, 부副족장 sub-chief, "국민이 선출한 저명인사"로 이루어진 위원회였다.[28] 현지 행정단위에서의 정치 활동을 고립시키고 식민지 차원의 저항을 방지하기 위해 대족장의 권력이 점차 커졌다. 대족장은 '다스리는 집안 ruling house'이라 불리는 세습 가문에서 선출되었으며 의원으로 구성된 선거인단이 선거권을 행사했다. 의원을 선출하는 것은 20명의 '납세자'였으며 여성, 청년, 빈민은 조직적으로 배제되었다. 영국은 족장을 종신직이자 세습직으로 만들었으며 경제적·사회적 특혜를 안겨주었다. 대족장과

부副족장은 식민지 법에 명시된바 부족민에게 노동력을 징발할 관습적 권리가 있었다(이것은 노예제도와 다를 바 없었다). 부족민이 족장의 합법적인 명령에 불복종하거나 족장의 사전 허가를 받지 않고 족장령 밖으로 나가는 것은 범죄행위로 간주되었다. 영국 관리들은 "대족장직의 계승을 존중하"여 족보를 수집하고 "'다스리는 집안'을 파악했으며 현지 '토착법'을 명문화했"다.[29] 따라서 두 계급으로 이루어진 사회가 제도화되었으며 족장의 자녀는 공동체의 노역을 면제받고 기숙학교에 다녔다.[30] "식민지 국가는 족장과 우두머리, 장로가 관습법을 정하여 자신의 권력을 정당화하고 청년, 여성, 이민자의 이익에 반하여 자원 배분을 통제하도록 허용했"다.[31] 강제노동, 불복종에 대한 처벌, 과중한 세금 등 족장의 권력 남용에 대한 불만이 팽배했다. 1955년과 1956년 사이에 족장의 권력 남용과 불법적 과세에 반대하는 봉기가 일어났다. 일부 연구자는 이들 '봉기'를 "소요라기보다는 내전"으로 규정했다.[32] 전체적으로 볼 때 이러한 체계는 민주적 토대가 결여되었거니와, 이 덕분에 영국은 자국의 입맛에 맞는 독재적 족장을 세우거나 건사할 수 있었다. 게다가 지역 차원의 정치적 경쟁은 모두 영국의 손안에서 벌어졌다.

뿌리 깊은 식민지적 억압은 이뿐만이 아니었다. 이를테면 1935년부터 1956년까지 시에라리온 실렉션 트러스트(이하 SLST. 다이아몬드 회사 드비어스와 연계되어 있었다)라는 이름의 영국 회사가 시에라리온 다이아몬드 광산에 대한 독점권을 보유했으며, 시에라리온 국민은 자기네 다이아몬드를 채굴하는 것이 법적으로 금지되었다(하지만 불법 채굴이 기승을 부렸다). 식민 지배가 끝나갈 무렵에 자국민의 다이아몬드 생산을 합법화하면서 얻은 수익으로 기반 시설과 복지를 개선하려는 시도가 추진되었다. 1955년에 SLST는 채굴권을 상당수 포기하고 채굴 지역을 코노족 구역의 옝게엠마와 통고 광산으로 한정했으며, 1956년에는 시에라리온 국민의 다이아몬드 채굴이 합법화되었다.[33] 시에라리온 정부는 SLST에서 양도받은 지역에 충적광상 다이아몬드 채굴 사업단(충적광상은 '광물이 흐르는 물에 의하여 풍화·운반·퇴적되어 냇물이나 바다 또는 연못으로 옮겨져서 집중적으로 쌓여 이루어지는 광상'이다_옮긴이)을 설립했으며 현지 족장령의 동의를 얻어 시에라리온 국민과 시에라리온 기업에 채굴권을 부여했다. 하지만 족장, 정치인, 무역업자를 비롯하여 채굴권과 설비를 감당할 수 있는 부자와 권력자에게만 이익이 돌아갔다.

권위주의와 복종의 유산을 남긴 오랜 식민 지배의 예는 이뿐만이 아니다.[34] 호흐실드는 "유럽이 아프리카에 남긴 주요한 유산은 영국, 프랑스, 벨기에 같은 나라에서 오늘날 시행하고 있는 민주주의가 아니라 권위주의적 지배와 약탈이었다"고 말한다.[35] 1961년에 시에라리온이 독립하자 정치 지도자들은 권위주의와 복종, 정실주의를 벗어버리고 의회민주주의, 인권, 관용, 공공 책임, 투명성, 자유 언론 같은 개념을 받아들여야 하는 과제를 떠맡았다. 이 책에서 살펴보겠지만 "이것은 그들에게 벅찬 요구였"다.[36]

독립 당시, 두 주요 정당이 정계를 지배하고 있었다. 시에라리온 인민당(이하 SLPP)은 남부에서, 전인민회의당(이하 APC)은 북부에서 지지를 받았다. 독립국 시에라리온의 초대 총리는 SLPP의 밀턴 마르가이였다. 마르가이는 영국에서 교육받은 의사로, 독립의 중요성을 깎아내렸다. 그가 이렇게 말한 것은 아마도 국민의 기대를 낮추기 위해서였을 것이다. "삶은 과거와 똑같이 계속되어야 합니다. 같은 법관, 같은 세금, 여타의 책임도 마찬가지입니다."[37] 1964년에 마르가이가 죽자 역시 SLPP 소속이던 동생 앨버트 마르가이가 후임 총리로 임명되었다. 1964년부터 1967년까지의 집권 시기는 정실주의, 권위주의, 부패로 얼룩졌다.

구조적 폭력, 군사화, 부패한 정치

폭력, 군사화, 부패가 시에라리온 정치에 만연했다. 뒤이어 정권을 잡은 APC는 1967년부터 1991년까지 집권했다. 초대 대통령 시아카 스티븐스(1967~1984년)는 조지프 모모(1985~1991년)를 후계자로 낙점했다. 정치에 책임과 투명성을 불어넣겠다는 공언에도 불구하고 역대 정권은 부패와 권력 사유화patrimonialism(막스 베버가 확립한 개념으로, 국가를 사적 소유로 취급하는 행태를 일컬으며 대개 '가산제'로 번역한다_옮긴이)로 얼룩진 억압과 착취 체제로 판명되었으며 대중의 불만은 점점 커졌다.[38] 스티븐스가 장기 집권하는 동안 경제가 침체하고 정치적 권위주의가 팽배했으며, 국민은 권리를 박탈당하고 (리노가 말한바) '그림자 국가'가 제도화되었다. 그림자 국가는 암시장과 비밀 경제활동을 통제하여 정부 내 거물들에게 특혜를 주며, 이렇게 거둬들인 떡고물은 추종자의 충성을 보장하는 하사품으로 이용된다.[39] 특혜, 공적 자금 유용, 부당 지급, 왜곡된 경제구조를 악용한(쌀과 연료 같은 생필품의 가격을 통제하고 배분을 관리함으로써) 뇌물 수수가 난무하는 권력 사유화는 부패를 제도화했다.[40] 스티븐스는 부패의 전형을 보여주었다. 다이아몬드 산업이 부실 덩어리가 된 것도 그 때문이었다. 1971년에 스티븐스는 '국립 다이아몬드 채굴 위원회'를 설립했으며 SLST를 내세워 다이아몬드 산업을 사실상 국유화했다.[41] 공식적인 다이아몬드 생산 및 수출은 1970년의 200만 캐럿에서 1988년에는 4만 8000캐럿으로 곤두박질했다.[42] 사회 기반 시설에 투자해야 할 수입이 프리타운의 부패 정치인과 (이들과 결탁한) 외국 기업 호주머니에 차곡차곡 쌓였다.[43]

시에라리온 사회와 정치의 군사화도 나날이 심각해졌다. '군사화'는 개인이나 사회, 현상이 점차 군사정권의 지배하에 놓이거나 군사주의 이념에 의존하게 되는 단계적 과정을 일컫는다.[44] 군사화 개념은 흔히 군사 기구, 전투, 모병, 전쟁 수행, 평화 유지, 무기 보급, 병력 증강, 군대의 상시 주둔 등으로 표현된다. 하지만 더 넓은 맥락에서 보자면 "군대 자체는 군사화의 한 부분에 지나지 않는"다.[45] 군사화는 "일반 대중의 동의 없이 지배 유형이자 삶의 방식으로 이들에게 강요된" 군사 지배를 일컫기도 한다.[46] 군사화 과정을 거치면서 일상생활의 구조는 현대적 정치 폭력이 무르익을 비옥한 토양이 되며, 폭력이 일상생활에 관례로 스며들면서 점차 정상적인 것으로 간주된다.[47]

스티븐스는 시에라리온을 군사화하는 과정에서 1978년에 일당 독재국가를 선포해 정치권력의 정당성을 스스로 허물고 대다수 국민을 정치에서 소외시켰으며 반란과 폭력의 씨앗을 뿌렸다. 새로운 독재를 격렬히 비판하던 시에라리온 푸라베이 대학의 급진파 학생과 교수는 금세 국가 폭력과 협박의 표적이 되었다.[48] 스티븐스는 "보통 사람이 알아들을 수 있는 유일한 언어는 무력"이며 자신이 대통령으로 행한 일은 대부분 이러한 이기적이고 군사화된 관점을 반영한다고 즐겨 말했다.[49] 국민에게 '시아카 스티븐스의 개'로 불리는 정부는 쿠바에서 훈련받은 치안국Internal Security Unit, ISU('너를 쏜다I Shoot You'라는 별명으로 통했다) 같은 정부 통제하의 경찰력을 동원하고 직업이 없는 청년들을 깡패로 고용하여 시민권과 참정권을 짓누르고 국민을 공포에 떨게 했다. 시위와 저항은 폭력과 유혈 사태로 진압했으며, 야당 의원들은 공격당하고 투옥되었다.[50] 정치가 점점 더 폭력적으로 바뀌면서 전통적 국가기구 역시 엄청난 폭력으로 지탱되는 군사주의적 국가기구로 바뀌었다.[51] 이렇듯 구조적으로 폭력적이고 부패한 정치체제는 시에라리온 국민의 일상생활에 크나큰 영향을 미쳤다.

소외된 농촌 룸펜 청년층의 반발

스티븐스 집권기에 정치의 군사화는 경제 위기, 농촌의 고립, 청년층 소외와 짝을 이루었다. 프리타운에 있는 소수의 손에 권력이 집중되자 여러 부작용이 터져나왔다. 개인이 부를 독차지하고 국가의 자원을 약탈하면서 복지, 보건, 교육 재정이 모자라고 그나마도 중앙에 몰리는 바람에 농촌 지역은 소외되고 어려움을 겪었다. 지방정부 기관이 힘을 잃은 탓에 풀뿌리 참여도 지지부진했다.

게다가 시에라리온이 독립한 뒤에 족장들은 프리타운 엘리트 집단의 도둑정치kleptocracy와 권력 사유화에 긴밀히 유착했다. 족장 체제에서는 '다스리는 집안'이 족장 선거에 당선되려면 지역 주민에게 정신적·정치적 지지를 얻어야 했다. 따라서 선거가 끝나면 지지자들에게 '혜택'으로 보답하는 것이 관행이었다.[52] '혜택'으로는 족장 법정에서 유리한 판결을 내리거나 요직에 앉히거나 토지와 자원을 이용하게 해주는 것 등이 있었다. 게다가 족장은 어느 당이 집권하든 정부에 충성할 의무가 있지만 실제로는 정치 중립을 지키는 경우는 거의 없었다. 족장들은 전국 차원에서 정치적 후견인을 두었으며, 다이아몬드 채굴업자 등과도 유착했다.[53]

족장 체제와 권력 사유화가 맞물리자 대다수 국민, 특히 농촌 주민들은 배제되고 소외되었으며 상황이 나아지리라는 희망을 품을 수도 없었다. 세계은행은 족장 지배가 "관리 부실, 권력 남용, 혜택의 중앙 집중"으로 이어졌다고 지적한다.[54] 이것을 누구보다 뼈저리게 절감한 이들은 농촌 청년들이었다. 앞에서 지적했듯, 관습법과 권력 사유화 덕에 장년 세대는 청년 세대, 특히 별 볼 일 없는 집안의 젊은이들을 억누르고 이들이 토지를 이용하거나 족장 선거인단 선출에 투표하지 못하도록 할 수 있었다.[55] 일부 연구자는 족장령 차원의 나쁜 지배

구조야말로 권위에 저항하는 반란이 일어나는 데 중요한 요인이었다고 주장했다.[56] "족장제를 둘러싼 정실주의는 지난 20년간 시에라리온의 핵심적 특징이었다. 정실 네트워크에서의 배제가 1990년대 폭력의 원료를 만들었"으니 말이다.[57] 시에라리온 청년들의 목소리를 들어보자. "대다수 …… 청년들이 고통을 겪었어요. …… 족장과 장로는 젊은 사람들에게 잘못을 저질렀어요. …… 일부 청년은 복수하거나 자신을 지키려고 RUF에 가담하는 쪽을 선택했어요." "아무도 청년들을 도우려 하지 않았어요. …… 장관이나 대족장이 마을을 방문하면 마을을 발전시키기는커녕 쌀과 돈을 내놓으라고 해요. …… 이 나라에 정의를 가져다주기 위해 …… 싸워야겠다는 생각을 불어넣은 것은 저들이에요."[58]

농촌 청년들은 다양한 형태로 배제되었을 뿐 아니라, 1차 산물 가격이 떨어지고 채굴업이 지하경제에 편입되면서 경제적 기회마저 박탈당했다.* 후견이나 보호를 받지 못한 청년들은 학교에 다닐 수도 돈벌이를 할 수도 없었다. 절망감과 더불어 자신이 착취당하고 있다는 생각이 만연했다.[59] 경제적 불평등이 심화되자 일거리가 없는 청년들이 더 나은 삶을 찾아 대거 도시로 이주했다. 경제 상황이 악화된 탓에 기대를 충족하지 못한 상당수 청년들은 범죄에 손을 댔다. 사회에서 내몰리고 정치적으로 소외된 '룸펜' 청년층이 부쩍 늘었다.[60] 압둘라에 따르면, 룸펜은 "대개 일거리가 없거나 일거리를 구할 수 없는 청년으

• '탐욕'이 내전을 유발했다는 주장은 이 장에서 RUF를 분석할 때 간단히 언급할 것이다.

로 대다수가 남성이며 하루하루 입에 풀칠하거나 비공식 지하경제에 발을 담근 채 살아간다. 이들은 범죄, 좀도둑질, 마약, 음주, 방탕한 생활에 빠지기 쉽"다.[61] 압둘라는 전쟁이 일어나고 치안이 불안하고 정부 기구가 총체적으로 붕괴한 데는 청년 문화, 특히 저항적 청년 문화와 폭력을 부추기는 정치 담론이 핵심적인 역할을 했다고 주장한다.[62] 룸펜과 사회에서 배제된 청년, 저항 문화, APC 정권의 대안을 찾으려는 급진적 모색은 이후의 반란을 이해하는 열쇠가 된다.[•63]

성인식에서 전사로 다시 태어나다

앞에서 언급한 사회정치적·경제적 요인은 모두 시에라리온에서 전쟁이 발발하게 된 중요한 조건이지만, 전통적인 관행과 문화 규범도 깊이 관련되어 있다. 어린 병사(또는 전사)는 식민지 시대 이전 아프리카의 여러 사회에 존재했으며, 아프리카 대륙에서 식민지에 저항한 사실상 모든 해방전쟁에 참여했다.[64] 시에라리온에서는 성인식을 비롯한 문화적 관습이 아동의 군사화를 부추겼다. 성인식은 아동기를 끝내고 "성인으로서의 책임을 지는 세상에 다시 태어나"게 해주는 의식이다.[65] 식민지 시대 이전에는 남녀를 불문하고 모든 사람이 사춘기에 성

• 시에라리온의 반항적 청년 문화와 전쟁의 관계를 심층적으로 논의한 글로는 Abdullah(1998)와 Abdullah(2002)를 보라.

인식을 치렀으며, 성인식을 치르지 않은 사람은 나이가 아무리 많아도 성인 대접을 못 받았다.[66] 포로(주로 소년의 성인식을 주관한다)와 산데 (주로 소녀의 성인식을 주관한다) 등의 입문 사회는 정교한 의식을 거행하며 외부인에게는 세부 과정을 비밀에 부친다(이들을 '비밀 집단'이라 부르는 것은 이 때문이다). 비밀 집단은 아래와 같은 임무를 수행한다.

부족 교육, 성행위 규제, 정치적·경제적 문제 감독, 오락과 치료를 비롯한 여러 공동체 임무. ······ 포로가 중요한 이유는 소년이 사춘기에 이르러 성인식을 치르는, 남성들의 **독보적** 결사체이기 때문만이 아니라 아득한 옛날부터 공동체 일에 참여했기 때문이기도 하다.[67]

성인식 때가 되면 참가자들은 가족과 떨어져 의식을 치르는 마을에 들어가 오랫동안—때로는 몇 년 동안—격리되어 지낸다. 참가자는 이렇게 오랫동안 떨어져 있으면서 아동으로 '죽었'다가 성인으로 다시 태어난다고 여겨졌다. 고된 성인식 과정은 가족과의 인연을 상징적으로 끊고 또래 집단과의 결속력을 다지며 연장자의 기술을 평생 존경하도록 하고 혈연을 넘어선 책무를 부과한다.[68] 성인식 과정에서 전수되는 지식과 도덕 규칙은 부족마다 천차만별이지만, 남성들은 대체로 전쟁의 행동 양식을 비롯한 남성다움의 요건 및 공동체와 자신의 관계에 대하여 교육받는다.[69] 여성들은 자녀 양육, 조산助産, 의약품, 혼인에 대해 교육과 훈련을 받는다.[*70] 예부터 군사화와 동원은 성인식의 필수 요소였다. 이를 통해 소년은 무기를 들고 공동체를 지키는 일에 참여할 채비를 갖춘다.

이 〔비밀〕 집단은 현지 문화에 근본적으로 필요하며, 남녀를 불문하고 모든 젊은이는 이런 훈련을 받은 뒤에야 성인의 책임을 맡을 수 있다고 여겨진다. …… 소년 집단에서는 …… 전쟁하는 방법과 더불어 전투와 교전을 실제로 흉내 낸다. 소년들은 실제 지형과 흡사한 여러 '마을'로 편을 나눈다. 각 편의 임무는 자기 마을을 지키고 다른 마을을 공격하는 것이다. 부족이 과거에 치른 전쟁을 재연하여, 한 편은 공격받는 역을 맡고 다른 편은 적의 역을 맡는다. …… 막는 편은 실제 전투에서 저지른 판단 착오와 전술에서의 오류를 배우며, 모의 전투는 과거의 실제 상황을 토대로 이루어진다. 이렇게 전쟁놀이를 완전히 재연하고 나면 막는 편은 결점이 무엇인지, 결점을 어떻게 바로잡을지 알게 되며, 그러면 이번에는 공격하는 편이 개선된 방어막을 뚫기 위해 머리를 짜낸다.[71]

따라서 젊은이를 동원하는 것은 시에라리온에서 낯선 현상이 아니며, 많은 경우 아동기와 군 생활이 반드시 양립하거나 모순된다고 여기지 않는다.[72] 게다가 포로를 비롯한 성인식 집단은 시에라리온에서 민간 방위를 조직하는 데 중요한 역할을 했다.[73] 군사화, 전쟁, (포로 같은) 전통적 구조의 연관성을 보여주는 예로, 내전 당시 케네마에서

• 포로와 산데는 아직까지 남아 있지만, 청소년이 숲에 머무는 기간은 몇 주, 심지어 며칠로 부쩍 줄었다. 성인식의 교육 기능은 20세기 들어 상당 부분이 서구식 학교로 대체되었다(Richards 1996).

는 CDF를 모집하는 것을 '힌도 힌도'('남자 남자'라는 뜻)라 불렀는데 이는 포로 구성원을 불러 모을 때 쓰던 표현이었다.[74] 민간 방위 집단들은 "포로와 똑같이 남성으로서의 책임과 불참자에 대한 처벌을 신조로 삼았"다.[75]

이와 더불어 공동체를 위해 군대에 간 젊은이는 찬사를 받았다.[76] 일례로 시에라리온 CDF에서 소년병을 많이 모집한 사람들은 지역에 따라 대중적 인정과 지지를 받기도 했다. 전통적 구조를 전쟁의 전조나 원인으로 볼 수는 없지만, 이 같은 사례는 전통적 구조가 아동 모병과 연관되어 있음을, 또한 전쟁 가담에 대한 개인의 의사 결정에 이러한 구조가 영향을 미칠 수 있음을 보여준다.

식민지 역사를 들여다보면, 사하라 이남 아프리카의 여느 나라와 마찬가지로 시에라리온은 전통적인 사회체제가 주변부로 밀려나고 외국 기업과 탐욕스러운 지배 엘리트가 경제를 사유화하는 방식으로 세계 체제에 편입되었다. 게다가 불평등이 극심하고 젊은이가 주류 사회에서 배제되자 권력을 박탈당하고 환멸을 느끼는 소외된 청년층이 점점 늘었다. 결국 앞에서 언급한 역사적·경제적·사회적·정치적·문화적 구조가 청년층의 선택과 전망을 형성하고 제약한 것은 틀림없는 사실이다.

반군 RUF의 등장

APC 정권에 대한 (특히 청년층의) 환멸과 실망이 커져가는 틈을 타 시에라리온군 하사 출신의 포다이 상코가 라이베리아 군벌 찰스 테일러의 후원하에 반군 RUF를 창설했다. 상코는 "자유, 정의, 민주주의를 모든 시에라리온 국민에게"[77]라는 희망찬 구호를 내세워, 교육을 받지 못하고 일거리가 없고 일자리를 구할 수도 없는 청년들을 조직적으로 끌어들여 정부에 대항하는 '운동'을 벌였다. 1991년 3월 23일에 RUF는 시에라리온 카일라훈 지구에 있는 도시 보마루에 진입했다. RUF는 전투병 100명가량으로 이루어져 있었는데, 대부분이 라이베리아 전국애국전선(이하 NPFL)에서 빌려온 특공대와 부르키나파소 용병이었으며 이들 휘하에 있는 나머지는 라이베리아에서 모집한 시에라리온인이었다. 라이베리아 국경을 넘어 시에라리온에 들어온 무장 전투원들은 부패한 APC 정권으로부터 국민을 해방시키는 것이 자신들의 목표라고 선언했다. 두 번째 소규모 집단이 푸제훈 지구를 공격했으며 4월 중순에 푸제훈 시를 지나 5월 초에는 숨부야까지 진격했다. 이때만 해도 RUF를 심각하게 생각하거나 무모하고 지루한 전쟁이 시작되고 있음을 깨달은 사람은 거의 없었다.[78]

RUF는 태생이 복잡해 RUF의 기원, 구성, 성격에 대하여 여러 가지 설이 있다. 폴 리처즈는 RUF를, '배제된 지식인 집단'이 APC 치하의 부패와 농촌 소외에 반감을 품고 치밀한 계산하에 결성한 조직이라고 주장했다.[79] 압둘라는 저항적 청년 문화와 룸펜이 RUF의 기원이라고 강조했다.[80] 킨은 탐욕과 불만이 반란과 연관되어 있으며 모종의 역할을 했다고 지적했다.[81] 그베리는 반군이 용병으로 구성되었음에 착안하여 탐욕과 권력 그리고 찰스 테일러의 중요한 역할을 지목했다.[82] 이제 RUF의 기원과 경과를 간략하게 살펴보자.

급진파 학생들이 RUF에서 빠지다

급진파 학생들은 1991년에 시에라리온을 침공한 집단에 들어 있지 않았지만, RUF의 역사에서 학생들은 중요한 위치를 차지한다. 학생들은 1970년대와 1980년대에 시에라리온 정치에 관여하기 시작했다. 이들은 정치적·경제적 영역에서 개혁을 요구했으며 학생 정치조직을 활용해 정부를 공격하다 결국 APC에 대항하는 비공식 야당을 결성했다.[83] 1980년대 중엽에 푸라베이 대학의 급진파 학생들은 리비아의 무아마르 알 카다피 사령관이 《그린 북Green Book》(1985년 형성사에서 한국어판 출간_옮긴이)에서 내세운 정치 이념을 전파하겠다는 사명으로 스터디 모임을 시작했다(《그린 북》은 인도주의, 범凡아프리카주의, 반反자본주의, 카리스마적 통치를 주창했다).

1984년에 푸라베이 대학에서 폭력 시위가 벌어지자 친親카다피 학생운동과 연계된 학생 지도부 41명이 추방당했다. 추방당한 학생들은 가나로 달아났다가 리비아에 입국하여 카다피의 후원을 받으며 군사훈련과 이념 교육을 받았다. 이 학생 집단은 추방과 급진적 변화 추구라는 공통의 경험으로 묶여 있었지만, 군사훈련을 받았다는 것을 제외하면 이념적·정치적으로 합의된 목표는 전혀 없었다.[84] 그베리에 따르면, 추방된 학생 지도부는 '혁명'을 위해 도시 부랑자와 중등학교 학생을 모집하여 리비아에 데려와 비슷한 훈련을 시켰다. RUF의 지도자가 된 포다이 상코도 이렇게 모집되었다. 하지만 이때부터 학생운동 또는 '지식인'과 RUF의 연계가 시들해졌다. 그리고 돈 문제와 일부 조직원의 헌신성에 대한 논쟁이 벌어지면서 마찰과 분열이 일어났다. 혁명전쟁을 일으킬 현실적 수단이 없다는 것을 깨닫자 학생 집단은 결국 와해되었으며, 대다수 학생은 가나에 눌러앉아 학업에 복귀하거나 시에라리온으로 돌아갔다.

상코와 테일러가 손잡다

포다이 상코와 라이베리아 군벌 찰스 테일러의 동맹은 시에라리온 내전을 이해하는 열쇠다. 상코는 1930년대 초에 통콜릴리 지구의 작은 마을에서 태어났다. 농민의 아들로 태어난 상코는 가난한 어린 시절을 보냈다. 상코는 초등학교밖에 나오지 못한 탓에 간신히 읽고 쓸 줄 알았으며 시에라리온의 '룸펜' 청년 문화에 깊이 빠져 있었다. 상코는 1956년에 군에 입대해 하사가 되었으며 무전·통신 훈련을 받았다.[85] 하지만 1971년에 시아카 스티븐스를 몰아내려는 쿠데타에 연루되어 해임된 뒤 7년간 복역했다. APC가 일당 국가를 선포한 1978년에 감옥에서 풀려난 상코는 적개심에 불타 APC에 복수하겠다고 결심했다. 상코는 풀려난 뒤에 보에서 사진사로 일하다 1982년에 (여러 인터뷰에서 밝혔듯) "혁명운동을 조직하"기 시작했다.[86] 상코는 가나에 들어갔다가 군사훈련을 받으러 리비아에 입국했다. 상코는 학생운동에 실망을 느꼈으며, 시에라리온에 돌아왔을 때는 이른바 '혁명'을 다시 시작하고 불만에 사로잡힌 시에라리온 국민을 규합하여 APC 독재 정권을 무너뜨릴 결심을 다졌다.[87]

상코가 찰스 테일러를 처음 만난 것은 가나에서 함께 군사훈련을 받던 1987년이었으며, 1988년 리비아에서도 함께 훈련을 받았다.[88] 테일러는 국고에서 미화 90만 달러를 횡령한 죄로 미국 연방 교도소에 수감되어 라이베리아로 송환되기를 기다리다가 얼마 전에 탈출한 처지였다. NPFL 지도자이던 테일러는 시에라리온에 영향력을 행사하고 싶었을 뿐 아니라 서아프리카경제공동체 휴전감찰단(이하 ECOMOG) 군대가 라이베리아에서 NPFL을 폭격해 수도 탈환을 저지할 때 시에라리온이 공군기지를 제공한 것에 앙심을 품고 있었다. 시에라리온 반군이 라이베리아에서 자신에게 총부리를 겨누지 않도록 미리 자기편에 묶어두는 것이 유리하다고 판단했을지도 모른다.[89] 서로의 이익이 맞아떨어지자 상코와 테일러는 동맹을 맺었다. 상코와 그의 부대 (대부분 상코가 리비아에 갔다 온 뒤에 모집한 룸펜 청년들이었다)가 테일러의 NPFL을 지원하는 대신 테일러는 상코가 시에라리온 공격을 준비하도록 라이베리아 국경 지대를 제공하고 NPFL 병력을 상코의 반군에 빌려주기로 합의했다.[90] 시간이 흐르자 둘 사이의 협력 관계가 더욱 발전하여 테일러는 RUF에 자금을 대고 훈련과 조언을 제공했으며 다이아몬드 수출 길을 터주고 그 대가로 무기와 군사훈련을 제공받았다.

목적 없는 반란

RUF가 선언문 〈민주주의로 향하는 길: 새로운 시에라리온을 위하여〉에서 내세운 정치적 수사는 모든 시에라리온 국민을 '해방'한다는 것이었다. 하지만 RUF의 이른바 '민주주의 혁명'은 정치적 공간에서 추진되기는커녕 농촌 기구와 산업 자산의 징발, 마을 재산의 대규모 약탈, 무엇보다 자기네가 해방시키겠다던 바로 그 민간인에 대한 잔혹한 폭력으로 얼룩졌다. 민간인을 겨냥한 지독한 인권침해가 헤아릴수 없었거니와 RUF는 (특히 청년을) 모병하고 이들을 잡아두기 위해 강압적 수단을 동원했다. 젊은 마을 주민들은 "사로잡혀 현대판 노예로 전락했으며 RUF 농장에서 강제노동에 시달렸"다.[91] RUF는 병력에서 7~14세 아동이 차지하는 비중이 80퍼센트에 달했다고 한다.[92] 중요한 사실은 RUF가 처음부터 아동을 모집하지는 않았다는 것이다. 하지만 전쟁이 길어지면서 복무 여건이 열악해지고 봉급을 주지 않고(많은 병사들이 약탈이나 채굴을 부업으로 삼았다) 사망률이 높아지고 전쟁이 무분별하고 잔혹하게 진행되어 성인 전투원이 부족해지자 새로운 모병 전략을 생각해내야 했다. 일부 아동이 (특히 내전 초기에는) 자발적으로 RUF에 가담했다는 증거가 있지만[93] 절대다수의 아동은 집과 마을에서 납치되어 강제로 전투에 투입되었다.[94] 급기야 소년병은 RUF를 상징하는 특징이 되었다. RUF에 몸담은 아동은 2만 2500명에 이르며, 그중 소녀가 30퍼센트였다고 한다.[95]

RUF는 강제 모병과 더불어 선전과 역정보를 이용해 공포와 충격을 주고 통제와 우월하다는 이미지를 퍼뜨리는 데도 매우 능했다. 반군은 헛소문을 퍼뜨려 실제 병력이나 군사력보다 훨씬 큰 영향력을 행사했다.[96] 이 때문에, 끔찍한 잔학 행위에 대한 소식을 들은 민간인들이 겁에 질려 마을을 버리고 도망가기 일쑤였다. 게다가 RUF는 공포 분위기를 조성하고 위협의 효과를 높이기 위해 자신들이 곧 들이닥칠 거라는 편지를 마을마다 보냈다. 상코는 시에라리온군(이하 SLA)에서 무전·통신 담당관을 지내고 훗날 사진사로 일했기에 "권력의 이미지

를 투사하는 법을 알았던 것 같"다.[97]

　RUF의 폭력 행위 중에는 민간인을 대상으로 한 조직적 사지 절단
도 있었다. 1996년 시에라리온 대통령 선거, 특히 "미래가 당신 손에
달려 있다"라는 선거 구호에 대한 반격으로, RUF는 대중을 겁에 질
리게 하고, 투표를 저지하고 처벌하기 위해 대규모로 팔다리를 절단
했다('선거 중단 작전'). RUF에는 손을 잘라내는 전문 부대가 있었으며,
부대원들이 잘라낸 손을 한 자루 가져가면 포상을 받았다고 한다.[•][98]
게다가 내전 기간 내내 나이, 민족, 계층을 불문한 여성 수천 명이 광
범위하고 조직적으로 성폭력을 당했다. 성폭력은 대부분 반군이 저질
렀으며[••] 목적은 결혼 때까지 처녀성을 간직해야 하는 중요한 문화적
금기와 공동체의 결혼 관념을 깨뜨리는 것이었다. 내전 기간 중에 온
갖 무장세력에 성폭력을 당한 여인과 소녀의 수는 21만 5000∼25만
7000명에 이르는 것으로 추산된다.[99]

　민간인에게 고의로 폭력을 행사했다는 또 다른 증거는 '혁명'의 이
름으로 민간인을 공격하는 데 반대한 RUF 고위 장교들의 처형을 상
코가 배후 조종했다는 것이다.[100]

　RUF 현상과 납치, 폭력, 잔학 행위를 어떻게 설명하고 이해해야 할
까? 많은 연구자들은 상코와 RUF 조직원들의 배경을 조사해 이들이

• 진실과 화해 위원회에 따르면(Sierra Leone Truth and Reconciliation Commission 2004,
p. 44) 기록된 사지 절단 중에서 RUF가 저지른 것이 39.8퍼센트로 가장 많으며, AFRC가 27.1퍼
센트로 그 뒤를 이었다.
•• CDF와 SLA, ECOMOG도 성폭력을 저질렀다.

교육받지 못한 룸펜 출신임을 강조했다.[101] 압둘라는 민간인 살해, 강간, 강제노동, 조직적 사지 절단 등의 반군 전술이 RUF의 계층 구성과 구체적인 사회 변화 계획의 결여를 반영한다고 주장했다. "룸펜 사회운동이 룸펜 혁명을 낳았"다.[102] 게다가 RUF는 혁명 이념이랄 것이 없었기에 '자연적 지지층', 즉 프리타운, 몬로비아, 라이베리아 국경지대의 도시, 채굴 중심지, 농촌에 거주하는 청년 룸펜에 의존할 수밖에 없었다.

RUF의 잔인한 폭력은 용병이라는 태생과도 연관이 있었다.[103] 찰스 테일러에게 '빌린' 부르키나파소 용병과 라이베리아 용병이 처음부터 관여했다는 사실은 상코가 내세운 목표, 즉 APC를 무너뜨리고 더 정의로운 정권을 세우겠다는 공언이 허언이었음을 보여준다. 용병들은 정치에 무관심했기에 RUF "운동을, 마음껏 약탈하고 살인할 기회로 전락시켜 돌이킬 수 없는 폭력의 고리를 만들어냈"다.[104]

많은 연구자들은 RUF가 뚜렷한 이념이나 목표가 없었으며 결국 무모하고 무차별적인 폭력에 빠져들었다고 주장했다. "그들은 목적 없이 싸웠고 아무것도 얻지 못했"다.[105] RUF 지휘부는 뚜렷한 정치적·이념적 강령은 없었을지 몰라도 (논란의 여지는 있지만) 목표는 있었다. 바로 다이아몬드와 무기 거래로 부와 권력을 거머쥐는 것이었다. RUF가 폭력을 저지른 목적은 단순히 전쟁에서 '승리'하기 위한 것이 아니라 분쟁을 장기화하고 심화하여 정부 내에서 자신들의 입지를 굳히거나 그저 돈을 벌기 위해서였는지도 모른다.[106] 이를테면 RUF가 민간인에게 폭력을 저지른 주된 이유는 이들을 다이아몬드 광산에서 몰아내기 위해서였다.[107] RUF는 여러 다이아몬드 광산을 장악함으로써 불법 다이아몬드 판매로 1년에 미화 3000만~1억 2500만 달러를 벌어들였다고 한다.●[108] 거래는 대부분 라이베리아를 경유했으며 찰스 테일러가 직접 주관했다.[109] RUF는 약탈과 불법 채굴로 막대한 돈을 벌어들이고 있었으므로 전쟁을 질질 끌고, 심지어 '적'과 협력하는 것조차 자신들에게 이익이었다.

하지만 경제적 분석이 확대 해석으로 이어질 우려가 있고 탐욕의 역할이 제한적이라는 주장도 제기되었다.[110] 반군을 이해하려면 내전 이전의 불만이 어떤 역할을 했는지 이해해야 한다는 것이다.

> 탐욕이 전쟁을 설명하는 한 가지 요인이기는 하지만 전부는 아니다. 탐욕 자체에 대해서도 설명이 필요하다. 반군은 권력을 마음대로 남용하여 곧 인기를 잃었지만 부패와 오랜 교육·취업 기회 박탈, 시에라리온의 귀중한 천연자원 빼돌리기 관행에 대한 (특히 청년들의) 환멸 덕을 톡톡히 보았다. 번듯한 일자리를 가진 사람조차 지독한 가난에 허덕였다.[111]

결국 RUF의 폭력은 다양한 의미를 지니기에, 한 가지 원인으로 매듭지을 수 없다. 지금까지 언급한 요인들이 모두 어우러져 RUF 문

● 진실과 화해 위원회 보고서(Sierra Leone Truth and Reconciliation Commission 2004)에서 보듯, 내전이 다이아몬드 때문에 일어난 것은 아니지만 내전이 격화된 것은 틀림없이 다이아몬드 때문이었다.

화를 규정하는 전체 구조와 성격을 만들어낸 것이다. RUF는 무분별한 잔학 행위로 악명을 떨쳤지만 이에 저항한 군대와 무장단체(CDF, ECOMOG, 정부군)도 비슷한 짓을—특히 민간인을 상대로—서슴지 않았다. 하지만 이 책은 RUF 소년병에게 초점을 맞추고 있으므로 RUF의 폭력에 주목할 것이다.

이제 내전이 격화되는 과정과 평화를 향한 기나긴 여정을 살펴보도록 하자.

기나긴 전쟁:
1991~2002년

1991년, RUF는 보마루에 진입한 지 몇 주 만에 동부 지역의 다이아몬드 광산을 장악했다. 한 달이 지나지 않아 카일라훈(다이아몬드 생산지_옮긴이) 지역 대부분이 RUF의 손아귀에 들어갔다. 조지프 모모 대통령은 침략당한 지역 주변에 정부군을 증원했다. 하지만 SLA는 병력이 모자랐다. 상당수의 병력을 ECOMOG의 일원으로 라이베리아에 파병했기 때문이다. 그래서 프리타운 길거리에서 "불량배, 마약 중독자, 좀도둑"[112]을 비롯한 청년들을 마구잡이로 모집했으며, 라이베리아에서 테일러의 NPFL과 맞서고 있던 라이베리아 해방운동연합에서 병력을 빌렸다. 마침내 정부군과 연합군은 일시적으로 RUF를 저지할 수 있었으며 RUF는 남부와 동부 변방으로 후퇴했다.

군사정부와 국가임시통치평의회:
1992~1995년

반군은 APC 정부를 끌어내리겠다고 위협했지만, 모모 대통령의 시에라리온 정부는 이미 곳곳에서 스스로 무너져내리고 있었다. 모모는 공무원, 교사, 군인, 심지어 대족장에게까지 임금 지급을 중단했다.[113] 정부가 반군을 일시적으로 저지하기는 했지만 그 과정에서 SLA 내부에 잠재해 있던 불만이 터져나왔다.[114] 몇 달 동안 봉급을 받지 못한 전방 군인들의 기강이 해이해져 100명이 근무지를 버리고 달아났다.[115] 정부에 대한 환멸은 군사 쿠데타로 이어졌다(군사 쿠데타는 내전 기간에 모두 세 차례 일어났다). 1992년 4월 29일, 일단의 탈영 군인이 솔로몬 무사의 지휘하에 대통령궁을 점령해 모모 대통령을 기니로 추방했다. 군사정부는 국가임시통치평의회(이하 NPRC)가 모모의 APC 정권을 대체한다고 선언하고 당시 26세에 지나지 않던 밸런타인 슈트라서 대위를 국가원수로 앉혔다. NPRC는 적대 행위를 종식시키고 정부의 정당성을 재확립하고 국가 부패를 몰아내겠다고 약속했다. 정권이 바뀌자 농촌 주민과 청년을 비롯한 국민은 더 나은 미래에 대한 희망과 기대를 품었다.

하지만 NPRC는 전 정권과 전혀 다르지 않았다. 쿠데타 몇 달 뒤에 군사정부는 권위를 확립하고 권력을 다지는 데 혈안이 되었다.[116] 1993년에 슈트라서 정부는 미화 4억 3500만 달러어치의 다이아몬드를 스웨덴에 불법으로 수출했다.[117] 정치인들은 공금으로 값비싼 자동차를

몰고 유럽식 주택을 사들였다.[118]

1992년 9월에 RUF는 동부 국경 지대에서 폭력 수위를 높였으며 몇 달에 걸쳐 코노족의 다이아몬드 주산지와 카일라훈, 코이두, 펜뎀부 광산을 손에 넣었다.[119] RUF의 공격으로 농촌의 치안이 불안정해지자 수많은 사람들이 비교적 안전한 도시로 이주했다.[120] NPRC는 '창세기 작전'으로 대응했으며, 병력을 증강하기 위해 프리타운 빈민가에서 수많은 아동을 새로 모집했다.* NPRC는 이듬해 말까지 공세를 폈으며 SLA는 펜뎀부의 RUF 사령부를 비롯하여 빼앗긴 영토를 되찾았다.[121] RUF는 1993년까지 완전히 퇴각할 듯 보였고 많은 사람들은 전쟁이 사실상 끝났다고 생각했다. 1993년 말부터 1994년 말까지 상코는 BBC와의 통신을 중단했다. 작전 성공에 고무된 슈트라서는 한 달간의 휴전을 일방적으로 선포하고는 RUF 조직원들에게 무기를 버리라고 명령했다.[122] 반군은 명령을 무시하고 이 틈을 타 전열을 정비하고 새로운 전략을 짰다. 1994년에 RUF는 느닷없이 프리타운으로 통하는 주요 간선도로를 공격하고 매복 작전을 벌였다.[123] 시에라리온은 다시 한 번 폭력에 휩싸였다.

'낮에는 정부군, 밤에는 반군', 카마조르, 민간 보안 회사

1994년 말이 되자 RUF는 남부와 동부 전역에 영구적인 숲 속 진지를

• SLA의 아동 모병은 대부분 NPRC 집권 시기에 이루어졌다고 한다(Coalition to Stop the Use of Child Soldiers 2008). 내전 기간 동안 SLA 편에서 싸운 아동은 3500명으로 추산된다(McKay and Mazurana 2004).

여섯 곳 이상 마련하고 1994년 12월부터 1995년 1월까지 공세를 폈다. 반군이 1995년 초에 프리타운으로 진격하자 구호단체들은 즉각 직원을 철수시켰다.[124] RUF가 어떻게 해서 갑작스럽게 되살아났는지 많은 이들이 의아해했다. 시간이 지나면서 정부군 병사들이 RUF '적군'을 위해 무기를 방치하고 RUF와 SLA가 다이아몬드 광산을 주거니 받거니 하며 서로 이익을 챙겨주었다는 보도가 나오자 둘이 한통속이라는 심증이 굳어졌다.[125] 1994년에 슈트라서는 군 병력의 20퍼센트 이상이 충성심을 잃었다고 발표했다.[126] SLA의 타락상은 '낮에는 정부군soldier, 밤에는 반군rebel'이라는 뜻에서 '소벨'(Sobelization 또는 Sobels)이라 불렸다.[127] 젊고 변변한 훈련도 받지 못하고 봉급도 형편없는 정부군 병사들은 민간인을 약탈하고 국가의 다이아몬드 수입을 훔치는 것이 더 짭짤하다는 것을 알게 되자 무고한 민간인을 공격하고 약탈해 제 호주머니를 채웠다.[128] RUF가 군사력을 증강하고 세력을 회복한 것은 반감을 품은 정부군 병사들에게 무기와 탄약을 공급받았기 때문인 듯하다.[129]

민간인이 보기에 RUF와 SLA는 전혀 다르지 않았다. 정부군에 대한 불신과 RUF에 대한 공포는 CDF 탄생으로 이어졌다. CDF는 무고한 민간인을 보호하고 (의지도 능력도 없는 정부 대신) 반군을 공격하기 위해 주민들이 조직한 무장단체다. 멘데족은 이 사람들을 '카마조르'라 불렀다. '카마조르'는 멘데족 언어로 '사냥꾼'이라는 뜻인데, 전에 사냥꾼이었든 아니든(대부분은 사냥꾼이 아니었다) 민병대에 참여한 사람을 일컫는 표현으로 바뀌었으며 민간 방위 조직을 폭넓게 지칭했다.[130]

그 밖의 부족들도 CDF를 일컫는 명칭이 따로 있었다(이를테면 템네족은 '카프라'와 '그베테', 코노족은 '돈소', 코이나두구 지구에서는 '타마보라'라 불렀다). 카마조르는 마을 지형을 손바닥 보듯 했기에 1991년부터 정찰병으로 활약했으며, 전쟁이 길어지면서 고도로 조직화된 반군 소탕 운동으로 발전했다. 카마조르는 불패 신화, 신비주의, 초자연적 능력으로 명성을 떨쳤다.[131] 약초와 주문, 신성한 복장, (전투복 차림으로 여성과 접촉하지 않고 마을을 약탈하지 않고 여성을 겁탈하지 않는) 금기를 통해 카마조르는 총알도 뚫지 못한다는 명성을 얻었다.

> 카마조르의 정체성은 개별 전투원이 민병대에 입회할 때 부과되는 금기와 제약에서 분명히 드러난다. 카마조르는 구성원에게 요구되는 규칙과 행동을 주입하고 (가장 중요하게는) 적의 총탄이 뚫을 수 없는 몸을 만들기 위해 일련의 지시 사항을 통과해야 했다.[132]

카마조르는 원래 30세가 넘어야 가입할 수 있었지만 전쟁이 길어지면서 아동을 대거 모집했다.* 카마조르는 RUF의 주요 훈련 기지를 파괴하고 반군이 점령한 마을을 탈환했다. 게다가 불패 신화에 겁을 집어먹은 적들은 카마조르의 초자연적 능력이 두려워 이들과 마주치기를 피했다.[133] 카마조르는 총알과 죽음을 피하기 위한 금기와 제약 덕

---

* 전쟁 중에 지원 역할과 적극적 전투 임무에 종사한 1만 7216명의 소년병은 다양한 민간 방위 집단에 몸담았으며, 그중 10퍼센트가 소녀인 것으로 추정된다(McKay and Mazurana 2004).

에 만행을 덜 저지르기는 했지만,[134] 무분별한 살인, 고문, 납치 같은 수많은 인권침해에서 완전히 자유롭지는 못했다.[135]

카마조르가 정부를 결정적으로 지원했지만, 슈트라서의 NPRC는 다이아몬드 광산을 잃고, SLA가 미덥지 못하고, 전쟁의 잔학 행위가 계속되고, 희생자가 늘어만 가자 민간 용병 회사에 도움을 청했다. 1995년 2월에 NPRC는 영국 회사 구르카 경호대(이하 GSG)와 수백만 달러 규모의 계약을 맺었다. 다이아몬드 채굴권을 대가로 GSG는 SLA에 반군 소탕 작전을 훈련시키고 정부가 핵심 지역에서 반군 활동을 저지하도록 지원했다.[136] 하지만 GSG를 이끌던 미국인 로버트 매켄지가 RUF 매복에 걸려 목숨을 잃자 계약은 파기되었다. GSG가 서둘러 발을 빼자 슈트라서는 남아프리카공화국의 민간 용병 회사 이그제큐티브 아웃컴스(이하 EO)에 손을 벌렸다. EO는 아파르트헤이트 시절 남아프리카공화국 특수 부대의 악명 높은 32대대 출신의 백인 장교들이 주도하는 회사다.[137] 앙골라와 나미비아군을 고용한 EO의 계약 조건은 "프리타운 장악, 시에라루틸 광산 탈환, RUF 사령부 파괴, RUF의 남은 점령 지역 청소" 등 네 가지 목표를 달성하는 것이었다.[138] EO가 매달 미화 150만 달러를 다이아몬드 채굴권으로 지급받으려면—이는 다이아몬드 채굴 회사와 맺은 복잡한 거래의 일환이었다—광산을 반군의 손에서 되찾아야 했다.[139] 1995년 말이 되자 EO는 카마조르의 지원을 받아 동부 지역의 다이아몬드 광산을 한 달 만에 탈환했으며 1년도 지나지 않아 프리타운을 장악했다.[140] EO는 시에라리온에 일시적이나마 안정을 가져다주었으며, 사망자는 사고

와 질병으로 죽은 사람을 포함하여 20명도 되지 않았다.[141]

SLPP의 등장:
1996~2007년

RUF 소탕 작전이 성공하자 군사정부를 민선 정부로 바꾸는 일에 관심이 쏠렸다. 슈트라서가 대통령직을 탐내자 NPRC에서는 내분과 한바탕 소동이 일었다. 헌법에 따르면 30세의 슈트라서가 대통령이 되려면 10년을 기다려야 했다. 하지만 슈트라서는 기어코 대통령이 되겠다고 마음먹고는, 자신을 편들지 않는 자는 누구든지 해고하겠다고 협박했다.[142] 얼마 지나지 않아 내부에서 쿠데타가 일어났으며 슈트라서는 자리에서 쫓겨나 코나크리로 추방당했다. 그리고 1996년에 줄리어스 마다 비오 준장이 NPRC 신임 의장으로 임명되었다.

선거, 카바의 민간 정부, 아비장 협약: 1996년

선거가 임박했다는 소식이 전해지자 RUF는 시에라리온 전역에서 적대 행위를 다시 저지르기 시작했다. 반군은 선거를 거부하라고 요구했으며, 앞에서 언급했듯 유권자에게 본때를 보이려고 민간인 수천 명의 손을 절단했다.[143] RUF의 폭력 전술에도 불구하고 선거는 1996년 2월 26일에 예정대로 실시되었다. 75만여 표를 집계한 결과 SLPP의 아마드 테잔 카바 박사가 새 대통령에 당선되었다.[144] 한 달 뒤에 마다 비오가 카바에게 권력을 이양했다. 시에라리온 역사상 군에서 민간으로 정권이 평화적으로 이양된 드문 경우였다. 카바 정부는 "국가도 하나, 국민도 하나"라는 구호를 내걸고, 전쟁을 종식시키겠다고 선언했다.

마다 비오가 시작한 평화 회담은 8개월 넘게 진행되었다. 새 정부에 RUF 조직원을 참여시키는 것은 RUF 봉기를 종식시키고 시에라리온에 평화를 가져올 방안으로 인정받았다. 하지만 카바는 상코와 RUF 고위층을 새 정부에 참여시키는 것은 헌법과 윤리에 어긋난다고 생각하여 이 문제에 대해 협상을 거부했다.[145] 그럼에도 1996년 11월 30일에 포다이 상코와 카바 대통령은 유엔, 영연방, 아프리카 통일기구, 코트디부아르 정부가 참관하는 가운데 아비장 협정에 서명했다.[146] 협정에서 눈길을 끄는 조항으로는 EO 병력의 신속한 철수, 동원해제 및 무장해제 활동 착수, 협정 이행을 감독할 평화정착위원회 설립, RUF의 합법 정당화 등이 있다.[147] 협정에 따르면 정부는 분쟁의 사회경제적 측면, 특히 농촌 인구의 소외와 기본적인 보건·복지 부실을 해결하기 위해 조치를 취해야 했다.

평화협정은 결코 온전히 실현되지 않았다. 상코를 비롯한 RUF 강경파가 협정을 존중하지 않으리라는 것이 분명해졌다. 아마도 전쟁이, 특히 RUF 고위 지휘부에게 수지맞는 일이기 때문이었을 것이다. 게다가 RUF 핵심 지휘관들은 평화시에 보복을 당할까 봐 두려워했다.[148] 상코가 무기와 탄약을 사들여 전쟁을 계속하려 한다는 사실이 무전 감청으로 들통난 뒤 RUF와 카바의 대화가 중단되었다.[149] 1997년 3월에 상코는 나이지리아 라고스의 무르탈라 모하메드 공항에서 탄약 밀수 혐의로 체포되었다. 카바 대통령의 요청에 따라 상코는 18개월 가까이 나이지리아에 구금되었다.[150] 상코가 없는 사이에 RUF에서는 권력투쟁이 불붙었으며 고위급 지휘관 중에는 상코를 몰아내고 싶어 하는 사람들도 있었다. 하지만 여전히 상코에게 충성을 바치는 부사령관 샘 보카리(전직 미용사이자 다이아몬드 불법 채굴업자)는 이를 거부하고 지휘관들을 반역죄로 고발했다.[151]

AFRC와 RUF의 공포정치: 1997년

카바 대통령은 NPRC에서 물려받은 군대('낮에는 정부군, 밤에는 반군')를 신뢰할 수 없었다. 전前 카마조르 지휘관 새뮤얼 힝가 노먼 족장을 국방부 차관으로 임명한 것은 RUF를 상대로 군사작전을 펼칠 때 자신이 신뢰할 수 있는 카마조르의 역할을 강화하기 위해서였다.[152] SLA의 초급 장교들은 체면을 구겼다. 대통령이 카마조르를 편애하는 것과 더불어 군 규모를 감축하고 보조금을 삭감한다는 소문이 돌자 카바 정부에 대한 반감이 들끓었다.[153]

1997년 5월 25일에 일단의 정부군이 프리타운 파뎀바로드 교도소에 쳐들어가 죄수 약 600명을 풀어주고 상당수를 무장시켰다.[154] 파뎀바에서 죄수들을 풀어준 것은 프리타운을 폭력의 도가니에 빠뜨리려는 전략이었다. 풀려난 죄수 중에는 쿠데타 모의로 1996년 8월부터 수감 중이던 조니 폴 코로마 전前 소령이 있었다. 코로마는 'AFRC'라는 군사정부를 세우고 자신을 의장으로 선포했다. 코로마는 지난 6년간 치열하게 싸우던 반군과 정부군이 이번 쿠데타에서 손을 잡았다고 발표했다. 죄수와 탈영병이 프리타운 대로를 누비며 강간, 약탈, 살인을 거리낌 없이 저질렀다.[155] 경찰관 250여 명이 살해되고 몇 시간 만에 대통령궁이 점령되었으며 카바는 기니로 피신했다.[156] 나중에 드러난바, 쿠데타를 모의하고 결행한 것은 RUF와 공모한 정부군 하급 군인들이었다.

코로마가 AFRC 의장으로서 해야 할 첫 번째 임무는 RUF가 새 정부에 공식적으로 참여한다고 선언하는 것이었다. 코로마는 자신이 "유일한 방안, 즉 적인 RUF와의 제휴를 통해" 평화를 가져왔다며 시에라리온 국민에게 군사정부를 지지하라고 말했다.[157] 상코를 대신하여 RUF 임시 의장으로 있던 보카리는 코로마의 초청을 받아들여 RUF 지휘관들을 내각에 임명하기 위한 협상을 시작했다. 상코는 여전히 나이지리아에 구금되어 있었지만 궐석 중에 AFRC 부의장 겸 시에라리온 부통령으로 임명되었다. RUF가 권력을 나누어 가지자, 쿠데타 3개월 만에 시에라리온 국민 40만 명이 이웃 나라 기니, 라이베리아, 감비아로 탈출했다.[158]

서아프리카경제공동체 휴전감찰단의 휴전협정: 1998년

AFRC와 RUF의 군사정부는 국제사회의 거센 비난에 직면했으며, 이들의 통치권을 인정한 단체나 외국 정부는 한 곳도 없었다.[159] 유엔 안전보장이사회는 군사정부가 정권을 내놓아야 한다며 석유 및 무기 금수 조치를 내리는 결의안을 채택했다.[160] 서아프리카경제공동체(이하 ECOWAS)는 카바 정부를 복원하기 위해 나이지리아 주도로 ECOMOG 군대를 파병했다.

몇 주 지나지 않아 ECOWAS 5개국 위원회(나이지리아, 코트디부아르, 가나, 기니, 라이베리아)는 군사정부에 기니 코나크리에서 휴전협정에 서명하라고 강력히 권고했다. 코나크리 평화 계획의 요구 사항은 무장단체를 무장해제 및 동원해제하고, 추방된 카바 대통령이 1998년 4월까지 안전하게 귀국해 국가원수로 복귀해야 한다는 것이었다.[161] 휴전은 1998년 1월에 공식적으로 시작되었으며 ECOMOG가 휴전을 감독했다. AFRC와 RUF는 휴전협정에 아랑곳하지 않고 라이베리아에서 무기와 탄약을 계속 밀수입했다.[162] 군사정부가 휴전협정을 위반하자 ECOMOG와 카마조르가 정부를 공격했다. 민간 보안 업체 샌드라인 인터내셔널은 군사 지원을, 캐나다 회사 다이아몬드웍스는 재정 지원을 제공했다.[163] 2월 중순이 되자 ECOMOG는 군사정부를 프리타운에서 몰아냈다. 3월 10일에 카바 대통령이 프리타운에 돌아와 집무를 시작했다. 카바가 복귀한 지 얼마 뒤에 정부는 체포된 군사정부 인사와 부역자 60명을 반역죄로 고발했다. 포다이 상코도 1997년 쿠데타 연루 혐의로 고발되어 나이지리아에서 시에라리온으로 소환되었다. 상코는 수십 명과 함께 반역죄로 사형선고를 받았다.

1998년 7월 13일에 안전보장이사회는 유엔 시에라리온 감찰단(이하 UNOMSIL)을 창설하고 향후 6개월 동안 인권침해 실태를 조사할 비무장 군 조사관 70명을 파견했다.*

RUF의 '섬멸 작전'과 로메 평화협정: 1999년

ECOMOG가 승전을 거두었지만 반군은 이내 코이두와 마케니를 점령했으며 그 과정에서 ECOMOG 군인 수백 명을 살해했다. 반군이 다시 활동을 개시하자 사람들은 무척 당혹스러웠다. 나중에 밝혀진 바로는, RUF가 세를 회복한 것은 테일러를 통해 영국 회사와 계약을 맺었기 때문이었다. 영국 회사가 항공기와 용병을 제공하는 대신 RUF는 다이아몬드를 내어주는 거래였다.[164] 마침내 프리타운에 진입한 반군은 다시 한 번 파뎀바로드 교도소에 쳐들어가 항소 재판을 기다리던 RUF와 전직 SLA 수감자들을 풀어주었다. 이번 작전이 벌어진 것은 보카리가 상코를 구출하겠다고 단단히 마음먹었기 때문이었다. 하지만 상코는 파옥 사건이 일어나기 두 주 전에 다른 곳으로 이송된 상태였다. 이 때문에 정부가 이번 공격을 미리 알고 있었다는 의혹이 제기되기도 했다.[165]

RUF는 이번 공격을 '섬멸 작전'이라 이름 붙였다. 보카리는 BBC를 통해 RUF가 "쥐새끼 한 마리 남기지 않"고 모든 주민을 죽일 것이라고 공언했다.[166] 1999년 1월 6일에 1997년 군사정부에 몸담았던 RUF와 전직 SLA 병사들이 프리타운을 아수라장으로 만들었다. "말로 형언할 수 없는…… 공포가 도시를 휩쓸었"다.[167]

반군은 민간인과 군인을 가리지 않았으며, 민간인도 현 정부를 지

• 1999년 10월에 감찰 임무가 평화 유지 임무로 바뀌었으며 기구 이름도 유엔 시에라리온 대표부(UNAMSIL)로 바뀌었다.

128

지한 대가를 치러야 한다고 주장했다. 방화, 폭행, 강간, 살인, 사지 절단이 몇 주 동안 계속되면서 무고한 민간인이 공격받고 살해되자 UNOMSIL은 조사관을 프리타운 밖으로 피신시켰다. ECOMOG 부대가 카마조르의 도움을 얻어 반군을 프리타운에서 몰아내기까지 10만 명 가까운 주민이 집을 버리고 달아났으며, 6000여 명이 목숨을 잃고 아동 수천 명이 실종되고(아마도 반군에 납치되었을 것이다) 도시 대부분이 파괴되었다.[168]

카바 대통령은 협상을 통해 평화를 이루라는 압박에 직면했다. 카바는 RUF와 평화 회담을 진행하는 것이 죽기보다 싫었지만 평화협정을 체결하지 않으면 평화 유지군이 파병되지 않으리라는 것을 알았다.[169] 미국은 제시 잭슨 목사를 아프리카 특사로 보내 상코를 석방하고 토고 로메에서 협상하도록 했다.

로메 평화협정은 1999년 7월 7일에 체결되었다. 협정문에는 모든 적대 행위를 끝내겠다는 약속, 모든 전투원의 무장해제와 동원해제, 사회복귀, RUF의 합법 정당화, 평화정착위원회 재결성, '진실과 화해 위원회'(이하 TRC) 설립 등의 조항이 담겼다. 또한 협정에서는 권력 분점을 명문화하여 RUF 장교들에게 장관 자리를 네 개 할당하고 포다이 상코를 '전략적 자원 관리, 국가 재건, 발전을 위한 새 위원회' 위원장과 부통령으로 임명하도록 했다.[170] 로메 협정에서 가장 논란이 되는 부분은 반군에 대한 포괄적 사면 조치였다. 1991년부터 협정 체결까지의 기간에 대해 형법에 따른 전쟁의 법적 책임을 면제한 것이다.[171] 사면이 없었다면 RUF가 평화 회담에 참여하지 않았을 테고 전쟁이 끝나지 않았으리라는 기류가 있기는 했다. 하지만 유엔은 전쟁범죄, 인권에 반하는 범죄, 기타 인도주의 법률을 심각하게 위반한 범죄는 사면 대상이 아니라며 사면 조치를 인정하기를 거부했다.

하지만 협정으로도 전쟁을 끝낼 수는 없었다. 전투원을 무장해제하고 동원해제하는 동안에도 RUF는 재무장하고 전투를 재개했다. 나이지리아 ECOMOG 부대가 공격당하자 나이지리아는 2000년 5월에 ECOMOG에 대한 지원을 전면 철회했다.[172] 1999년 10월에 활동을 시작한 UNAMSIL이 그즈음 파병한 잠비아 평화 유지군 500명이 RUF에 납치되자 2000년 5월 8일에 프리타운 시내에서 항의 시위가 벌어졌다.[173] 3만 명 가까운 시민이 상코의 집 주위에 몰려들어 전쟁을 종식시키고 평화 유지군을 석방하라고 요구했다.[174] 상코의 경호원이 군중에게 발포하여 17명이 죽고 수많은 참가자가 다치는 등, 평화 집회는 유혈 사태로 번졌다. 상코는 가택 연금을 당했으나 탈출했다. 그런데 5월 17일에 상코가 물건을 찾으러 집에 돌아왔다가 행인들에게 목격되었다. 정부는 경보를 발령하고 체포를 시도했으며 그 과정에서 상코의 허벅지에 총상을 입혔다. 그러자 민간인들이 상코를 때리고 옷을 벗기고 길거리로 끌고 다녔다. 간신히 민간인의 폭력에서 벗어난 상코는 경찰에 의해 구금되었으며 결국 파뎀바로드 교도소로 이송되었다. 상코가 붙잡힌 뒤에야 UNAMSIL 포로들이 석방되었다.

RUF의 몰락과 기나긴 재건 과정

2000년 말부터 RUF의 세력이 점차 약해져갔다. RUF가 '연성화'되어 평화 과정을 앞당기게 된 데는 여섯 가지 요인이 있다.[175] 첫째, 기니군과 CDF의 합동 공격이 주효했다. 양군은 조우를 피하려던 RUF에 심각한 타격을 입혔다. 둘째, '피의 다이아몬드conflict diamond'에 국제적 관심이 쏠리고 이를 단속하라는 압력이 일자 RUF의 활동과 밀거래가 위축되었다. 셋째, 유엔안전보장이사회가 라이베리아의 다이아몬드 수출을 금지한 데 이어 기존 무기 금수 조치를 강화하고 라이베리아 항공기의 비행을 금지하는 등 테일러에게 내린 제재 조치가 효과를 발휘했다. 라이베리아의 지원이 줄자 반군이 다이아몬드 거래에서 거두는 이익도 줄었다. 넷째, UNAMSIL이 강화되었다. 2000년 5월에 평화 유지군 500명이 사로잡히자 경악한 유엔은 UNAMSIL을 대폭 강화하여 2002년 3월 말까지 평화 유지군 1만 7455명을 갖춘 세계 최대의 평화 유지군으로 확대했다. 다섯째, 영국이 개입하고 SLA를 유지하고 재조직하려는 노력이 이루어졌다. 여섯째, RUF 내부에서 피로감이 누적되었다. 상코가 구속되자 이사 하산 세세가 새 지도자로 떠올랐다. 세세는 인권침해를 중단하고 평화를 찾고 싶어 하는 듯했다.[176] 이 모든 요인이 작용하여 시에라리온은 2001년에 점차 평화를 되찾기 시작했다. 2001년 5월, 전쟁을 완전히 종식시킬 또 다른 휴전의 틀을 마련하기 위해 전쟁의 양측 대표가 다시 한 번 아부자에서 만났다.

2002년 11월에 전쟁 종료가 공식 선포되었다. 카바 대통령은 "오늘 전쟁의 불꽃이 꺼진 것에 감사합니다"라고 선언했다.[177] 11년 내전

이 끝난 것을 기념하여, 1991년 3월에 전쟁이 시작된 곳인 카일라훈 지구에 있던 마지막 무장해제 센터가 폐소식을 열었으며 마케니와 프리타운에서는 상징적인 의미로 총기를 불태웠다. 2002년 5월에 카바는 대통령 선거에서 승리했으며 SLPP가 다수당으로 입지를 굳혔다.

1999년 7월 로메 협정에서 구상되어 2000년 2월 법 제정으로 설립된 시에라리온 TRC는 전쟁과 관련한 폭력과 인권침해, 국제 인권법 위반 사례를 공정하게 조사하는 임무를 맡았다. TRC는 진실을 기록하는 한편 마음의 상처를 치료해야 했기에, 피해자들이 "인간의 존엄을 되찾"는 가장 정당한 대화 마당이자 "가해자들이 죄를 뉘우치고 양심의 가책을 씻는 수단"이 되고자 했다. "진실을 말하고, 귀 기울여 듣고, 무엇보다 피해자에게 합당한 보상을 해주는 과정에서 전 국민이 카타르시스를 느꼈"다.[178] TRC는 2003년 4월에 공청회를 시작했으며 여성과 아동을 위한 지구 단위 비공개 청문회를 열었다. 수집된 증언은 8000건이었으며 '좋은 지배구조 캠페인'으로부터 1500건을 추가로 전달받았다. TRC 최종 보고서는 2004년에 발표되었다.

2000년 8월에 유엔안전보장이사회는 1996년 11월 30일 이후로 국제 인권법 및 시에라리온 법률을 심각하게 위반한 범죄에 대해 "가장 큰 책임"이 있는 자들을 심판할 '특별법정'을 세웠다. 시에라리온 특별법정(이하 특별법정)은 전쟁이 일어난 나라에 국제 전쟁범죄 재판소가 설치된 첫 사례로, 피해를 입은 국민이 진행 상황을 쉽게 알 수 있다는 장점이 있었다. 특별법정은 네 건의 재판을 통해 RUF, AFRC, CDF의 핵심 구성원과 라이베리아 전 대통령 찰스 테일러에게 죄를 물었다. RUF에서는 포다이 상코와 최고 지휘관 샘 보카리, 이사 하산 세세, 모리스 칼론, 오거스틴 그바오가 인권 범죄, 제네바조약 공통 3조(4개 제네바조약에 공통으로 들어 있는 조항_옮긴이) 및 제2의정서 위반(일반적으로 '전쟁범죄'로 지칭한다), 기타 국제 인권법의 심각한 위반 등에 대한 견련범牽連犯(범죄의 수단 또는 결과인 행위가 여러 개의 죄명에 해당하는 범죄_옮긴이)으로 기소되었다. 상코는 결국 수감 중이던 2003년 7월 29일에 자연사했다. 특별법정 수석 검찰관 데이비드 크레인은 상코가 "수많은 사람들에게 비참한 최후를 안겨놓고 정작 자신은 평화로운 죽음"을 맞았다고 말했다.[179] 샘 보카리도 감옥에서 사망했다. 나머지 피고인 세 명은 2009년 2월 25일에 전쟁범죄와 인권 범죄에 대해 유죄판결을 받았다. 강제 결혼과 평화 유지군 공격에 대해 유죄판결이 내려진 것은 이번이 처음이었다. 소년병 모집에 대해서도 유죄가 선고되었다. 이사 하산 세세는 52년 형을, 모리스 칼론은 40년 형을, 오거스틴 그바오는 25년 형을 선고받았다.

AFRC의 앨릭스 탐바 브리마, 브리마 바지 카마라, 산티기 보르도르 카누에 대한 재판은 2008년 2월 22일 항소 재판으로 종결되었다. 세 사람은 인권 범죄와 전쟁범죄에 대해 견련범으로 유죄판결을 받았다. 브리마와 카누는 50년 형을, 카마라는 45년 형을 선고받았다.* CDF 지휘관 새뮤얼 힝가 노먼 족장, 모이니나 포파나, 알리우 콘데와에 대

• 법원이 기소한 네 번째 AFRC 피고인은 조니 폴 코로마 전前 군사정부 의장이다. 그가 죽었다는 소문이 돌았으나 진위 여부는 확인되지 않았다.

한 재판은 2008년 5월 28일에 종결되었으며, 포파나와 콘데와는 전쟁 범죄와 인권 범죄에 대해 유죄판결을 받았다. 포파나는 15년 형을, 콘데와는 20년 형을 선고받았다.[180] 내무부 장관과 CDF 사령관을 지낸 힝가 노먼은 선고가 내려지기 전에 다카르에서 죽었다.

찰스 테일러는 전쟁에 관여하면서 저지른 인권 범죄, 전쟁범죄, 심각한 국제 인권법 위반 등 7건에 대해 기소를 앞두고 있다. 2006년 3월 25일에 엘런 존슨설리프가 라이베리아 대통령에 선출되자 올루세군 오바산조 나이지리아 대통령은 나이지리아의 해안 도시 칼로바르에 유폐되어 있던 찰스 테일러를 시에라리온으로 이송하여 재판하도록 허가했다. 이틀 뒤에 테일러는 나이지리아에서 달아나려다 나이지리아 당국에 체포되어 유엔의 호송하에 프리타운으로 인도되었다. 특별법정은 찰스 테일러를 헤이그 국제형사재판소(이하 ICC)에서 재판할 것이라고 발표했다. 현지에서 재판을 진행하면 프리타운과 인근 지역의 치안이 위협받을까 봐 내린 결정이었다.* 테일러는 유죄판결을 받을 경우 ICC와 특별법정 사이의 조건부 합의에 따라 영국 교도소에 수감될 것이다. 이 글을 쓰는 지금 찰스 테일러에 대한 재판은 헤이그에서 계속 진행 중이다.(찰스 테일러는 2012년 4월에 ICC에서 50년 형을 선고받았다-옮긴이)

2004년 3월에 유엔안전보장이사회는 UNAMSIL의 활동 기한을

---

* 테일러를 헤이그로 이송하기로 결정하자, 전쟁으로 가장 큰 피해를 입은 사람들을 배제했다는 비판이 제기되었다(Human Rights Watch 2006).

2005년 12월로 연장해달라는 유엔 사무총장의 요청을 받아들였다. 시에라리온의 평화 과정이 여전히 취약하고 정부가 치안을 완전히 책임질 수 없다는 판단에서 내려진 결정이었다. 2005년에 UNAMSIL은 남아 있던 평화 유지군을 모두 철수했으며, 평화 유지를 제외한 임무를 후속 기구인 유엔 시에라리온 통합 사무소(이하 UNIOSIL)에 이관했다. 2008년 10월에 UNIOSIL은 유엔 시에라리온 통합 평화 정착 사무소(이하 UNIPSIL)로 대체되었다. UNIPSIL은 유엔안전보장이사회 결의안 1829호의 승인하에 시에라리온의 장기적 평화, 안보, 발전을 위한 유엔과 국제사회의 지원을 계속할 것이다.

2007년 8월 선거에서는 APC가 의회 다수당이 되었다. 정당 간부와 전통적 지도자들이 매표 행위를 벌였다는 보도가 있었지만 참관단은 이번 선거가 대체로 자유롭고 공정했다고 평가하며 돌발적 사건들이 최종 결과에 영향을 미치지 않았다고 덧붙였다.[181] 2007년 9월 17일에 어니스트 바이 코로마가 카바의 뒤를 이어 대통령으로 임명되었다.

전쟁이 끝난 뒤 RUF는 정당으로 변신했다. 하지만 RUF 정당은 2007년 대선과 총선, 뒤이은 지방선거에 참여하지 않았다.

전쟁으로 인해 경제가 무너지고 기반 시설이 파괴되었으며 교육·보건 체제가 와해되고 무기가 쌓이고 남녀노소 할 것 없이 수많은 국민이 경제적·정치적·사회적·심리적·신체적으로 피해를 입었지만, 시에라리온은 갈등의 시절을 뒤로하고 기나긴 재건 과정의 시동을 걸었다.

시에라리온의 전쟁과 아동(RUF의 초기 동조자이든, 전쟁 중에 납치되었으며 RUF의 '대의'에 찬동하지 않은 아동이든)의 실태를 연구하다 보면 거대한 구조적 요인이 개인의 의사 결정과 선택을 제약했음을 분명히 알 수 있다. 일부 아동이 무기를 들 기회를 얻고 이를 선택한 것은 심각한 경제적 소외, 국가 부패, 구조적 폭력, 군사화, 권력 사유화, 사회적 배제, 역사적·문화적 요인 때문이다. 이에 반해 전쟁 와중에 강제로 납치된 아동의 경우에는 전쟁의 변화하는 구조적 요인이 이들의 선택과 전망을 제약할 수밖에 없었다. 다음 장에서는 강제로 납치된 아동이 어떤 삶을 살았는지에 초점을 맞춘다.

3장

소년병이 소년병에게 듣다: 그들이 직접 들려주는 이야기

© UNICEF | Pierre Holtz

"제 일생에 가장 불행한 날은 엄마와 제가 납치되었을 때였어요. 그자들은 제가 보는 앞에서 엄마 목을 베었어요."(소년)

"많은 사람의 팔다리를 절단하는 임무를 맡았어요. …… 보통은 [희생자에게] 긴소매로 할 건지 반소매로 할 건지 물어봤어요."(소년)

전직 소년병을 연구하다 보면 온갖 방법론적·윤리적 딜레마가—특히 권력 개념과 관련하여—불거진다. 이러한 딜레마를 줄이기 위해 우리는 전직 소년병을 연구자이자 협력자로서 참여시키는 참여적 접근법을 채택했다. 이 장에서는 참가자 모집, 연구 표본, 자료 수집 및 분석 방법을 비롯한 연구 방법론을 살펴본다. 우선 권력 개념과 민감한 연구 개념을 알아보고 두 개념이 연구에서 형성되고 구체화되는 과정을 들여다보자.

아동을 연구 대상이자
연구자로 참가시키다

나는 캐나다에 사는 백인 여자로 학자라는 유리하고 안전한 처지에서 글을 쓰고 연구를 수행한다. 나는 전쟁의 포화 속에서 자라지 않았으며 군대나 무장단체에 몸담은 적도 없다. 나의 사회적 위치에서 비롯한 권력과 특권 때문에 시에라리온 사람들은 나에게 자발적으로 경의를 표했으며, 이번 연구를 진행하면서 내게 부여된 권력을 가슴 깊이 실감했다. 여기에다 연구 과정에 내재하는 권력 불균형이 결합되면 자칫 연구를 망칠 우려가 있었다. 일부 연구자가 현장 조사 과정에 착취 가능성이 만연해 있음을 주장한 것은 이런 맥락에서다.[1] 연구와 현장 조사 자체가 상대를 식민지화하는 발상이자 연구 대상의 입을 막는 지식 생산 기법이며 조야한 권력 행사로 묘사되기도 했다. 린다 투히와이 스미스는 이를 두고 "그들이 찾아왔고 그들이 보았고 그들이 이름 지었고 그들이 주장했다"라고 말했다.[2] 대부분의 경우, 연구자들은 권력의 흐름이 일방적이라고 지적했다. 연구자와 연구 대상은 권력을 가진 자와 가지지 못한 자로 양분되며 연구자는 연구 대상에 권력을 행사한다.[3] 윤리적이면서도 착취적이지 않은 연구를 (특히 개발도상국에서) 수행하기란 불가능하다는 의견도 있다.[4]

아동을 연구하든 성인을 연구하든 이러한 윤리적 문제가 생길 수밖에 없지만, 연구 참가자가 아동일 때는 연구자와 참가자의 관계에서 권력 문제가 훨씬 민감하게 불거질 수 있다.[5] 아동과 청년은 성인의 권위에 이의를 제기하거나 답변을 거부하기 어려워할지도 모른다. 연구 참여를 철회할 권리를 쉽게 행사하지 못할 수도 있다. 그 이유는 연구 참여를 철회하는 구체적인 절차를 몰라서일 수도 있고 괜히 발을 뺐다가 안 좋은 일을 당할까 봐 겁나서일 수도 있다.[6] 아동 참가자는 불만이나 철회 의사를 간접적으로 표현할 수도 있다. 아동을 면담할 때는 갑자기 입을 닫거나 하는 식의, 특정 주제를 더는 논의하고 싶지 않다는 미묘한 신호를 감지하고 이에 대응해야 한다.[7] 전직 소년병의 경우, 상당수 참가자는 전쟁 전에 무력한 처지에 놓여 있다가 무장단체에 들어와서 힘 있는 위치를 차지한 경험이 있다. 내전 시기에 일부 소년 소녀는 다른 소년병의 지휘관이었으며 민간인에게 막대한 권력을 휘둘렀다. 하지만 내전이 끝난 뒤에 이들은 거부당하고 소외당하고 다시 한 번 무력한 처지로 돌아가야 했다. 따라서 권력과 지위는 전직 소년병에게 의미심장하고도 복잡한 의미를 내포했다. 또 성인에 의해 납치, 상하질서, 학대를 경험한 만큼 성인을 불신하고 증오하며 외부인을 극도로 경계하는 듯했다.

이 연구는 민감한 성격상 권력 개념이 더더욱 강조될 수밖에 없었다. 민감한 연구 주제는 "연구 참가자에게 중대한 위협을 가할 수 있으며 연구 자료의 수집, 보유, 유포에 영향을 미칠 수 있는 주제"로 정의할 수 있다.[8] 민감한 주제를 다루다 보면 매우 사적이고 중요한 경험을 들여다보게 되며, 연구 대상은 이러한 경험이 오용되기를 바라지 않는다. 민감한 연구를 수행할 때는 연구 대상이 죄책감, 수치심, 당혹감을 비롯한 심리적 · 사회적 부담을 떠안을 수도 있다. 중요한 사실은 연구의 민감한 성격이 정식화, 방법론 설계, 구현, 유포에 이르기까지 연구 과정의 각 단계에 영향을 미칠 수 있다는 것이다.[9] 이 연구를 진행하면서 연구진은 참가자들이 자신의 이야기를 털어놓는 것이 고통스러울 수 있음을, 또한 이로 인해 심리적 상처를 입을 수 있음을 똑똑히 알고 있었다.

소년병을 둘러싼 편협한 이미지와 담론에 이의를 제기하고 전쟁의 소용돌이에 휘말린 아동의 다양한 처지를 인식하려면 RUF의 폭력 문화에서 아동이 어떤 관점과 경험을 가졌는지 이해해야 하지만, 이는 심각한 결과를 가져올 수 있다. 참가자들은 전쟁과 폭력에 대해 마음의 상처를 주거나 고통스러울 수 있는 상황을 이야기하라는 요청을 받았으며, 이는 다양한 수준의 스트레스를 일으킬 수도 있었다. 전쟁의 상처와 전쟁에서 입은 피해로 여전히 고통받는 아동은 당시의 일을 자세히 증언하는 것에 심한 불안을 느낄 수 있었다. 전쟁 중에 겪은 신체적 · 심리적 · 성적 폭력에서 이제 막 벗어나려는 사람에게 옛 상처를 드러내 보이라고 요구하는 꼴이기 때문이다. 참가자들이 자신의 경험을 공공연히 이야기하는 것에 불편함과 불안을 느끼거나 자신의 이야기가 공개되어 보복을 당할까 봐 두려워할 수도 있었다. 참가자들은 폭력에 직접 가담한 사실을 털어놓았다가 사회적으로 낙인찍히거나 편견에 시달릴까 봐 우려하기도 했다.

이 다양한 문제들은 끊임없이 돌보고 주시하고 어루만져야 할 "윤리적 지뢰밭"[10]이었다. 이 연구에서 면접과 소집단 토론에 참가한 아동 중 상당수가 일종의 카타르시스를 느낀 것은 사실이지만, 현장 조사를 할 때는 참가자의 안전과 심리적 안녕감이 위협받지 않도록 연구의 윤리적 측면에 면밀한 주의를 기울이고 연구가 끝난 뒤에도 모든 응답자를 방문해 비공식적으로 의견을 나누어야 한다.

하지만 연구자와 연구 대상의 관계가 그보다 더 복잡하고 변증법적임을 입증하듯, 연구를 진행하다 보니 권력관계에 점차 변화가 일어났다. 연구 참가자들은 연구진에게 요구하기 시작했으며 답변을 거부하기도 했다. 아래에서 보듯 우리만 그런 것은 아니었다.

제3세계에 대한 …… 연구가 착취적일 수밖에 없다는 …… 생각의 문제는…… 제3세계 사람들에게 권력이 전혀 없다고 잘못 가정하는 것이다. 연구자가 연구 과정에서 전권을 휘두르는 경우는 드물다. 이를테면 응답자는 연구자에게 정보를 숨기거나 협조하지 않거나 질문에 대답하기를 거부함으로써 통제권을 행사할 수 있다.[11]

마찬가지로 아동을 연구할 때 연구자와 연구 대상의 관계를 '성인은 전능하다'는 식으로 개념화하는 것은 지나치게 단순한 논리라는 주장이 있다.[12] 아동은 "아동기의 일상 공간에 대한 전문가이기 때문에, 이에 대한 경험이 없는 성인은 '초짜'나 무능력한 어른이기 십상"이기 때문이다.[13] 이 점에서 연구자와 연구 대상의 권력관계는, 대상이 아동이든 성인이든 결코 고정되었거나 균등하지 않다. 그보다는 유동적이고 협상 가능하고 예측 불가능하며 무수히 다른 정체성과 권력이 어우러짐에 따라 끊임없이 변화하는 쪽에 가깝다.[14] 어떤 연구자는 억압자(연구자)와 피억압자(참가자)의 엄격한 구분에 이의를 제기하고, 권력이 변화하고 다중적이고 교차한다고 가정하는 틀[15]을 비판적으로 받아들일 것을 권고하기도 한다.[16]

권력은 하향식일 뿐 아니라 연구 관계와 연구 과정의 전 영역에 분산된 것으로 이해된다. 이렇게 생각을 바꾸면 연구자는 참가자를 행위 주체로 간주함으로써 '제3세계'가 종속적이고 연구 대상이 무력하고 연구자가 전능하다는 고정관념에서 벗어날 수 있거니와, 그러면서도 연구자와 참가자 사이의 차이와 불평등을 인식할 수 있다.[17]

권력의 미묘하고도 유동적인 성격을 감안할 때, 우리에게 필요한 방법론적 접근법은 자신의 발전을 추구하는 적극적 참여자이자 자신의 삶에 대한 전문가인 아동에게 권력과 지위가 내재하고 있음을 인정하는 것이었다. 연구, 특히 아동 연구에서 성찰적·협력적·참여적 접근법은 권력 불균형과 윤리적 우려를 가라앉히고 아동을 적극적 시민으로 대접할 뿐 아니라 신뢰성과 타당성을 높일 수 있을 것이다. 이와 마찬가지로 "주제넘지 않고 도발적이지 않고 참여적인 방법을 쓰면 …… 윤리 문제와 연구자와 연구 대상의 권력 불균형을 줄이는 데 한 걸음 다가설 수 있"다.[18] "아동의 사회적 관계와 문화가 그 자체로 연구 가치가 있다면, 이들의 삶을 연구하기에 아동 자신보다 적합한 사람이 어디 있겠는"가?[19] 아동을 연구에 직접 참여시키면 "아동을 침묵과 배제에서 구해낼 수 있으며 피동적 대상으로 전락하는 것을 막을 수 있"다.[20] 게다가 아동, 특히 불우한 아동이 직접 연구를 하다 보면 "자신의 불우한 처지를 이겨낼 기술과 자신감, 결단력을 (성인이 자신을 대신해 연구할 때보다) 더 많이 얻을 수 있"다.[21] 시에라리온 소년병의 만들기와 되돌리기 경험을 연구하면서 참여적 접근법을 채택한 것은 이런 취지에서다.

역사적으로 아동 연구의 성격에 중요한 영향을 미친 계발적·교육적 연구는 아동을 피동적 연구 대상이나 골칫거리, 연약하고 무력한 존재로 가정했다.[22] 이 지배적인 사회적 담론이 뜻하는 바는 "우리 문화에서는 아동의 말을 들을 때 항상 성인의 관점과 관심사로 걸러 듣는다"라는 것이다.[23] 이 같은 담론에 이의를 제기하고 시에라리온 전직 소년병의 고유한 지식과 경험을 활용하기 위해, 내전 당시에 RUF에 몸담았던 청소년 20명을 협력자 겸 연구자로 참여시켰다. 성인 연구진은 청소년 연구자들이 연구를 풍성하게 하고 자료의 질을 높이리라 확신했으며 이 연구가 이들에게 교육적이고 힘이 되기를 바랐다.

전쟁의 상처를 입은 아동을 일상적으로 접촉하던 국제아동보호 시에라리온 지부(이하 DCISL)와 '양심의 법정'(이하 FoC)에서 관심과 열정이 뚜렷한 청소년 연구자들을 선발했다.*

---

* 청소년 연구자들에게는 연구를 도와준 대가로 장학금을 지급하거나 장래에 도움이 되도록 연구 방법을 훈련시켰다.

소년병과 그들 부모에게
직접 듣다

전체 연구진은 시에라리온 연구자와 캐나다 연구자로 구성되었다. 시에라리온에서는 현지 비정부기구인 DCISL와 FoC에 소속된 성인 8명(남성 5명, 여성 3명)과 청소년 연구자 12명(소년 6명, 소녀 6명)이 참여했다. 캐나다에서는 내가 수석 연구자를 맡고 오타와 대학의 리처드 매클루어 박사가 참여했다. 성인 및 청소년 연구진과 공식적인 사전 훈련과 워크숍을 진행하면서 연구 목표, 면접 기법(동료 면접을 통해), 면접과 소집단 토론에서 자기를 표현하는 법, 면접에서 고려해야 할 성차性差와 문화, 정보에 의거한 동의와 비밀 유지 및 익명성을 비롯한 윤리적 문제, 연구자가 현장에서 맞닥뜨릴 수 있는 어려움 등을 중점적으로 다루었다. 연구자들은 훈련의 일환으로 면접과 소집단 토론을 모의로 실시하며 기법을 다듬었다. 준비 및 사전 훈련을 폭넓게 실시한 뒤에도 훈련은 계속되었으며 연구진은 연구와 현장 조사에서 만나는 어려움에 대해 연구 내내 마음을 열고 대화와 논의를 진행했다.

연구에 참가할 전직 소년병을 고르는 과정에서는 전쟁의 상처를 입은 아동과 일상적으로 접촉하고 있던 DCISL과 FoC의 도움을 받았다.[*] 두 단체 연구자들은 시에라리온 각지에서 자신들이 정기적으로 접촉하던 아동 76명(소년 36명, 소녀 40명)을 목적에 맞게 선발했다.

참가자는 18세가 되기 전에 시에라리온 군대나 무장단체에 (강제로든 자발적으로든) 연루된 적이 있어야 했다. 군대나 무장단체에 얼마나 오래 몸담았는지, 그곳에서 어떤 구실을 했는지는 조건을 달지 않았다. 현장 조사가 시작된 2003년 당시에 모든 참가자는 14~21세였으며 RUF에 가담한 경험이 있었다.[**] 다들 매우 어릴 때(4~13세) RUF에 모집되었으며, 대부분 적대 행위가 끝났을 때 18세 미만이었다. 소녀 40명과 소년 36명 모두 RUF에 납치되었으며 몇 개월에서 8년까지 이들의 통제하에 지냈다.

아동 응답자에게 수집한 자료를 보완하기 위해 72명을 대상으로 추가 면접과 소집단 토론을 실시했다. 면접 참가자 40명은 시에라리온 정부, 후원 기관, 현지 지도자, 성인 전직 전투원을 비롯한 이해 당사

---

[*] DCISL 연구자들은 연구 과정의 모든 단계에 참여했다. FoC 연구자들은 북부와 남부 지역에서 참가자를 모집하고 자료를 수집하고 녹취하고 번역하는 데 주로 참여했다.

[**] 목적을 고려한 표본추출 과정을 거쳐 아동 80명이 최종 선발되었다. 소녀 40명은 모두 RUF 출신이며 소년 40명 중에서 36명은 RUF 출신이고 4명은 CDF 출신이다. RUF 출신 소년병이 대다수여서 RUF 소년병의 경험에 초점을 맞추는 것이 타당할 것 같았다. 그래서 CDF에 몸담은 소년 4명에게 수집한 자료는 일반적인 배경 정보로만 쓰고 자료 분석에는 포함하지 않았다.

자였으며 소집단 토론 참가자 32명은 전직 소년병의 부모와 보호자였다. 추가 면접과 소집단 토론을 통해 아동 응답자와의 면접을 개선하고 보완할 수 있었으며 분쟁, 아동의 역할, 전쟁 뒤 전직 소년병의 심리사회적 요구를 지역사회와 가족이 어떻게 바라보는지에 대해 배경지식을 얻을 수 있었다.

연구 참가자를 모집하는 일이 쉽지 않을 때도 있었으며 몇 명은 정중하게 거절 의사를 밝히기도 했다. 내전이 끝난 지 얼마 되지 않은 상황에서 전쟁 경험에 대한 질문을 받기가 껄끄러웠을 것이다. 전쟁 경험이 지역사회에서의 인간관계에 타격을 입히고 자신과 남에 대한 신뢰를 깨뜨릴 수도 있다.[24] "밀고자로서든 밀고를 당한 사람으로서든, 피해자로서든 가해자로서든, 잘못을 행한 자로서든 잘못을 당한 사람으로서든 친구, 이웃, 친척"[25]에 대해 모순적인 감정을 표출할 수 있으며 낯선 사람이나 외국인을 대할 때는 더욱 혼란스러워할 수 있다. 이와 더불어, 우리가 연구 참가자를 모집하고 있을 무렵에 시에라리온 TRC가 전국을 돌며 증언을 수집하고 있었다. 어떤 사람들은 우리 연구자들이 TRC와 손잡고 있으며 면접 때 발설한 정보가 TRC나 특별법정에 흘러들까 봐 입을 꾹 다물기도 했다. 상당수 아동도 처벌을 받을까 봐 두려움에 떨었다. 카마조르 사령관과 국방부 차관을 지낸 새뮤얼 힝가 노먼이 특별법정에 소환되자 두려움은 더욱 커졌다. 사람들은 노먼처럼 힘 있는 사람도 법정에 서는데 자기 같은 사람을 잡아넣는 것은 식은 죽 먹기일 거라고 말했다. 게다가 대부분의 참가 대상자는 TRC와 특별법정이 한통속이라고 생각했기 때문에, 우리는 연구에서 얻은 정보에 대해 비밀과 익명성을 지키고 연구 목적으로만 쓸 것임을 재확인하는 것과 더불어 연구진이 TRC나 특별법정과 아무 관계가 없음을 분명히 밝혀야 했다.

청소년 연구자들이 참가자 평가와 모집에 관여한 것이 우리에게는 큰 힘이 되었다. 어떤 아동은 처음에 성인 연구자를 만났을 때는 연구에 참가하기를 꺼렸지만 청소년 연구자들이 자기도 RUF에 몸담았다고 밝히면서 연구 목적을 알려주고 정보에 의거한 동의와 비밀 및 익명성 유지에 대해 설명했더니 두려움이 가라앉았으며, 연구의 개요를 소개받은 뒤에는 상당수가 참여에 동의했다.

참가율을 결정한 또 다른 요인은 지역사회와 연구진 사이의 신뢰였다. 연구진이 지역사회에 잘 알려지지 않은 경우에는 지역사회에서 신망받는 인사가 주민에게 연구진을 소개하도록 했다. 연구 참가자를 모집하고 현장 조사를 성공적으로 완수하는 데는 복지 담당자, 지역 공무원, 일반 주민의 도움이 컸다.

일대일 심층 면접과 소집단 토론

우리는 연구의 민감한 성격을 반영하면서도 아동의 무력충돌 경험에 존재하는 다양한 관점과 의미를 포착하는 질문 기법을 찾아야 했다. 질문지처럼 미리 준비한 수단으로는 전쟁 경험의 진정한 성격이나 전쟁으로 인한 피해의 의미를 제대로 파악하기가 여간 어렵지 않으며,

그보다는 전쟁 당시와 이후의 가변적이고 모호하고 아리송한 성격에 주의를 기울여야 하는데 이를 위해서는 정성적定性的(질적) 접근법이 제격이다.[26] 그래서 이번 연구에서는 심층적 자유 면접과 소집단 토론을 자료 수집의 주요 수단으로 삼았다. 아동의 전쟁 당시와 이후 증언과 경험을 수집하려면 아동과 친밀한 관계를 맺을 수 있는 일대일 면접이 안성맞춤이었다. 소집단 토론은 비밀과 익명성을 보장할 수 없었지만 내전 이후의 소년병 정책과 사업에 대한 아동의 생각을 알아보는 데 적합했다.

연구 방법을 설계하는 데는 전 연구진이 참여했다. 면접 지침을 마련하고 소집단 토론에서 던질 질문을 정하는 데는 청소년 연구자들의 도움이 컸다. 이들은 머리를 맞대고 연구 목적에 맞는 질문거리를 구상하고 부적절한 질문이나 참가자가 이해하지 못하거나 오해할 만한 질문을 가려내는 데 톡톡히 한몫했다.

사전 훈련과 워크숍이 끝난 뒤에 2003년 5월부터 2004년 2월까지 전 연구진이 현장 조사에 투입되었다. 성인 연구자와 청소년 연구자가 함께 다니면서 소녀 40명과 소년 36명을 대상으로 면접과 소집단 토론을 진행했다. 성인 연구자가 일대일 면접을 진행한 뒤에는 대개 청소년 연구자가 소집단 토론을 이끌었다.

일대일 면접은 대부분 두 번 했으며 때에 따라 세 번 하기도 했다. 1차 면접은 성인 시에라리온인 연구자가 준準자유semi-structured(질문을 미리 준비하되 상황에 따라 융통성을 발휘하는 면접 방법_옮긴이) 방식으로 토착어(크리오어, 멘데어, 템네어, 림바어)로 실시했다. 대화는 참가자의 허락하에 녹취해 영어로 번역했다. 1차 면접 결과는 전쟁 이전에 아동이 살아온 생활과 가족 관계, RUF에 모집될 당시의 상황, 반군에서 겪은 경험을 조사하는 사전 정보로 이용되었다. 몇 달 뒤에 2차 일대일 면접을 진행했다. 2차 면접은 1차 면접에서 다룬 주제를 더 깊이 들여다보고 새로운 주제를 탐구했으며 1차와 마찬가지로 녹취해 번역했다. 첫 현장 조사가 끝난 지 몇 년이 지난 2008년에 일부 참가자와 3차 면접을 실시했다. 후속 정보와 장기간에 걸친 경험을 조사하고 시간에 따른 관점 변화를 파악하기 위해서였다.* 아동 3, 4명이 참가한 소집단 토론은 2003년과 2004년에 청소년 연구자들이 크리오어로 진행했으며 면접에 참가한 76명을 대상으로 했다.

소집단 토론의 목적은 전직 소년병의 사회복귀 경험과 심리사회적 요구를 살펴보고 이들 스스로가 무엇이 자신의 행복과 치유에 중요하다고 생각하는지, 이것을 어떻게 달성할 수 있을지 이야기를 듣는 것이다. 소집단 토론은 아동과 연구를 진행할 때 특히 유용하다고 한다. "소집단 토론에서는 아동이 자신의 의제를 정할 수 있으며 자신의 삶과 사회적 세계에 대한 아동의 증언 속에 연구 주제를 녹여 넣을 수 있"기 때문이다.[27] 청소년 연구자가 아동 소집단 토론을 이끌도록 한 것은 비슷한 일을 겪은 청소년 앞에서라면 자신의 전후戰後 경험과 요구를 더 편하게 털어놓으리라 기대했기 때문이다. 소집단 토

---

* 대부분의 경우 3차 면접 때는 응답자를 찾을 수 없었다. 두 번의 면접에 참가한 아동들이 이제는 그 마을에 살지 않았기 때문이다. 안타깝게도 마지막 면접 이후에 참가자 세 명이 유명을 달리했다는 소식을 들었다.

론 진행자 중에는 성인이 참석하게 해달라고—말 없이 참관만 하더라도—요청한 사람들도 있었지만 대부분은 청소년 연구자 혼자서 토론을 진행했다. 소녀 집단은 여성이, 소년 집단은 남성이 토론을 진행하도록 성별에 따라 소집단을 나누었다. 면접 때와 마찬가지로 소집단 토론은 모두 참가자의 허락하에 녹취해 영어로 번역했다. 소집단 토론이 끝나면 성인 연구진이 청소년 연구자로부터 토론에 대한 느낌과 생각을 들었다.

피해자라는 자기 고백, 기소의 두려움

자기 보고self-report 데이터가 늘 그렇듯—특히 아동이 경험하고 참여한 폭력적 사건의 경우—아동이 참여하는 면접과 소집단 토론은 사건을 어떻게 기억하는지, 개인적 정보를 얼마나 기꺼이 공개하고 싶어 하는지에 따라 결과가 천차만별이었다. 내전을 겪은 시에라리온에서는 낙인찍히는 것에 대한 두려움, 특별법정에 설지도 모른다는 우려, TRC 조사에 대한 불안 때문에 아동이 자신의 경험, 특히 폭력에 적극적으로 가담한 경험을 속 시원하게 털어놓기 힘들었을 것이다. 전쟁이 끝나고도 한참 뒤인 2008년에 3차 면접을 했을 때에도 일부 참가자는 특별법정에 기소될까 봐 두려워했다. 물론 참가자들은 아동이나 소년병이 특별법정에 불려간 사례가 없다는 것을 잘 알고 있었다. 하지만 자신이 완전히 '안전'하지는 않다고 생각했기 때문에 전투원 경력을 여전히 숨기려 들었다.

아동이 증언을 꾸미거나 과장했을 가능성도 배제할 수 없다. 특히 자신이 피해자라는 것을 강조했을 수 있다. 자신이 무기력하고 의존적이고 피해자였다는 것을 외부인과 인도주의 구호단체에 강조하면 구호와 지원을 받는 데 도움이 된다는 것을 알았을 테니까 말이다.[28] 연구진이 현지 비정부기구 운동가와, 비정부기구와 긴밀한 협력 관계에 있는 외국인으로 구성되었기 때문에, 연구 초기 단계에는 사람들이 연구진을 잠재적 후원자로 본다는 문제가 있었다.

RUF에 모집된 과정에 대한 설명이 아동마다 천편일률적이었던 탓에(강압과 납치) 이 말을 믿어도 되는지 우려가 제기되었다. 아동이 자신을 '피해자'로 내세우고 싶어 하고 RUF에 몸담았던 아동은 비난을 두려워했으므로, 일부 아동이 적대 행위에 참여한 과정을 솔직히 이야기하려 하지 않은 것은 당연한 일이다. 하지만 많은 응답자는 전쟁 중에 자신이 저지른 잔학 행위를 공공연히 털어놓았다. 내전 중에 폭력 행위에 가담한 것을 비롯하여 아동이 과거의 경험을 솔직히 말한 것을 보면, RUF에 몸담게 된 과정에 대해서도 (전부는 아니더라도) 대부분 진실을 이야기했으리라 판단된다.

참가자의 자기 고백에 오류도 있겠지만, 이럴 위험성을 최소화하고 이들의 개인적 회상에 신빙성을 부여하는 여러 안전장치를 마련했다. 연구진은 참가자들을 조사하는 과정에서 신뢰와 우정의 관계를 쌓았다. 게다가 비정부기구가 지역사회와 끈끈한 유대 관계를 맺고 아동 권리의 보호자로 인정받았으며, 연구자가 아동의 증언에 대한 배경과 맥락을 전반적으로 이해하고 있던 것도 도움이 되었다. 이런 관계를 맺은 덕에, 시간이 지나면서 아동은 깊숙한 속내를 드러냈다. 게다가 참가자들은 면접이 없을 때에도 연구진의 현지 사무실에 들러 시간을 보냈으며 현장 조사가 끝난 뒤에도 종종 찾아왔다. 이 덕분에 연구진은 아동의 이야기를 비공식적으로 듣고 이들에게 신뢰를 얻을 수 있었을 뿐 아니라 잠재적 후원자를 넘어선 관계를 맺을 수 있었다.

증언의 신빙성을 높인 요인은 이것만이 아니었다. 시간을 두고 참가자의 증언을 살펴보고 이야기 속에 모순이 없는지 확인하기 위해 참가자를 비공식 방문하고 연구 중에 비공식 면담을 여러 차례 했다. 여건이 허락할 경우 마을 주민과 가족, 지방 관공서를 통해 증언이 사실인지 확인했는데, 이들의 의견은 증언의 진실성을 확인하는 데 결정적인 뒷받침이 되었다.

하지만 전직 전투원을 면접할 때 형식을 갖춘 녹음 방식을 이용하는 것에 대한 비판 의견도 있다. 이런 상황에서는 피면접자가 행위 주체로서의 모습을 좀처럼 드러내지 않으며, 이 방법을 직접 써본 연구자 말로는 "모든 피면접자는⋯⋯ 피해자라는 틀을 미리 정해놓고 거기에 자신을 끼워맞추었"다고 한다.[29] 이 연구에서 아동이 자신의 경험과 지위를 분명히 전쟁 피해자로 표현했다는 것은 의심할 여지가 없다. 하지만 이후 장에서 보듯 상당수 응답자는 자신의 책임, RUF에 대한 헌신과 동일시를 솔직히 드러내고 RUF의 잔학 행위에 적극적으로 가담했음을 공공연히 털어놓았다. 이럴 수 있었던 것은 연구가 장기적으로 이루어졌고 참가자들이 연구진과 오랫동안 교류한 덕에 준자유 면접의 한계를 넘어섰기 때문일 것이다. 준자유 면접을 비판한 연구자도 이렇게 말한 바 있다.

아동과 청소년이 내전에 가담한 개인적 동기와 집단적 경향을 깊이 이해하려면 연구 대상과 오랫동안 개인적 친분을 쌓아야 한다. …… 몇 달이 지나 신뢰가 깊어지자 일부 청소년은 예전보다 솔직하게 자신의 경험을 털어놓았다. 가장 중요한 변수는 시간이었다.[30]

참가자들의 증언을 시에라리온의 모든 소년병이나 RUF와 가담한 모든 소년병으로 일반화하기에는 자료의 한계가 있다. 우리가 수집한 증언과 경험은 전쟁에서 살아남아 자신의 경험을 기꺼이 들려주고자 한 사람들의 것뿐이다. 참가자들은 자신의 삶과 경험을 털어놓으면서 엄청난 위험을 감수했다. 어떤 참가자들은 전투원 경력이나 폭력에 가담했던 과거를 가장 가까운 사람을 제외하면 누구에게도 발설한 적이 없었다. 상당수 참가자들은 주위 사람들에게 자신이 강제로 전쟁에 빠져든 것이며 폭력에 가담하지 않았다고 말했다. 심지어 소외되거나 배척당할까 봐 가장 가까운 친구나 가족, 애인에게조차 이 사실을 숨긴 참가자도 있었다. 그런데도 이 사람들이 이 연구에 참가하기로 마음먹은 것은 경험을 털어놓는 것이 자신에게 이익이 되고 카타르시스를 줄 거라고 생각했기 때문이다. 이를테면 한 소녀 참가자는 연구에 참여하는 것이 자신에게 정서적으로나 심리적으로 도움이 될 것 같다고 밝혔다.

공통점을 찾다

자료 수집을 끝내자 소년병이 자신의 경험에 어떤 의미와 중요성을 부여하는지 파악하기 위해 면접과 소집단 토론 녹취록을 꼼꼼히 읽고 주석을 부기하는 일이 남았다.[31] 취합된 녹취록이 수백 쪽에 달했으니 엄청난 고역이었다. 1차 귀납적 분석은 캐나다에서 했다. 귀납법을 쓴 이유는 참가자의 목소리와 시각을 분석의 중심에 놓고 아동의 경험을 있는 그대로 담아내기 위해서였다.[32] 아동의 증언에 공통되는 주제를 찾아내어 원고마다 소제목을 달았다. 1차 분석이 끝나자 정성적 분석 소프트웨어를 이용해 녹취록을 주제에 따라 재분류했다.

인지적·시각적 지도[33]로 나타낸 주제별 분석을 가지고 시에라리온에서 며칠 동안 심층적인 토론, 대화, 논쟁을 거쳐 경험과 관점의 유형을 폭넓게 파악했다. 청소년 연구자들은 연구자로서 자료를 비판적으로 검토하고 해석했을 뿐 아니라 전직 소년병으로서 자신의 개인적 경험을 들려주었다. 이러한 귀납적 분석 과정을 통해 아동이 폭력의 문화와 무력충돌의 세계에 발을 디뎠다가 결국 무장단체에서 벗어나는 공통된 단계를 파악했다. 분석에 따르면 군사화와 탈군사화의 점진적 과정은 전혀 획일적이지 않았지만, 아동이 무장단체에 사회화될 때 구조적 힘이 작용한다는 사실과 이들이 소년병으로 행동할 때 개인의 행위가 얼마나 영향을 미치는지 규명할 수 있었다.

연구 마지막 단계에서는 청소년 연구자와 연구 참가자들이 프리타운의 지역사회 회의에 참가하여 시에라리온 지역사회 관계자들 앞에서 발표와 토론, 내전 경험을 소재로 한 연극과 음악 공연을 통해 연구 결과를 공유했다. 회의가 끝난 뒤에 청소년 연구자와 연구 참가자들은 연구 결과를 토대로 정책과 사업을 수립하기 위한 세미나에도 적극적으로 참여했다. 마지막 세미나에서는 시민사회, 정부, 국제 후원 단체 대표가 참석한 가운데 포럼을 열어 연구 결과를 검토·논의하고 정책·사업 권고안을 제시했다.

정체성을 찾고
카타르시스를 느끼다

연구에 아동을 참여시킨 다른 사례에서 보듯[34] 청소년에게 소집단 토론을 이끌도록 한 것은 서로에게 도움이 되는 방법이었다. 이는 현장조사에서 수집한 구두 증언에 깊이를 더하고, 피해자로 또는 가해자로 또는 폭력에 대한 저항자로 내전에 몸담은 아동을 바라보는 시선을 바로잡는 데 큰 효과가 있었다. 소집단 토론 진행자들은 예민한 감각과 직관을 발휘해 아동 참가자들의 말과 몸짓에서 나타나는 단서를 읽어냈다. 참가자들이 입을 꼭 다물고 말을 하지 않으려 들면 유머 감각과 공감 능력을 발휘하고, 무엇보다 전쟁터에서 겪은 자신의 이야기를 들려주며 불안감을 달랬다. 연구자와 연구 대상의 관계에 내재하는 권력 불균형을 최소화하려고 솔직하게 노력한 덕에, 청소년 연구자들은 참가자들과 신뢰를 다지고 전쟁을 겪은 솔직한 증언을 이끌어낼 수 있었다. 소집단 토론 진행자들은 다양한 경험을 전해주었다.

소집단 토론에 참가한 여자아이 하나는 수줍음을 아주 많이 탔어요. …… 입을 떼지도 못할 정도였죠. 저는 말을 시키려고 여러모로 애썼어요. 저도 똑같은 일을 겪었다고 말했죠. 제게 일어난 일, 엄마 아빠와 떨어진 일, 반군과 함께 있던 일, 강간을 당한 일도 들려주었어요. 그랬더니 입을 열기 시작했어요.(여자 소집단 토론 진행자)

결과 발표 때 소집단 토론 진행자들의 이야기를 들어보니, 이들이 연구에 도움을 주었을 뿐 아니라 다른 한편으로 연구 참여 또한 이들에게 정체성과 목적의식을 불어넣었다. 모두들 소집단의 또래들과 대화를 나누고 연구진과 의견을 교환하면서 많은 것을 배웠다고 했다. 이 경험은 고립되고 사회에서 배제되었다는 느낌을 잠시나마 덜어주었다. 연구 참여는 우정을 쌓고 지도자 역할을 맡을 기회가 되었다. 한 소집단 토론 진행자는 이들의 공통된 정서를 이렇게 표현했다.

다른 여자애들과 생각을 나누는 일이 즐거웠어요. …… 자기네 처지를 어떻게 생각하느냐고 저에게 물으면 최대한 신경 써서 조언을 해주었어요. 제가 생각해도 훌륭한 진행자였던 것 같아요.(여자 소집단 토론 진행자)

앞의 인용문에 드러난 자부심과 지도자로서의 자질은 본 연구가 거둔 가장 뿌듯한 결실이다. 하지만 연구진은 전쟁을 겪은 아동이 전쟁 경험을 이야기하도록 하는 데는—특히 또래가 진행하는 집단 토론에서라면—한계와 위험이 있음을 잊지 않았다. 자료 수집 단계에 아동의 참여는 소집단 토론을 이끄는 것에 머물렀다. 게다가 아동의 연구 참여에 크나큰 가능성이 있는 것은 분명하지만, 거리 문제(저자가 시에라리온인이 아니라 캐나다인이다), 제안서 제출 조건(연구비를 조달하려면 미리 정해진 연구 주제를 따라야 했다), 시간 제약(정해진 기간 안에 연구를 끝내야 한다는 계약 의무) 등으로 인해 청소년 참가자들이 처음부터 '주인 의식'을 가지기가 어려웠다. 면접과 소집단 토론 녹취록의 사전 분석을 캐나다 연구진이 맡은 것도 비슷한 이유에서다.● 하지만 시민사회, 정부, 국제 후원 단체 대표가 참석한 가운데 포럼을 열어 연구 결과를 검토·논의하고 정책·사업 권고안을 제시하는 과정에서 이러한 한계를 어느 정도 극복할 수 있었다.

연구하는 내내 연구진은 참가자들이 사회적·심리적 위험에 처할 수 있음을 잘 알고 있었다. 내전 이후 시에라리온에서는 정서 불안이 일상이 되었기 때문에, 연구를 비롯한 외부 개입에 아동을 참여시킬 때마다 이 위험을 감안해야 한다. 하지만 위험을 솔직히 인정하고 마음의 상처를 끄집어낼 때의 악영향을 최소화하는 방법을 생각해보니, 장기적으로 보면 아동을 연구에 대등하게 동참시킬 경우의 장점이 잠

● 가공하지 않은 녹취록은 분량이 많기 때문에(수백 쪽이나 된다) 다른 방법으로는 제시간에 효율적으로 처리할 수 없었다.

재적 한계와 단점을 훨씬 앞지를 것 같았다.

4~6장에서는 소년병 만들기와 되돌리기, 폭력과 무력충돌에 가담하고 벗어나는 과정을 중점적으로 다룬다. 우리의 목표는 소년 소녀의 목소리를 그대로 들려주어 이들의 경험과 관점을 독자에게 전달하는 것이다. 하지만 아동의 경험을 글로 옮기는 것은 전쟁 당시와 이후의 삶을 하찮은 사건으로 전락시키고 관음증적, 심지어 재난 포르노적 상황을 만들어낼 위험이 있다. 우리는 서구의 학술 문헌을 만들어내기 위해 소외된 아동의 목소리를 이용하는 것이 부적절하다는 라이언스의 우려[35]에 동의하지만, 스타시울리스가 '진짜 목소리authentic voice'에 대한 반反실재론적 입장을 내세우며 솔직함을 옹호했다는 것도 잘 알고 있다.[36] 게다가 혼와나가 말하듯 "정보 제공자가 전쟁 이야기를 말하는 과정에서 그 나름의 행위를 한다는 것을 인정해야 한다. 상황에 제약이 있을 수밖에 없지만, 이들은 자신이 어떤 메시지를 세상에 전달할 것인지, 어떻게 전달할 것인지 선택할 수 있"다.[37] 이 같은 제약을 고려해 전직 소년병의 목소리를 드러내고 전달하면서도 존엄과 다양성을 유지할 수 있도록 노력했다.

4장

RUF 되기 혹은
소년병 만들기

© Gregoire Pourtier

[RUF가] 염소를 빼앗는 걸 막다가 흠씬 두들겨 맞고 팔다리가 잘린 남자가 있었어요. 겁주려고 한 팔을 잘랐는데도 계속 반항하니까 나머지 팔까지 자른 거예요. 그 장면을 보니 욕지기가 치밀었어요. 정말 무서웠어요. 하루 종일 먹지도 못하고 밤에는 열까지 올랐어요. 다른 병사들이 저지른 잔인하고 무시무시한 만행 때문에 슬프고 두려웠어요. 앞으로 나도 무슨 일을 당할지 모르겠구나, 하는 생각이 들었죠. 어려운 상황이니 참고 견디는 수밖에 없다는 걸 알았어요. …… 입 닫고 무심한 체했어요. 언제나 본모습을 숨기고 살았어요.(소년)

본인은 청소년을 출발점으로 삼는다. 우리 장년은 기력이 바닥났다. …… 우리는 골수까지 썩었다. 우리에게는 고삐 풀린 본능이 남아 있지 않다. …… 하지만 훌륭한 젊은이들이여! 세상에 이보다 더 멋진 사람들이 있을까? …… 이 청년과 소년을 보라! 얼마나 훌륭한 재료인가! 이들과 함께라면 새 세상을 만들 수 있다.[1]

반군이 마을을 공격해서 부모님과 헤어졌어요. …… 도망치려 하면 죽이겠다고 협박했어요. 죽기 싫어서 반군에 합류했죠. 온갖 무기를 든 무서운 사람들과 함께 있는 게 두려웠어요. …… 엄마도 아빠도 형제도 없었어요. …… 태어나서 처음으로 혼자가 되었어요.[2]

RUF의 소년병 만들기는 오랜 시간에 걸쳐 점진적으로 진행된 복잡하고 다면적인 과정이다. 이 장에서는 RUF 군사화 과정이 시작된 중요한 배경과 더불어, 혼란에 빠진 아동을 RUF에 복종하는 병사로 탈바꿈시킨 수단을 살펴본다. 참가자의 증언을 토대로 소년 소녀의 모집과 군사화 훈련을 들여다본다. 또한 연대와 단결, 역할 배정, 보상과 진급 등 아동이 RUF의 공식적·비공식적 문화에 순응하고 애착을 느끼도록 하기 위해 사용한 여러 장치와 전략을 파헤친다. 그리고 아동을 폭력과 무력충돌의 군사화된 세계에 끌어들이는 장치와 전략, 전체 과정을 이해하기 위해 이를 더 큰 맥락에서 들여다본다. 마지막 절에서는 RUF 지휘부가 폭넓은 구조적·역사적 조건을 토대로 삼아 결국 뿌리 깊은 폭력 문화를 생산하고 재생산한 과정을 살펴본다. 이 폭력의 문화는 아동의 'RUF 되기'를 이해하는 열쇠다.

폭력과 무력충돌에
익숙해지기까지

시에라리온 사회가 점차 군사화되면서 전쟁에 시달리고 치안이 불안
해지자 아동은 반군에 납치되기 전부터 군사화와 신변 불안을 겪어
야 했다. 하지만 가족과 지역사회에서 폭력적으로 분리되어 RUF에
강제로 몸담게 되었을 때 신변 불안과 군사화가 극단으로 치달은 것
이 분명했다.

거부할 수 없는 계기, 납치

면접 참가자는 모두 납치를 계기로 폭력과 무력충돌에 들어서게 되었
다고 밝혔다. 다음 증언에서 분명히 알 수 있듯이 아동이 납치를 피할

기회는 거의 없었다.

반군이 수없이 공격을 퍼붓더니 마침내 우리 마을에서 정부 쪽 군대를 몰아냈어요. 우리는 집에 숨었어요. 총격전이 무섭게 벌어졌죠. 사람들은 정신이 나간 듯 뛰어다녔어요. 전투와 총격전이 가라앉자 반군이 우리 집에 들어와 형제들 가운데 저를 강제로 끌어냈어요. …… 누가 감히 거부할 수 있겠어요? 제정신이 아니라도 그럴 순 없죠. …… 그렇게 끌려갔어요. …… 어디로 가는지, 저를 어떻게 하려는지 알 수 없었어요. 저는 잔뜩 겁에 질려 있었어요.(소녀)

반군이 농장에 들어와서는 엄마 아빠를 붙잡아 제가 보는 앞에서 죽였어요. 엄마 아빠를 죽인 뒤에는 저보고 약탈품을 머리에 지고 자기네를 따라오라고 했어요.(소년)

저는 떡을 팔고 있었어요. 그때는 마을 사람들이 상황을 심각하게 여기지 않았어요. 반군이 식량을 챙기면 금방 돌아갈 줄 알았죠. 그래서 여느 때처럼 떡을 팔러 나갔어요. 반군 한 명이 저한테 자기네와 함께 가자고 했어요. 저는 엄마 심부름을 가는 길이라고 대답했죠. 하지만 반군은 떡을 빼앗아 먹어치우고는 저를 끌고 갔어요.(소녀)

저는 학교에 있다가 공격받아 강제로 반군에 끌려갔어요. 싫다고 말하고 싶었지만 제 다리에 총을 쏴서 어쩔 도리가 없었어요. 반군은 마치

저승사자 같았어요.(소년)

아래 참가자들은 납치된 직후에 마약을 주사 맞았다고 한다.

저는 매복 중이던 RUF에 붙잡혔어요. 다들 방마다 분산 수용되었는데, 마약을 주사할 거라고 그랬어요. 저한테 주사 놓은 사람은 자기가 의사라고 했어요. 주사를 맞으면 자기가 시키는 대로 하게 될 거라고 그랬죠. 주사를 맞았더니 몸에 열이 나고 눈이 새빨개졌어요. 어른들이 제 눈을 보고는 마약을 너무 많이 맞았다고 그러더군요. 우리를 두려워했어요.(소년)

저는 열두 살 때 붙잡혀서 인근 마을로 끌려갔어요. …… 납치되자마자 총 쏘는 법을 배웠어요. 사격 훈련이 끝나자 민간인을 데려오더니 저희한테 죽이라고 했어요. 다들 총을 쏠 수밖에 없었어요. …… 얼마 뒤에 마약을 주사 맞았어요. …… 그 뒤로는 전투에 투입된 것 말고는 별로 기억이 안 나요.(소녀)

납치는 갑작스러우면서도 엄청나게 고통스러운 전환점이었으며 삶의 방향을 근본적으로 바꾸었다.

납치된 뒤에 너무 무서웠어요. 꼼짝없이 죽는구나 싶었죠. 엄마 아빠를 다시는 못 볼 줄 알았어요. 머릿속에는 가족이 어디 있는지, 어떻게

갈 수 있을지, 하는 생각뿐이었어요.(소녀)

납치에 뒤이어, 아동을 무장단체의 명령에 종속시키는 군사화 과
정이 시작되었다. 하지만 RUF 지휘부는 만만찮은 어려움을 이겨내
야 했다. 새로 납치된 아동은 잔뜩 겁에 질렸으며 절망과 혼란에 빠
져 있었다. 게다가 RUF에 충성을 바칠 생각은 눈곱만큼도 없었다. '
운동'이 성공하려면 RUF 지휘부는 아동이 자신에게 강요된 군사화된
세상의 가치와 규범, 관행을 점차 내재화하고 받아들이도록 해야 했
다. 크렐린스틴은 고문 기술자 만들기를 주제로 한 논문에서, 군인을
훈련하는 것과 고문 기술자를 훈련하는 것이 별반 다르지 않다고 주
장한다.[3] 군인을 교육하고 준비시키는 것과 마찬가지로, 고문 기술자
를 준비시키려면 기초 훈련을 시키고, 고문 부대가 돌아가는 상하 구
조를 가르치고, 무엇보다 타인의 고통에 둔감하게 만들어야 한다.[4] 이
에 따라 RUF 지휘부는 아동이 폭력과 무력충돌에 쉽게 적응하도록
신체적·기술적·이념적 교육을 통해 아동이 RUF의 명령에 복종하도
록 만들었다.

호전성을 기르는 다양한 훈련

모든 참가자는 RUF 입회 절차의 일환으로 신체적·기술적·군사적 훈
련을 받았다고 말했다. 하지만 훈련의 내용과 수준은 천차만별이었

다. 장기전을 벌이고 있거나 적의 공격이 임박했을 때는 훈련을 수박 겉핥기로 끝냈다.

무기 다루는 법을 속성으로 배웠어요. 싸움이 한창이어서 훈련은 신속하고 집중적이었어요. 엎드려 매복하고 기면서 총알 피하는 법을 배웠어요. 권총 사격도 속전속결로 배웠어요. 표적을 세워놓고 세 번 빗맞히면 죽는 거예요. 표적을 못 맞힌 죄로 두 사람이 제 눈앞에서 처형당했어요. 저는 첫 발에 표적을 명중시켜서 '한 방에 끝'이라는 별명을 얻었어요.(소년)

저는 전방에서 쓸 특수 화기 작동법을 훈련받았어요. 삽탄하고 격발하고 연사하는 법을 배웠어요. 장거리 달리기나 바닥에 납작 엎드려 매복하기 같은 체력 훈련도 받았어요.(소녀)

하지만 장기간의 기술 훈련과 군사훈련을 받은 아동도 있었다.

보통은 탄창을 끼우고 방아쇠 당기는 법을 배워요. 오래달리기도 훈련했죠. 총기 조립하기, 장전하기, 발사하기, 적의 총탄 피하기, 사로잡은 적 무장해제하기, 매복하기도 배웠어요. 제가 처음 만진 무기는 AK-47이었어요. …… 그때 저는 아홉 살이었어요. …… 총을 다룰 줄 몰라서 바닥에 떨어뜨렸는데 저절로 발사가 되는 거예요. 여섯 달 뒤에 G3(독일제 공격용 소총_옮긴이)를 지급받아 계속 사용했어요.(소년)

사람 죽이는 법을 훈련받았어요. …… 목 따는 법을 배웠죠. …… 총 쏘는 법도 배웠어요. 아침 일찍부터 총알을 장전하고 격발하고 …… 총 기를 재빨리 분해하는 연습을 했어요. …… 사람을 쏠 때는 허리 위로 쏴야 해요. 그러면 확실하게 죽일 수 있으니까요. 겁만 주고 안 죽이려 면 하늘에 대고 쏴요. 중요한 훈련이었어요. 총알을 낭비하면 안 되니 까요.(소녀)

기술 훈련, 무기술, 폭력의 세계에 들어서는 것은 쉬운 과정이 아니 었다. 대다수 참가자들은 처음에는 무기 사용을 극도로 꺼렸다. 소녀 들의 증언을 들어보자.

공부하고 싶었어요. 총 쏘는 법은 배우고 싶지 않았어요. 제가 대단한 사람이 되었다는 느낌은 안 들었어요. 비참하기만 했죠. 어떻게 어린 여 자아이한테 총을 들릴 수 있죠?(소녀)

지휘관 부인 마리아투에게 훈련받았어요. 훈련받는 내내 맘이 무척 불편했어요. 신경이 곤두서서 몸이 덜덜 떨렸어요. 하지만 마리아투는 우리를 다독이며, 사격 훈련을 할 때마다 "할 수 있어"라며 용기를 주었 어요. 자기도 똑같은 여자라며, 자기가 할 수 있으면 우리도 할 수 있다 고 말했어요.(소녀)

모집된 아동이 무기를 들지 않으려 드는 상황에서는, 훈련 효과를 높이고 전투에서 물불 안 가리고 싸우게 하려고 마약과 술을 주었다고 한다. 이 증언은 여타 소년병 연구와도 일치한다.[5] 시에라리온 내전에서 불법 마약 거래가 이루어졌음을 보여주는 정보는 매우 드물지만, RUF가 아동을 투입하기 위해 전략적으로 마약을 썼다는 증거가 있다. 특히 술, 코카인, 화약을 즐겨 썼다.[6] 41세의 전직 RUF 지휘관은 아동 전투원에게 약물을 강제로 주입한 이유를 이렇게 설명했다.

우리는 약물이 아이들에게 어떤 효과가 있는지 똑똑히 알았습니다. 전투를 시작하기 전에 으레 마약과 술을 줬죠. 총을 들고 싸우는 것은 쉬운 일이 아닙니다. 엄청난 부담을 느끼니까요. 그래서 약물의 힘을 빌려 마음의 부담을 떨쳐야 했습니다. 효과가 있었죠.(전직 성인 남자 RUF 지휘관)

RUF는 술과 환각제를 억지로 먹인 덕에 유능하고 호전적인 병사를 만들어낼 수 있었다. 소년병이 처한 다양한 상황을 탐구한 여러 연구에 따르면[7] 약물은 뛰어난 효과를 발휘했다. 소년병은 강인해진 느낌을 받았으며 무기를 들고 기꺼이 사람을 죽였다. 아동의 증언을 들어보자.

[훈련받는 동안] 아이들이 긴장하고 불편해하면 마약을 줬어요. …… [팔에] 주사를 놓기 전에는 신경이 곤두서고 두렵고 불안했죠. 그런데 주사를 맞고 나면 자신감이 들었어요.(소녀)

싸우러 나가기 전에는 항상 마약을 먹었어요. …… 효과가 얼마나 대단하던지, 먹은 뒤에는 아무 느낌도 안 들어요. …… [마약을 먹은] 다음에는 장교가 등을 두세 번 두드리며 "훌륭한 병사로구나"라고 말해주죠.(소년)

마약은 아주 흔했어요. 공격에 투입될 때는 으레 마약을 먹었죠. 마리화나, 코카인, 브라운브라운(코카인 가루와 화약을 섞은 마약_옮긴이) 같은 마약이나 술을 먹지 않고 싸운 적은 거의 없어요. 몇몇 애들은 마약의 효과가 어찌나 강력하던지 어떤 짓도 서슴지 않았어요.(소녀)

뛰어난 병사를 만들어내려면 체력 및 기술 훈련 말고도 투철한 신념을 가지고 대의에 동조하도록 만들어야 한다.[8] 면접에 참가한 아동은 RUF의 이념 교육 사례를 증언했다. 이념 교육의 목적은 아동이 반군의 주장을 받아들이고 기꺼이 싸우도록 하는 것이었다. 공식 교육과 더불어 비공식 교육이 행해졌다. 공식 교육은 성인 지휘관의 공식 '연설'이었다. 연설에서는 반군의 행동 '철학'을 가르쳤으며 부패하고 무능한 시에라리온 정부를 전복해야 한다고 선동했다.

북부 정글에 있을 때는 우리를 한자리에 모아놓고 연설을 했어요. 이 연설을 '강연'이라고 불렀죠. 특히 신병과 소속감이 약한 병사에게 공을 들였어요.(소년)

우리를 모집한 뒤에 신병들은 모두 모이라고 하더니 이렇게 설교했어요. 권력을 가진 놈들은 모든 국민에게 혜택을 골고루 나누어주지 않으므로, 반군이 권력을 잡아야 한다고요. …… 저는 모임에서 확신을 얻었어요. 그래서 기꺼이 전쟁에 참여했죠.(소녀)

자기네가 자유 투사라고 했어요. …… 스스로 '상코의 흑위대'라고 불렀어요.(소년)

제 발로 가입하지는 않았지만, 납치된 뒤에 의식이 깨이자 기꺼이 총을 들었어요.(소녀)

아동은 헌신과 폭력을 부추기는 군가를 배우고, 부르고 또 불러야 했다.

군가 부르는 게 즐거웠어요. 언제나 기운을 북돋워줬거든요. 대개 이렇게 시작하죠. "전사는 용감하다네, 전사는 현명하다네, 우리를 얕보지 말라, 전사는 강하다."(소년)

강연, 선전, 노래, 이념 교육을 통해 확신을 가지게 된 소년병은 자신이 숭고한 임무에서 중요한 역할을 맡았다고 생각했으며 집단의 안위를 지키기 위해 노력했다.[9]
더 중요한 사실은 교육 기법이 소년병의 폭력을 부추기는 데 동원되었다는 것이다. 이를테면 잔학 행위를 저지를 때 죄책감이나 슬픔, 수치심을 드러내서는 안 된다. RUF는 소년병이 잔학 행위를 저지른 뒤에 축하 행사에 (심지어 강제로) 참여하도록 했다.

[폭력에 가담할 때는] 절대 [부정적인] 감정을 드러내면 안 돼요. 다들 항상 행복한 표정을 짓고 웃어야 했어요. 사람들에게 폭력을 저지르거나 그런 광경을 보면서 노래하고 소리치고 춤을 추기도 했죠. ……아이들을 교육하는 효과도 있었어요. …… 살육을 저지르고 부추기는 것은 RUF 문화의 일부였죠.(소녀)

[전투원] 일부는 적의 시체 옆에서 춤을 추기까지 했어요.(소년)

이러한 학살극과 광기는 무조건적 복종을 불러일으켜 저항을 최소화하기 위한 정교한 훈련 기법이다. 따라서 아동은 "자신에게 개인적으로 거의 또는 전혀 의미가 없는 잔학 행위와 폭력을 저지르라는 명령을 이행하도록 교묘하게 길들여졌"다.[10] 폭력과 테러, 잔학 행위를 합리화하는 사회적 환경에서 오랜 시간을 보내자 이런 행위가 아무렇지도 않게 여겨졌다. 이 소년의 말을 들어보자.

매일 사람을 죽이다 보니 다들 익숙해졌어요. …… 문 앞에 시체가 누워 있어도 아무렇지 않게 뛰어넘어 방에 들어갈 정도였죠.(소년)

다양한 훈련 방법은 아동을 군사화하는 필수적 단계였지만 훈련만으로는 아동을 RUF의 '대의'에 꼭 붙들어둘 수 없었다. RUF 소년병 만들기 과정을 계속 진행하는 것과 더불어 아동이 가지고 있던 민간인으로서의 정체성과 자기개념을 깨뜨려야 했으며, 'RUF 되기'를 추구하는 과정에서는 이전에 아동이 알고 있던 현실을 재구성해야 했다. 이러한 현실의 재구성은 아동이 자신의 임무를 효과적으로 또한 편안하게 수행하도록 하는 수단을 통해 이루어졌다.

진실의 재구성과
RUF 되기

고문의 체계와 관행이 가장 쉽게 확립되는 공간은 기존의 도덕과 동떨어져 (권력을 쥔) 특정 집단의 이념적 원칙에 맞게 정의된 '새롭'고 대안적인 현실을 주입받은 닫힌 —밀폐되지는 않았더라도—세계다.[11] 이 새로운 현실 속에서는 모든 것이 새로운 기준에 따라 재구성되며 새로운 언어와 어휘가 생산되고 사회적 관계가 재정의된다. 궁극적으로는 새로운 사회질서가 창출됨으로써 구성원의 세계관이 점진적으로 변화된다. 인간성, 혈연과 지연, 연민, 돌봄에 기반한 민간인의 세계가 비인간성, 엄격한 상하질서, 무감각, 잔인함에 기반한 폭력의 세계로 바뀌는 것이다.

RUF 지휘부는 시에라리온 밀림의 자족적 환경에서 새로운 (또한 닫힌) 사회질서를 구축했다.[12] 아동을 민간인으로서의 삶과 정체성으로부터 또한 부모, 친구, 이웃으로부터 강제로 떼어낸 것은 아동이 RUF 의 문화에 수월하게 적응하는 데 한몫했다. 폐쇄적인 RUF '공동체' 안 에서는 전통적인 가족 구조가 군사 조직으로 대체되었으며 무감각, 잔인함, 폭력, 집단적 연대와 단결이라는 새로운 가치가 전파되었다. RUF의 폐쇄적 속성을 다룬 폴 리처즈의 글에서도 비슷한 언급이 눈 에 띈다. "RUF는 …… 1991년부터 …… 폐쇄적 조직으로 바뀌었다. 고도로 조직화되고 철통같은 방어 태세를 갖춘 숲 속 진지는 외부 사 회와 단절되었다."[13]

뒤에서 더 자세히 살펴보겠지만, RUF 지휘부는 이러한 폐쇄적 구조 를 유지하고 납치와 훈련에 따른 아동의 공포를 가라앉혀 잔인한 폭 력에 동원하기 위해 이들을 RUF의 공식·비공식 문화에 순응시키는 특별한 수단을 활용했다. 아동이 가지고 있던 민간인으로서의 정체성 과 세계관을 바꾸기 위해 RUF가 사용한 수단으로는 연대와 단결 고 취, 역할 배정, 보상과 진급 등이 있다.

소속감과 동지애 불어넣기

집단에 소속된다는 것은 인간에게 매우 중요한 의미가 있다. 집단 은 안전하다는 느낌을 선사하고, 근원적인 정서적 욕구를 충족시키 며, 어려움을 헤쳐 나가는 데 도움이 된다.[14] 아동에게 소속감과 동지 애를 불어넣는 것은 복종을 유도하고 반군과의 유대를 강화하고 '아군'(RUF)과 '적군'(정부군)을 뚜렷이 구분하기 위한 중요한 수단이었다. RUF는 아동에게 연대와 단결을 고취하기 위해 여러 기법을 동원했다(주로 소년을 대상으로 했다). 그 방법으로는 가족 및 이웃과의 관계 끊기, 또래 멘토링, 문신 등이 있다.

가족 및 이웃과의 관계 끊기

RUF는 소년병이 연대감을 느낄 수 있도록 가족 같은 분위기를 조성하려고 애썼다. 이러한 시도는 매우 성공적이었던 것으로 보인다. 한 소녀의 말을 들어보자.

RUF에 발을 들여놓는 순간 RUF가 내 가족이 돼요.(소녀)

강한 소속감을 불어넣기 위해서는 가족 및 이웃과의 관계를 끊어야 했다. 이를테면 아동을 납치한 뒤에는 가족을 잊어버리도록 공을 들였다.

반군은 제가 가족을 잊게 하려고 애썼어요. 부모님이 돌아가셨으니 이제부터 지휘관님이 새아빠라고 말했어요. …… 지휘관님은 어딜 가든 절 데리고 다녔어요. 차츰 부모님 생각을 잊게 하려던 거죠.(소년)

가족과의 관계를 끊는 또 다른 방법은 가족이나 이웃에게 잔학 행위를 저지르도록 강요하는 것이다. 앙골라[15], 우간다 북부[16], 모잠비크[17]

등에서도 비슷한 사례가 보고되었다. 한 참가자는 이렇게 증언한다.

〔반군은〕 가족 관계를 무너뜨리려 들었어요. …… 고향을 공격하는 임무를 맡기는 것은 그 때문이에요. 그러면 다시는 돌아오기 힘들 테니까요.(소년)

RUF는 소년병을 자신의 대의에 묶어둘 만한 철학적·정치적 명분이 취약했기에 아동을 공동체에서 고립시켜 RUF에 단단히 붙잡아놓으려면 가족이나 이웃에게 극단적인 폭력을 쓰도록 하는 방법이 매우 효과적이었다.

성인 지휘관들은 가족 및 이웃과의 관계를 고의로 끊을 때와 마찬가지로, 그 빈자리를 RUF 구성원과의 관계로 채울 때에도 교묘한 수단을 동원했다(이 현상은 특히 소년에게 두드러졌다). 성인 RUF 지휘관과 특별한, 심지어 양육 관계를 형성한 한 소년의 증언은 소년병과 남성 지휘관과의 후견 및 보호 관계가 어떻게 발전했는지 잘 보여준다.

저는 밀림에서 특별한 존재였어요. 제 지휘관님은 저를 아꼈고 저도 지휘관님을 따랐어요. 지휘관님을 위해서라면 무슨 일이든 할 작정이었어요. 지휘관님이 정말 좋았거든요. …… 지휘관님에게 잘 보이고 싶었어요. 지휘관님은 저를 보호해주셨고 종종 저보고 전투에 나가지 말고 뒤에 남아 있으라고 말씀하셨어요. 지휘관님이 저를 지켜주시지 않았다면 훨씬 힘들게 지냈을 거예요.(소년)

윌리엄 머피가 시에라리온과 라이베리아의 후견주의, 권력 사유화, 소년병 문제를 논의하면서 언급했듯, 아동이 노역과 전투를 제공하는 대가로 지휘관은 보호와 기회를 제공했으며 아동은 금세 지휘관에게 의존하게 되었다. 이런 상황에서 아동은 기존의 규범을 대신한 군사주의적 폭력의 이념적 명령을 쉽게 내면화했다.[18]

또래 엔토링

또래 멘토링은 RUF가 무장단체 내에서 소속감을 높이고 아동을 고도로 군사화된 새로운 세계에 사회화하는 데 효과적인 방법이었다. 내전을 치르는 동안 RUF는 아동(대부분 소년)에게 다른 아동을 지휘할 기회를 주었으며, 특히 신병의 역할 모델과 멘토로 활동하게 했다. 이렇게 선발된 '멘토'는 마을을 공격할 때 아동을 RUF에 적극적으로 모집하는 임무도 맡았다. 소년의 증언을 들어보자.

> 저는 다른 아이들을 모집했어요. …… 마을을 공격한 뒤에는 집집마다 찾아다니며 아이들과 이야기를 나눴어요. RUF가 대단한 곳이라고 말하고 이 운동에 대해 설명했어요. RUF에 가담하지 않으면 호된 꼴을 당할 수도 있다고 협박했죠. …… 저는 성과가 좋아서 아이들을 잔뜩 데리고 갔어요.(소년)

게다가 어린 아동은 자기보다 나이가 많고 이미 자리를 잡은 소년병에게 마음을 열고 기꺼이 따랐다.

〔납치된 지 얼마 안 되었을 때는〕엄마 아빠와 헤어졌다는 걸, 앞길이 막막하다는 걸 절감했어요. 하지만 제 또래 아이들이 총을 가지고 다니는 걸 봤어요. ······ 다른 아이들을 만나면서 깊은 인상을 받았어요. ······ 이렇게 생각했죠. 이 아이들이 살아남을 수 있다면 ······ 나라고 못할 것 없지. 우리는 나중에 친구가 되었어요. 아이들은 제게 AK-47 조작법을 가르쳐주었어요. ······ 그 뒤에 제게도 총을 주었어요. 저는 꼬마 부대에 소속되었어요.(소년)

또래 멘토링 기법은 끔찍한 만행을 저지를 때 느끼는 스트레스를 줄이는 데도 효과가 있는 듯하다.[19]

집단 정체성, 문신

반군에 대한 연대감과 애착을 강화하는 또 다른 방법은 문신이다. 특히 전투에서 승리해 분위기가 달아올랐을 때 다 함께 문신하는 경우가 많았다. 갱단의 소속감을 다룬 논문에 따르면 조직원끼리 징표를, 특히 문신을 보여주는 행위는 집단에 동화되거나 갱단의 일원이 되는 법을 '학습'하는 방법이다. 이를테면 문신은 이런 효용이 있다.

〔문신은〕갱단의 일원이 되는 수단이다. 무엇보다 다른 조직원에게 한편으로 인정받는다는 의미가 있다. 어떤 면에서 문신을 내보이는 것은 집단 정체성을 '과시'하는 행위이기도 하다. 갱단뿐 아니라 일반인까지 문신을 알아보게 되면 갱단 조직원으로서의 정체성이 한결 강화

된다.[20]

RUF가 소년들에게 집단적 연대와 단결을 불어넣기 위해 문신을 이용한 것은 문신이 시에라리온에서 문화적으로 중요한 의미가 있기 때문이다(이에 대해서는 이 장 후반부에서 설명할 것이다). 문신은 자기 부대를 구별하는 효과도 있었기 때문에, 남성 지휘관들은 집단 정체성을 강화하는 데 문신을 동원했다.

전투에 승리하면 아이들은 함께 모여 밥을 지었어요. 음악을 크게 틀어놓고 모여서 신나게 놀았지요. 그러고는 서로 문신을 해줬어요. '호랑이 부대', '사자 전사들', '암살자들' 같은 이름을 붙이기도 했어요. [누가 아이들에게 문신을 하라고 시켰나요?] 예, 나이 든 지휘관들이 지시했어요.(소년)

저는 문신이 두 개 있어요. 하나는 부대 표식, 하나는 지휘관 표식이에요.(소년)

문신은 주로 잔혹한 문구와 그림을 새겼으며 RUF의 흉포함을 확실히 보여주는 효과가 있었다. 문신은 RUF에 대한 충성을 상징할 뿐 아니라, 자신이 속한 '아군'(RUF)과 자신의 존립을 위협하는 '적군'(카마조르, ECOMOG, SLA)을 뚜렷이 구분함으로써 통제 수단으로도 활용되었다. 문신의 상징적 힘이 얼마나 크냐면, 한 참가자는 내전이 끝난 지 오랜 뒤에 전직 전투원을 만났을 때를 이렇게 회상했다. "제가 그 친구 문신을 확인하고 그 친구가 제 문신을 확인한 뒤에 우리는 앉아서 오랫동안 이야기를 나누었어요."

테러리스트의 심리와 동기를 다룬 논문에서는 테러를 저지르겠다는 결정을 내릴 때 집단 내 역학관계와 집단 정체성이 중요한 역할을 한다고 강조한다.[21] 개인이 집단에 종속되면 개인의 생각과 개인의 정체성, 개인의 의사 결정이 들어설 자리가 없어진다는 것이다. 이렇게 되면 조직의 성공이 개인의 성공이 되며 조직 안에서의 지위와 성취가 개인의 성공을 판단하는 잣대가 된다. 개인의 자부심은 집단의 '가치'나 명성에 좌우된다. 개인과 집단의 경계가 흐릿해지면서 집단 구성원들은 집단의 투쟁을 점점 더 개인적인 일로 받아들인다. 이런 환경에 처한 개인은 개인의 목표와 조직의 목표를 구분하지 못한다.[22] 이 같은 분석은 RUF에도 적용된다. 리처즈는 RUF를 이렇게 평가했다. "여느 폐쇄적 집단과 마찬가지로 한 사람이 변절하면 조직 전체의 연대가 위협받았다."[23] 시간이 지나면서 RUF의 성공과 실패는 고도로 개인화되었다. 집단의 성공은 곧 개인의 성공이요, 집단의 실패는 곧 개인의 실패였다. 개인이 표현하는 자부심과 수치심은 개인의 행동, 감정, 경험이 아니라 집단의 행동을 반영했다.

RUF 지휘부가 집단 연대를 불러일으키고자 한 대상이 주로 소년이었음은 의미심장하다. 상당수의 소년은 RUF 부대에서 느낀 집단적 연대감과 RUF 전사로서의 집단 정체성을 떠올리며 향수에 잠겼지만 소녀들에게는 그런 모습을 찾아보기 힘들었다. RUF의 가부장적 구조를 반영하듯 소녀들은 열등한 지위에 머물렀으며, 군사화된 남성적 연대 구조에 소녀를 포함시키는 것은 RUF의 관심사가 아니었다. 그런데도 소녀들은 RUF 안에서 그 나름의 연대 구조를 만들어냈다. RUF 상층부는 소녀들의 연대를 장려하지 않았지만 소녀들 자신이 비공식적으로 비밀리에 손을 맞잡았다. 이런 형태의 연대는 RUF의 폭력 문화에 대한 저항 전략과 본질적으로 연관되었다. 이에 대해서는 5장에서 자세히 설명할 것이다.

임무 나눠 맡기

납치되어 훈련을 받은 소년 소녀는 반군 활동을 지원하는 일련의 임무를 맡았다. 한 가지 임무만 맡는 경우는 거의 없었으며 대부분 다양한 임무를 수행했다. 임무의 다양성은 다른 곳의 소년병도 마찬가지였다.[24] 아동의 임무는 나이, 체력, 무장단체의 상황에 따라 달라졌다. 하지만 대개는 가사노동과 지원 업무, 성노예, 전투에 투입되는 것이 예사였다. 아동이 어떤 역할과 임무를 맡았든, 아동의 생산노동과 소녀의 성노동은 무장단체가 굴러가는 데 꼭 필요했다.[25] 역할 배정은 RUF의 가치와 이상, 관습을 굳게 다지는 효과도 있었다.

가사노동과 지원 업무
RUF에 몸담은 소년 소녀는 무장단체의 일상생활을 꾸리는 데 필요한 다양한 가사노동과 지원 업무를 맡았다. 소년병의 임무로는 요리, 설거지, 물 긷기, 장작 나르기, 빨래, 아기 돌보기 등이 있었다. 소년 소녀는 식량과 물자를 찾아 마을을 약탈하는 데도 가담했다. 대다수 아동은 소화기, 탄약, 식량, 아기, 약탈품을 잔뜩 짊어지고 먼 거리를 걸어야 했다. 한 소년의 말을 들어보자.

저는 설거지, 장작 나르기, 물 긷기, 빨래 따위의 살림을 맡았어요. …… 무기를 받았지만 저는 그때 고작 일곱 살이어서 들고 다닐 수 없었어요. 질질 끌고 다녔죠. …… 약탈품도 [저희가] 날랐어요. …… 한번은 가까운 마을에서 전투가 벌어졌는데 그 와중에 제 지휘관이 총에 맞았어요. 지휘관이 누운 해먹을 저희가 날라야 했어요.(소년)

대다수 아동에게 가사노동은 힘들고 고달픈 일이었다.

벼를 타작하는 임무가 떨어졌어요. 몇 시간이고 태질을 해야 했어요. 손에서 피가 흐르는 데도 그만두란 얘길 안 했어요. 모든 게 진저리가 나고 지독하게 아팠죠.(소녀)

처음에는 벼 낟알을 절구에 넣고 쓿는 일을 했어요. 지금은 우습게 들릴지도 모르지만, 그때는 손에 물집이 잡히도록 낟알을 쓿었어요. 그것도 지휘관들 마누라를 위해서요!(소녀)

가사노동은 무장단체에서 부차적이고 하찮은 일로 치부되기 일쑤였다.[26] 하지만 가사노동 없이는 무장단체가 유지될 수 없었으리라는 인식이 커지고 있다.[27] 무장단체는 인적·물적 자원이 부족하고 늘 이동해야 하며 조직 구조가 제한적이기 때문에, 소년 소녀가 수행하는 가사노동은 무장단체가 생존하고 번창하는 데 매우 중요하다.[28] RUF가 존속하고 활동하는 데도 아동의 기여가 절대적이었다. 정부와 국내외 비정부기구, 정책 결정자, 사업 기획자는 소녀의 역할을 부차적이고 하찮은 것으로 치부하지만 소녀는 'RUF라는 전쟁 기계의 토대'였다. 소녀가 수행한 가사노동과 지원 업무는 RUF가 굴러가는 데 필수적이었다. 한 소년의 말을 들어보자.

> 여자애들은 아주 중요한 임무를 맡았어요. 물자를 지키고 요리를 했지요. 연장자들에게는 여자애가 필요했어요. 우리 부대에서 여자애들이 부상이라도 입으면 책임자가 호된 벌을 받았어요. 우리 부대에서는 여자애들이 좋은 대접을 받았어요. 부대에 꼭 필요한데 도망가면 안 되잖아요.(소년)

성폭력과 성노예

RUF에서 여자의 '임무' 중 하나는 남자의 성욕을 충족시키는 것이었다. 소녀 참가자 중 두 명을 빼고는 모두가 거듭되는 성폭력에 시달렸다고 말했으며, 강간과 윤간이 일상적으로 벌어졌다. 아프리카의 소녀 병사를 대상으로 한 다른 연구에서도 성폭력이 만연했음을 알 수 있다.[29] 소녀 참가자들의 이야기를 들어보자.

〔밀림에 있을 때〕 인간관계라고는 전혀 없었어요. 저는 섹스 기계일
뿐이었어요.(소녀)

저희는 성노예였어요. 저희와 성관계를 하고 싶으면 강제로 끌고 갔
다가 욕정을 채운 뒤에 돌려보냈어요. 섹스가 끝나자마자 다른 장교가
저희를 범하기도 했어요. 두 번째 섹스는 특히나 아팠어요. …… 제 아
이의 아버지가 누구인지도 몰라요.(소녀)

만연하고 거듭되는 성폭력과 더불어 많은 소녀들이 반군 병사와 강
제로 '결혼'해야 했다. '밀림 결혼'이나 'AK-47 결혼'이라고 에둘러
부르지만, 소녀들이 RUF 남성의 (성적) '소유물'로 전락한다는 점에
서 이것은 성노예일 뿐이었다. 게다가 성폭력 때문에 임신하는 경우
도 부지기수였다.•

전투
전투는 소년 소녀의 중요한 임무였다. 아동은 전방에서의 전투, 약탈,
방화, 동료 소년병 지휘, 고의적 살해, 사지 절단, 민간인 고문 등 다양
한 활동을 수행했다.

• 성폭력과 그에 따르는 장기적 영향에 대해서는 5장과 6장에서 자세히 설명한다.

저는 전투에 숱하게 참전했어요. 셀 수도 없어요. …… 전투에서 싸우고 총기를 가지고 다니고 민간인을 약탈하는 것이 제 일이었어요. 밀림에서는 지휘관이 되어 …… 소년병 여러 명을 지휘했어요.(소년)

어른들은 저를 전방에 밀어넣고는 후방에서 검문소를 지켰어요. 그래서 [아이들은] 전방에서 후퇴할 도리가 없었어요. 우리를 억지로 밀어넣고 강제로 마약을 먹였어요. 저는 약물에 중독되었어요.(소년)

소녀 병사를 다룬 여러 연구에서 보듯 소녀들은 요리, 청소, 육아, 남자 시중들기처럼 일반 사회에서 여자가 맡는 임무를 그대로 맡아 전통적인 성역할을 반영했지만,[30] 이번 조사에 참가한 소녀들은 전투에 적극적으로 가담하는 등 전통적이지 않은 임무에도 종사했다. 여성 참가자들은 대부분 납치당한 직후에는 가사노동에 종사했지만 나중에는 전투에도 참가했다. 어떤 소녀들은 전투병이 부족할 때만 전투에 참가했다. 하지만 상당수 소녀에게는 전투가 주요 임무였다. 소녀들의 말을 들어보자.

우리의 유일한 존재 이유는 사람을 죽이는 것이었어요. 만날 죽이는 생각만 했어요. …… 집을 태우고 사람들을 납치하고 약탈품을 날랐어요. 사람들을 묶고 죽이는 것도 거들었어요. 사격 솜씨는 별로였지만 집에 불 지르는 데는 선수였죠. 별로 위험하지도 않았고요. 그 지역에서 적군이 떠나면 집에 들어가 등유나 휘발유를 붓고 불을 붙이면 끝

이에요.(소녀)

식량과 물자가 떨어지거나 하면 고속도로에 매복을 해요. 군용 트럭을 비롯해 여러 대가 함께 움직이는 차량을 공격했어요. 매복 형태에 따라 열 명 이상씩 바닥에 엎드려 기다려요. 매복조는 같은 축을 따라 여러 곳에 배치돼요. 물자를 실은 트럭이 매복 지역 한가운데에 들어오면 지휘관이 첫 발을 쏴요. 그러면 모두 달려드는 거예요. 매복 장소는 언제나 차량 속도를 늦춰야 하는 가파른 언덕이나 울퉁불퉁한 도로였어요. 나무나 낡은 차량으로 도로를 막기도 했죠. 차량을 장악할 때는 닥치는 대로 사람을 죽였어요. 물자를 빼앗은 뒤에는 차량에 불을 질렀고요.(소녀)

RUF에 몸담은 아동의 기본 임무는 가사노동과 지원 업무, 성노예, 전투 참가였지만, 가장 두드러진 특징은 임무가 다양하고 유동적이었다는 것이다. 아래 증언에서 소년병들이 얼마나 다양한 임무를 맡았는지 알 수 있다.

대장 마누라를 위해 집안일을 했어요. 대장과 마누라의 경비원과 경호원 노릇도 했죠. 다이아몬드 광산에서는 광부들이 지휘관에게 돌아갈 다이아몬드를 훔치지 못하도록 감시했어요. 전투에도 참가했고요.(소년)

〔여자애들의〕 주 임무는 〔병사들이〕 약탈한 식량으로 밥을 짓는 거였어요. 우리는 식모였죠. 그리고 남자들이 원할 때는 언제나 함께 자야 했어요. …… 하지만 인력을 총동원해야 할 경우가 있어요. 그러면 여자 애들도 지시와 명령에 따라 전투에 참가해요.(소녀)

저는 지휘관을 위해서 〔그가 강간할〕 예쁜 여자를 사로잡았어요. …… 숲에서 〔숨어 있는〕 민간인을 찾아다니면서, 피신할 차량이 준비되었다고 거짓말을 했어요. 물론 죽이거나 …… 팔다리를 자르려고 그런 거였죠.(소년)

아동에게 배정된 임무와 엄격한 상하질서는 아동이 RUF의 가치와 관습, 규칙을 더욱 깊이 이해하고 순응하는 데 중요한 역할을 했다.

보상과 진급

RUF는 '총체적'으로 군사화된 환경으로, 규칙과 구조에서 예외가 허용되지 않았다. 하지만 RUF에 몸담은 아동은 교도소나 '전인 구속 기관'[31]의 수감자와 달리 집단 내에서 허용되거나 장려되는 행동을 긍정적으로 강화하기 위한 사회적·물질적 보상(의 약속)을 받았다. 이를테면 소년 소녀는 전투에 참가하는 대가로 두둑한 물질적 보상과 사회적 지위를 약속받았다. 내전 이전과 당시에 지독한 소외와 배제를 겪은 아동에게 사회적·경제적 보상의 약속은 거부하기 힘든 유혹이었다.

제가 듣기로…… 반군이 승리하면 포다이 상코가 모든 병사에게 돈을 줄 거라고 했어요. 그 말을 듣고 행복했죠. 그 덕에 확신과 신뢰를 품고 반군과 함께 싸울 수 있었어요.(소년)

RUF는 자기네가 자유와 정의를 위해 싸운다고 말했어요. 정부가 우리의 요구를 오랫동안 외면했고 부패가 극심하기 때문에 정부를 무너뜨려야 한다고 했어요. 인내심을 가지고 자기들한테 충성을 바치라고 그랬어요. 전쟁이 끝나면 다들 정부 요직을 차지하게 될 거라고 했죠. 외국에 갈 수도 있고 온갖 근사한 일을 할 수도 있다고 했어요. …… 제게 싸울 동기를 불어넣은 거죠.(소년)

게다가 소년 소녀가 '적'에게 호전적이고 난폭할수록, 파괴와 약탈을 많이 저지를수록 RUF 내에서 더욱 인정받았다. 이 소녀의 말을 들어보자.

폭력 행위를 수없이 저질렀어요. …… 나쁜 짓을 할수록 상관에게 칭찬받았어요.(소녀)

전쟁 중에는 극단적인 폭력 행위를 저지르는 사람이 식량과 약탈품을 더 많이 챙겼으며 진급하는 경우도 있었다. 지휘관이 되는 것은

RUF에서 최고의 성공을 거두는 것이었다.

매우 난폭하고 순응적인 병사들은 지휘관으로 진급했어요. 그러려면 최선을 다하고 전투에 적극적으로 임하고 민간인을 협박하고 납치해야 해요. ······ 저는 전투에 적극적으로 가담해서 아이들을 비롯한 사람들을 많이 사로잡았어요. 그 덕에 지휘관까지 오를 수 있었어요.(소녀)

금세 갖가지 혜택을 누리게 되었어요. 전용 차량까지 생겼죠. 저는 부대장까지 진급했어요. 저 같은 아이가 20명쯤 됐어요. ······ 임무에 성공하고 [약탈품을] 많이 가져오면 진급시켜줬어요. 보통은 연장자와 함께 싸웠는데 그 사람들이 누가 적극적이고 용감한지 눈여겨보는 거예요.(소년)

응답자 중에 지휘관까지 올라간 아동은 극소수였지만, 이들은 당시를 회상하며 향수와 (심지어) 자부심을 내비쳤다. 참가자들의 이야기를 들어보자.

제가 사로잡은 아이들의 우두머리가 되었어요. ······ 제가 조직하고 관리할 아이들을 휘하에 거느렸죠. 다른 아이들을 지휘하는 건 정말 자랑스러운 일이었어요. 모든 아이들이 저를 우러러봤어요.(소년)

저는 병사가 되었다가 나중에 지휘관이 되었어요. 제 임무는 병사를

194

모집해 전투에 내보내는 것이었어요. …… 애들뿐 아니라 저보다 나이가 많은 사람들도 제 밑에 있었어요.(소녀)

진급한 소년병은 아동 전투원으로 구성된 자신의 부대를 지휘하고 아동 경호원을 거느릴 수 있었다.

사람들 팔다리를 자르고 전투에서 용감하게 싸우면 진급할 수 있었어요. 저는 지휘관이 되어 아이들 50명을 거느렸어요.(소년)

제 휘하에는 애들뿐 아니라 저보다 나이가 많은 사람들도 있었어요. 지휘관은 나이나 성별에 상관없이 좋은 대접을 받아요. 저는 경호원이 여섯 명이었어요. …… 제게 충성을 바쳤어요. 제 명령이라면 무조건 복종했죠. …… 지휘관은 우리 편 사기를 끌어올리고 사람들에게 우리의 지위를 과시하기 위해 경호원을 두었어요. 우리는 계급장도, 군복도, 왕관도 없으니까 자기 지위를 나타낼 방법이 없잖아요. …… 저는 지휘관이 되어 근사한 지위를 누리고 철저한 신변 보호를 받았어요.(소녀)

진급은 소년병에게 매우 중요한 혜택이었다. 위험한 전투원 신분에서 벗어나 안전한 장소에서 두둑한 권력과 혜택을 누릴 수 있기 때문이다. 이 소년의 말을 들어보자.

진급하기 전에는 탄약을 나르고 전투에서 싸우는 등 고된 임무를 맡았어요. 하지만 진급한 뒤에는 제 검문소를 관리하게 되었어요. 검문소를 통과하려면 제게 통행증을 보여줘야 했어요. 돈과 음식도 바쳐야 했죠. 돈은 제 상관에게 갖다줬지만 저도 떡고물을 챙길 수 있었어요. 막강한 권력을 휘둘렀죠. 검문소에 있으면 위험한 일이 별로 없어요. 그 뒤로는 전방에 투입된 적이 없어요.(소년)

아동은 폭력을 통해 개인적 보상을 챙기고 사회적 지위와 권력을 얻었다. 이 모든 혜택은 RUF의 군사화된 세계에 대한 결속력을 다지기 위한 것이었다.

RUF의 군사화 과정:
폭력 문화의 구축

RUF의 군사화 과정과 새로운 사회질서의 구축은 (겉보기에는 고유하고 독특한 것 같지만) 진공 속에서 이루어지지 않았다. 응답자들의 증언은 개인적 삶의 경험을 포착하고 폭력과 무력충돌의 세계에 빠져드는 과정을 서술할 뿐 아니라 지난 수십 년간 시에라리온에서 펼쳐진 비극적 사건과 갈등을 보여준다. "청소년 전투원 문제를 연구하려면 반드시 1980년대와 1990년대에 시에라리온에서 국가와 사회가 부분적으로 붕괴되었다는 사실에서 출발해야 한"다.[32] RUF는 아동을 군사화하는 과정에서 시에라리온에 이미 존재하던 군사화된 구조와 체계를 활용하고 재생산했다. 이런 점에서 RUF는 도시 엘리트 집단이 저지른 사회경제적 불의에 반대하는 세력으로 출발했지만 결국은 자신이 반대하던 폭력적이고 정치적으로 기회주의적인 구조의 산물에 불과했다. "정치 엘리트 집단이 부를 축적하고 권력을 행사한 과정은 시에라리온에서 AFRC와 RUF가 폭력을 저지를 수 있는 기반을 닦게 해주었"다.[33] 이를테면 군사화된 정치에 청년층을 끌어들인 것이 RUF가 처음은 아니다. 내전이 일어나기 전에 시에라리온 정부 엘리트 집단은 청년층을 정치 활동에 동원하여 군사적·경제적 이익을 얻을 수 있음을 깨달았다.[34]

> 정치인들은 청년층이 제공할 수 있는 주요 자원인 체력, 에너지, 과감성을 경호 업무와 정적 협박에 활용할 수 있다는 사실을 알게 되었다. …… 이렇게 등장한 폭력의 사회 체계는 새로운 청년 문화를 낳았으며, 권력에 필적하는 의존성이 그 특징이었다.[35]

스티븐스 집권기에 APC 청년 조직원들은 떠오르는 해가 로고로 박힌 빨간색 베레모와 빨간색 셔츠를 입고서 "APC가 권력을 과시하고 싶을 때마다 정치적 완력 노릇을 했다. 청년들은 사람들을 불태우고, 집에 불을 지르고, 아이들에게 총을 쏘고, 시민들을 벌거벗겨 행진하게 하고, 매질하고, 정적을 자기네 인민재판에 회부하고, 남녀를 가리지 않고 마체테로 난도질했"다.[36] 배후의 정치인들은 그 대가로 경제적 뒷받침과 물리적 보호를 제공했다.

RUF는 자신의 공식·비공식 문화 내에서 이 같은 폭력과 후견의 구조를 활용하고 재생산했으며 일상 활동을 통해 RUF 성인 지휘관과 소년병 사이에 후견과 복종의 관계를 구축했다. RUF에 몸담은 아동은 점차 지휘관에게 예속되었다. 소년병이 "군사적·경제적 서비스를 제공하면 지휘관은 그 대가로 강압적 권력과 전리품"을 베풀었다.[37] RUF 지휘관은 후견인으로서 자신의 '피후견인'을 책임졌으며 식량, 주거, 무기, 탄약을 공급했다. 아동은, 특히 소년은 자신을 납치한 상관에게 전적으로 의존했다. 상관은 소년병에게 마음껏 고통을 가할 수 있었지만 위로와 도움을 베풀 수도 있는 존재였다. 이런 과정을 거쳐, 아동은 자신을 지휘하는 사람의 명령과 기대에 순응하도록 길들여졌다. 연대와 단결, 역할 배정, 보상과 진급 등의 수단은 후견과 복종의 관계를 더욱 발전시키고 고착시켰다.

RUF의 훈련과 입문 과정이 시에라리온의 문화적 구조와 전통적 성 인식을 반영한다고 주장하는 사람도 있다.[38] 이를테면 아래에서 설명하는 포로Poro의 전통 성인식 과정은 RUF의 입문 및 동화 과정과 매우 닮았다.[39] 포로 입문 과정의 두드러진 특징으로는 입문자를 가족에게서 납치한다는 것, 두려움과 고통, 궁핍을 일부러 가한다는 것, 권위에 대한 철저한 복종, 신참의 무력한 처지, 입문자를 특별한 장소에 격리하는 것 등이 있으며 이 모든 특징은 RUF 입문 의식에서도 나타난다.

〔포로〕 입문 과정은 한편으로는 의례적이고 상징적이며 다른 한편으로는 교육적이다. 성인식의 목표는 무엇보다 입문자를 훌륭한 포로로 만들어내는 것이다. …… 성인식의 중요한 역할은 …… 포로에 대한 의무가 신성하다는 사실을 신참에게 각인하는 것이다. 이 과정은 청소년에게 **여러 무시무시한 경험을 겪게** 하면서 심리적으로 이루어진다. ……

〔입문자는〕가끔을 잔인하게 죽이는 의식에도 참가한다. 의식의 목적은 입문자가 포로의 비밀을 누설했을 때 어떤 대가를 치를지 보여주려는 것이다. …… 소년들은 …… 함께 고난을 겪고 인내심을 시험당한다. 자기 규율의 습관을 불어넣기 위한 고통을 겪으며 연장자의 명령을 무조건 따르도록 교육받는다. 이 의식은 소년들을 따로 격리한 특별한 장소에서 이루어진다. 〔포로 입문자들은〕가족과 친척의 안전한 보호망에서 (때로는 아무런 경고도 없이) 납치되어 무시무시한 경험을 하게 될 뿐 아니라, 암시에 쉽게 넘어가도록 수면을 조직적으로 박탈당한다. 또한 임무를 게을리할 경우에는 끔찍한 운명을 겪게 된다는 실례를 목격하며 끊임없이 훈계를 듣는다. 신참 포로는 아무런 권리가 없다. 포로의 명령을 이행할 의무가 있을 뿐 전혀 자신의 목소리를 낼 수 없다.[40]

신체에 표식을 남기고 입문자에게 새 이름을 지어주는 의식과 집단적 연대를 추구하는 것 또한 RUF의 훈련 및 입문 과정에서 그대로 반복된다. RUF 신병은 RUF를 나타내는 낙인이나 문신이 새겨지고 별명을 얻는다. 이 모든 과정의 목적은 단결심을 불어넣는 것이다.

신입 〔포로〕회원은 포로의 정령들 앞에서 포로에 충성을 바치겠다는 마지막 맹세를 한다. 이제부터 그는 '정령의 이빨'이 몸에 새긴 자국뿐 아니라 포로가 밀림에서 부여한 새로운 이름을 입문의 징표로 간직한다. …… 입문자들이 같은 조직을 공유하는 구성원으로서 단결심과 연대감을 느끼도록 실용적인 훈련도 실시된다.[41]

시에라리온의 성인식을 이렇게 서술한 글도 있다.

남자는 두려움과 시련을 겪고 몸에 흔적이 새겨지며 여자는 음핵 절제술을 받는다. 이들에게 성인식은 폭력적이고 고통스러운 경험이다. 성인 남자와 성인 여자가 입문자의 몸에 칼을 대어 집단의 비밀과 신체 경계를 지키는 것이 얼마나 중요한지를 각인시키는 것이다.[42]

이렇듯 밀접한 연관성을 지목하며, 젊은이 자신뿐 아니라 가족과 지역사회가 RUF의 납치 행위를 전통적인 성인식과 연관시킨다는 주장도 있다.

성인식이 상上기니 숲 지대에 사는 수많은 아동의 삶에 깊숙이 각인되어 있으므로, 납치가 성인식 경험을 재현하는지도 모른다. 마을 주민들은 자신들에게 닥친 재앙을 성인식 '모델'로 해석한다. 자녀가 (성인식 때처럼) 강제로 끌려가 반군의 주술적 힘에 의해 낯선 존재로 탈바꿈한다고 생각하는 것이다. 밀림에서 초보적인 학습과 게릴라 전법을 교육받은 아동은 금세 자신의 운명에 적응한다.[43]

비슷한 맥락에서, 셰플러는 RUF를 비롯한 시에라리온 무장단체가 아동을 모집하고 일상적으로 다루는 방식이 주요한 문화적·역사적 관행을, 특히 아동노동과 수양收養, 교육의 관행을 활용하고 재생산했다고 주장한다.[44] 무장세력이 굴러가는 데 아동노동이 필수적이었다는 것이다(시에라리온에서는 아동노동이 일상적인 현상이다). 이를테면 RUF는 요리, 청소, 물 긷기, 빨래 같은 가사노동을 할 사람이 필요했다. 시에라리온에서는 아동이 으레 맡던 일들이다. 셰플러는 아동에게 이런 일을 시키는 것이 전통적인 문화적 관습의 연장으로 간주될 수 있다고 주장한다. 생물학적 부모가 아닌 사람이 아기를 돌보는 수양 관습은 일종의 교환일 뿐 아니라 서아프리카 가족 구조에서 지금도 흔히 볼 수 있는 현상이다. 수양의 목적은 가족 간의 유대를 강화하고 혈연관계를 형성하며 아동에게 중요한 사회적 기술을 가르치는 것이다. 셰플러는 RUF가 아동을 납치할 때 수양에서 쓰는 용어를 썼다고 주장한다. 지휘관은 수양 행위를 연상시키듯 아동에게 (강압적이기는 하지만) 의사를 '묻'는 절차를 거친다. 마지막으로, 셰플러는 RUF가 '교육'과 훈련, 입문의 기존 모델을 활용했다고 주장한다. 교육의 중요성을 반영하듯, RUF는 교육과 도제의 새로운 형태로 간주되기도 했다. 지금까지 언급한 사례는 역사적·문화적 조건과 구조가 RUF의 관행에 얼마나 중요한 영향을 미쳤는지 보여준다.

성적 억압과 성차에 기반한 폭력은 RUF의 특징으로 간주되지만 실은 폭넓은 사회구조와 힘에서 비롯했다. 시에라리온 사회구조를 역사적으로 형성한 것은 여성에 대한 경제적·정치적·사회문화적 지배를 정당화한 가부장적 관계였다. 가부장적 관계의 근원은 노예무역으로 거슬러 올라간다. 결혼한 시에라리온 여인들은 노예처럼 농사일과 집안일에 시달렸다.[45] 시에라리온에서 내전이 확산되자 여인들의 삶을 규정한 뿌리 깊은 성차별이 내전에서 비롯한 '군사화된 남성성'[46]의 영향을 받아 더욱 심해졌다. RUF는 시에라리온 사회에 만연한 폭력적 가부장적 지배 구조를 활용하고 (극한까지) 재생산했다. RUF의 소녀들은 성차에 기반한 심각한 폭력과 신변 불안을 여러 형태로 감내해야 했다. 시에라리온은 사지 절단 행위로 악명 높지만 성폭력이 그보다 훨씬 광범위하게 벌어졌다. 이에 반해 소년들은 RUF의 경직된 성차별에 따른 혜택을 입을 수 있었다. 이를테면 소년들은 지위와 권력을 얻고 자기보다 어린 소년들에게 권위를 행사하고 (어떤 경우) 지휘관으로 진급할 가능성이 더 컸다. 소년에게 지휘관이 된다는 것은 여자를 성적으로 유린할 수 있는 허가증을 받는 셈이었다. 소년들의 증언을 들어보자.

> 지휘관이 된 뒤에는 원하는〔아내로 삼고 싶은〕여자는 누구나 고를 수 있었어요. …… 저랑 섹스하는 걸 내키지 않아 해도 …… 강제로 했어요. …… 기분이 좋았죠. 여자가 존재하는 이유는 모든 남자를 즐겁게 하는 거예요.(소년)

> 지휘관은 좋아하는 여자를 마음대로 고를 수 있어요. 여자를 선물처럼 주고받았죠. 저는 마누라가 세 명이나 있었어요.(소년)

이에 반해 소녀는 전투원이 될 수는 있을지언정 남성 지휘관과 같은 위치에 오르기는 하늘의 별 따기였다. 게다가 문신과 또래 멘토링 등 소년병 사이에 연대감을 형성하는 행위로부터 소녀들이 조직적으로 배제된 것은 여성을 주변적 지위로 내모는 기존의 가부장적 구조 때문이다. 이와 같이 성차별적 요인과 현상은 소년과 소녀의 경험을 형성하고 궁극적으로 군사화 과정에도 성차별을 두었다.

이상의 예에서 보듯 군사화 과정과 소년병 만들기는 시에라리온의 광범위한 사회역사적 맥락과 분리되거나 동떨어진 것이 아니다. 시에라리온 사회의 역사적·구조적 성격은 RUF의 폭력과 군사화 과정을 관통하는 관계, 행위, 역학이 형성되는 데 필연적으로 기여했다. 개별 행위자의 행위 또한 일상적 활동에서 이 구조를 생산하고 재생산함으로써 군사화 과정에 영향을 미쳤다.

하지만 RUF의 문화가 시에라리온의 기존 구조를 반영하기는 했어도 이를 기계적으로 반복하지는 않았다. 이렇게 볼 때 행위자는 지속적인 행위와 상호작용을 통해 기존 구조를 유지할 수도 있고 '바꿀' 수도 있다.[47] RUF가 시에라리온의 역사적·구조적 특징을 활용하고 재생산한 것은 사실이지만, 그럼에도 RUF는 개별 행위자의 지속적인 행위와 상호작용을 통해 '새로운 형태의 폭력과 군사화'를 생산하고 구축했으며 '새로운' 폭력적 사회질서에 물든 닫힌 세계를 창조했다.

이렇게 새롭고 폐쇄적인 세계가 만들어지자, 이전의 구조와 상호작용을 훌쩍 뛰어넘는 극단적 형태의 폭력이 RUF의 공식·비공식 문화를 지배했다.[48] 나는 이 현상에 RUF의 '폭력 문화'라는 이름을 붙였다. 공식적 차원에서, RUF의 명령 구조와 RUF가 자신의 목표를 조직화하고 수행하는 방식은 지독한 공포와 잔인함, 무감각, 비인간성이라는 거푸집 안에서 주조되고 행사되었다. 비공식적 차원에서, 경직된 위계적·가부장적 권력관계와 분위기를 한층 심화한 RUF의 일상 관행, 비공식적인 가치와 상호작용은 마찬가지로 이례적인 폭력과 잔인함을 통해 확산되고 유지되었다. 참가자들은 권력을 가진 사람들이 —대부분 남성이었다— 고함을 지르고, 명령을 따르지 않으면 죽이겠다고 협박하며 권위를 휘둘렀다고 말했다. 임무를 제때 또는 제대로 해내지 못하면 혹독한 처벌을 받거나 심지어 목숨을 잃기도 했다. 소년병은 처음에는 외부인으로서, 기본적으로는 강제로 고분고분하게 만들어야 하는 전쟁 포로로서 가혹한 처우를 받았다. 아동이 RUF의 일원이 되었을 즈음에는 이미 이루 말할 수 없이 잔인한 만행을 목격하고 자신을 지탱하는 사회적 토대가 산산조각 난 이후였기 때문에, 단지 살아남기 위해서라도 반군 집단의 명령에 복종해야 했다.

명령을 거부하거나 따르지 못하면 감방에 갇히거나 묶여 있어야 해요. 지휘관이 '명령을 따르지 않는 자는 죽어'라고 명령할 때도 있어요.(소녀)

RUF는 엄격한 집단이었어요. 명령에 불복종한 사람은 누구나 처벌을 받았어요. 애들의 경우는 때리거나 방에 가두거나 무기를 빼앗거나 굶겨요.(소년)

거듭 공포 분위기를 조성하는 것은 결속력과 복종심을 불러일으키는 열쇠였다. 이러한 공포는 자발적 정신과 저항을 억누르고 지배자에 대한 의존성을 높인다.[49] 게다가 탈출구가 없는 공포와 비이성적 처벌은 학습된 무기력•을 낳는다. 자신의 행동이 아무 효과가 없다고 생각해 처벌을 피하려는 시도를 포기하는 것이다.[50]

RUF에서는 아동이 하루하루 살아가는 모든 측면에 폭력이, 또한 폭력의 위협이 스며들어 있는 듯하다. 이 소녀의 말을 들어보자.

> RUF에서는 문제가 생기거나 폭력이 일어나지 않은 날이 하루도 없었어요. 반군은 항상 학대를 자행했고, 상상할 수 있는 온갖 사악한 짓을 저질렀어요.(소녀)

아동의 군사화된 정체성을 재구성하고 '만드'는 과정이 심화되고 견고하게 된 것은 이렇듯 지독한 폭력 문화를 통해서였다. 아동을 RUF에 동화시키는 과정은 점진적이면서도 계획적이었다. RUF가 만들어낸 새로운 사회 현실은 역사적·문화적 관행을 토대로 삼았으면서도 다른 한편으로는 연장자를 존경하고 여성을 존중하는 등의 전통적 가치와 문화적·공동체적 규범을 거부했다. 그 결과 노인을 공경하는 전통적인 풍습이 완전히 뒤바뀌었다.[51] 게다가 RUF 지휘부가 아동에게 신체적·기술적·이념적 훈련을 시키고 연대와 단결을 고취하고 폭력에 대해 상징적·실질적 보상과 진급을 제공한 것은 아동이 RUF

• '학습된 무기력'은 동물이 벗어나고 싶지만 벗어날 수 없는 상황을 잇달아 경험한 뒤에 부정적 결과에서 벗어나려는 노력을 아예 중단하는 것을 일컫는다(Hiroto and Seligman 1975).

에 순응하도록 하기 위해서였다. 이 점에서 RUF가 동원한 수단들은 폭력 문화와 더불어 아동이 가지고 있던 민간인으로서의 정체성을 깨뜨리고 이들에게 '새로운' 사회질서를 주입하고 군사화 및 'RUF 되기' 과정을 확립하는 데 중요하고도 필수적인 역할을 했다.

전쟁의 폭력적인 구조적 현실이 아동의 선택과 전망을 구성하고 형성한 것은 필연적이었다. 하지만 아동이 RUF 문화를 피동적으로 받아들인 것만은 아니다. 다음 장에서는 아동의 'RUF로 살아가기' 경험과 아동이 폭력 문화에 대응한 다양한 방식을 살펴본다.

5장

세 개의 얼굴: RUF로 살아가기

© UNICEF | Pierre Holtz

반군 캠프에서 체력 단련 중인 소년병

사람 죽이는 법을 훈련받았어요. …… 목 따는 법을 배웠죠. …… 총 쏘는 법도 배웠어요. 아침 일찍부터 총알을 장전하고 격발하고 …… 총기를 재빨리 분해하는 연습을 했어요. …… 사람을 쏠 때는 허리 위로 쏴야 해요. 그러면 확실하게 죽일 수 있으니까요. 겁만 주고 안 죽이려면 하늘에 대고 쏴요. 중요한 훈련이었어요. 총알을 낭비하면 안 되니까요.(소녀)

전쟁은 총체적인 사회 현상이지만 폭력은 개인적이고 변형적이며 피해자와 가해자의 정체성을 형성한다.[1]

매일같이 살인을 목격하면서 다들 살인에 익숙해졌어요. 시간이 지나자 폭력이 저의 일부가 되었어요.[2]

4장에서 설명한 수단을 통해 납치와 군사화 과정이 진행되자 소년소녀는 폭력 문화에 깊이 빠져들었다. 하지만 아동은 자신을 둘러싼 폭력 문화에 어떻게 대응했을까? 군사화 과정이 시작된 뒤에, 'RUF로 살아가기'는 이들에게 어떤 의미였을까? 이 장에서는 소년병의 일상생활과 경험을 추적한다. 특히 아이들이 피해자화, 가담, 저항을 변증법적으로 경험하고 수행하는 다면적 세계에 초점을 맞춘다. 또한 이 장에서는 아동이 RUF의 페르소나를 자기 것으로 만들고 RUF의 폭력 문화에 대응하는 과정을 들여다본다. 아동은 자신이 어찌할 수 없는 지독한 폭력의 구조에 사로잡혀 있으면서도 이러한 구조를 피동적으로 받아들이지 않았으며 RUF에 적극적으로 관여하고 이바지하고 RUF를 재생산하고 궁극적으로는 변형했다.

폭력과 무력충돌의
경험

모든 참가자는 매우 비슷한 상황을 겪었지만 소년병으로서의 경험과 이에 대한 반응은 결코 획일적이지 않았다. 오히려 이들의 경험은 피해자화, 특히 가담과 저항의 변화하는 현실에 따라 변화를 겪었다.

피해자화

모든 연구 참가자들은 RUF의 폭력 문화 안에서 지휘관에게 끔찍한 학대를 당했다고 말했으며, 이는 여타 연구에서 언급한 소년병의 비참한 피해자화 경험을 연상시킨다.[3] 참가자들이 겪은 폭력과 피해자화는 언어폭력에서 노골적인 학대까지 다양했다. 소년들의 증언을 들어보자.

고참 지휘관은 지독한 놈이었어요. 쇠막대기로 우리를 때렸어요. 두려웠어요. …… 이러다 언제든 죽을 수 있겠구나, 생각했죠.(소년)

두려운 기색을 보이면 가차 없는 매질이 돌아왔어요. 칼로 찌르거나 밧줄로 묶거나 며칠 동안 굶기기도 했죠.(소년)

피해자화는 RUF 안에서 계급과 나이를 가리지 않았으며 아주 어린 아동에게까지 일상화되었다.

제 직속상관은 아주 어렸어요. 열두 살밖에 안 됐거든요. 저는 열네 살이었고요. 어린 부대원에게 지휘관을 맡기는 건 드문 일이었어요. 나이 많은 지휘관이 뒷배를 봐주지 않나 생각했죠. 어쨌든 열두 살짜리 어린 지휘관은 저를 무척 못살게 굴었어요. 새벽부터 우리를 깨워서는 입에 담지 못할 욕설을 퍼부었어요. 당장 식량을 구해오라고 소리를 질렀죠. 식량을 구할 수 없다는 걸 자기도 알면서요. 심지어 빨리 달리라며 우리한테 총을 쏘기도 했어요.(소년)

RUF에서 지내는 동안 아동은 전투원, 민간인 할 것 없이 남자, 여자, 어린이에게 잔인한 폭력이 자행되는 광경을 목격했다. 본때를 보여주려는 의도였다. 참가자들의 말을 들어보자.

제 지휘관이 한 여자애와 여동생, 엄마를 붙잡았어요. 엄마와 동생은 쏘아 죽였어요. 여자애는 살려주었지만, 옷을 벗으라고 한 뒤에 강간했어요. 우리보고 자기를 둘러싸라고 해서 모두 그 광경을 지켜봐야 했어요.(소년)

제 일생에 가장 불행한 날은 엄마와 제가 납치되었을 때였어요. 그자들은 제가 보는 앞에서 엄마 목을 베었어요.(소녀)

하루하루가 지옥이었어요. 반군은 늘 사람들에게 나쁜 짓을 했어요. 때리고 묶고 굶기고 어린 여자애들을 강간했어요. …… 이렇게 고통을 받다가는 꼼짝없이 죽겠구나, 하는 생각이 들었어요.(소년)

임신한 여자 배를 갈라서 태아를 꺼냈어요. 엄마가 죽고 나서 태아도 곧 죽었죠. …… 팔다리를 자르기도 했어요. …… 정말 끔찍했어요. 정신을 잃을 뻔한 적도 여러 번이었어요.(소녀)

많은 소년병이 탈출을 생각했지만 자신을 둘러싼 폭력 문화 때문에 그럴 엄두를 못 냈다.

총만 가지고 도망칠까 생각했지만 맘을 고쳐먹었어요. …… 다른 무장단체에 붙잡힐까 봐 겁이 났어요. 그곳에서 상황이 더 나빠질 수도 있으니 차라리 우리 부대에 남는 게 안전하겠다, 여겼죠.(소년)

어떤 측면에서 RUF의 폭력은 무차별적이었다. 남성의 경우 (신체적이든 심리적이든 성적이든) 피해자화 경험을 대수롭지 않게 여기거나 무시하는 경향이 있기 때문에 이 사실이 간과되기 쉽다. 하지만 다른 측면에 눈을 돌리면 폭력은 대단히 성차별적인 현상으로, 이 때문에 소녀들은 불운한 경험을 겪었다. 거듭된 성폭력은 RUF의 가부장적 권력관계가 표출된 것이었다. 소녀 병사에 대한 연구들에서 보듯[4] 윤간이든 단순 강간이든 도구를 이용한 강간이든 성폭력은 소녀 참가자들에게 일상적 현상이었으며, 이로 인해 소녀들은 신체적·정서적·정신적 고통을 받았을 뿐 아니라 에이즈 공포에 떨어야 했다. 소녀들이 자신의 비참한 처지를 증언하고 있다.

> 어느 날 낮에 반군 두 명이 저를 강간했어요. 얼마나 아팠는지 몰라요. 강간당하는 내내 울부짖었어요. 제발 살려달라고 애원해도 그들은 들은 척도 하지 않고 제 손을 묶었어요. …… 첫 번째 남자에게 강간당한 뒤에 저는 완전히 무방비 상태였어요. 두 번째 남자가 저를 올라탔을 때는 무슨 일이 일어나는지도 몰랐어요. 강간이 끝나자 다리 사이에 피가 흥건했어요. 아파서 걸을 수도 없었어요. …… 정말 비참했어요. 남들과 함께 앉아 있기조차 부끄러웠어요. 그냥 죽어버리고 싶었어요.(소녀)

> 제 주위 여자들은 모두 강간 때문에 죽을 지경이었어요. 어린 여자애들은 다들 강간당할까 봐 겁에 질려 있었어요. 저를 처음 강간한 건 저

를 납치한 지휘관이었어요. …… 제가 피를 흘리는 데도 그냥 가버리더라고요. 정말 무서웠어요. 다른 강간 피해자들처럼 죽는 게 아닌가 싶었어요. 지휘관은 제가 싫다는 데도 계속 섹스를 했어요. 다른 장교들도 저를 찾아와 섹스를 했어요. 어린 남자애들까지도 집적거렸어요.(소녀)

강간은 부대에서 일상적인 일이었어요. 저는 납치된 첫날 강간당했어요. 강간당하기에는 너무 어렸는데도요. …… 울부짖으며 제발 놓아달라고 사정했어요. 그자는 저를 놓아주지 않았어요. 제 하소연은 아랑곳없이 자기 욕정을 채웠어요. 그날 밤 저는 울고 또 울었어요. 일주일 내내 앉아서 슬픔에 잠겨 있었어요.(소녀)

강간 때문에 임신하는 경우도 있었지만, 이렇게 태어난 아기는 영양실조나 질병, 학대로 얼마 못 가서 죽었다. 소녀들의 말을 들어보자.

〔강간 때문에〕 두 번 임신했어요. 하지만 둘 다 죽었어요. 다른 여자애들도 비슷한 경우를 당했어요. 아기를 분만한 애도 있고 사산한 애도 있었어요.(소녀)

〔밀림에서 낳은〕 아기는 사흘밖에 못 살았어요. 사흘째 되는 날 죽었죠. 저는 기뻤어요. 식량이 없었거든요. 저는 아기를 원하지 않았어요. 그 남자의 아이를 낳고 싶지는 않았어요. 그래서 잘 죽었다고 생각했어요.(소녀)

어떤 여자애와 한방에서 자는데 한밤중에 그 애가 비명을 지르고 울부짖더니 남자한테 "팬티 벗기지 말아요", "제 몸에 손대지 마세요"라고 말하는 소리가 들렸어요. 남자는 자신에게 아기가 필요하다며 아기낳아줄 여자를 원한다고 말했어요. 마누라가 불임이었거든요. 아기가태어나자 그 남자 마누라가 아기를 빼앗아갔어요. 하지만 아기를 돌보지 않고 학대해서 아기는 결국 죽었어요.(소녀)

여성들에게 가장 심한 폭력—특히 거듭되는 성폭력—을 저지른것은 남성이었지만 신체 폭력과 성폭력을 동원하여 상대를 괴롭히고권력을 휘두르기는 여성도 마찬가지였다.

어떤 여자가 자기 남편이 여자애를 임신시킨 걸 알고는 그 애를 불렀어요. 그 여자는 자기를 찾아온 여자애를 목 졸라 죽이려 했어요. 여자애가 임신하자 그 여자는 배를 주먹으로 때리고 태아를 죽이려 들었어요.(소녀)

여성 장교들은 우리를 노예 취급했어요. 남자보다 여자들이 더 못되게 굴었어요. …… 저를 강간한 남성 장교는 저와 사귀고 싶어 했지만,제 여성 지휘관이 못하게 했어요. 그때는 그 여자 꿍꿍이를 짐작하지 못했죠. 제 지휘관은 레즈비언이었어요. 그래서 우리가 남자와 가까워질때마다 벌을 준 거예요. 지휘관 밑에는 네 명이 있었는데 모두 지휘관과잤어요. 밤만 되면 '사랑 놀이'를 하자고 말했어요.(소녀)

공교롭게도 소년 참가자는 아무도 성폭력을 당했다고 말하지 않았다. 소년은 성폭력을 당했더라도 수치심 때문에 숨기려는 경향이 있어서[5] 연구진은 남녀 참가자에게 남자가 성폭력을 당하는 광경을 목격한 적이 있느냐고 물었다. 하지만 아무도 그런 광경을 본 적이 없다고 대답했다.

RUF의 경험으로 인해 소년 소녀가 극심한 '신변 불안insecurity'을 겪었으리라는 데는 의문의 여지가 없다. 신변 불안을 주제로 한 최근의 학술 문헌과 정책 연구에서 보듯, '신변 안전' 개념은 영토나 국가의 '안보'에 국한되지 않는다(영어로는 둘 다 'security'다_옮긴이). 오히려 '인간 안보'에 대한 인식이 커지면서 개인과 집단이 안보의 주요 대상으로 여겨지며, 인권과 민주주의, 발전을 증진하는 전략에 안보 정책을 통합해야 한다는 주장이 있다.[6] 유엔에서는 '인간 안보'를 이렇게 정의한다.

> '인간 안보'는 …… 중대하고 만연한 위협과 상황으로부터 보호하는 것을 의미한다. …… 인간의 생존, 생계, 존엄을 보장할 정치적·사회적·환경적·경제적·군사적·문화적 체계를 만들어낸다는 뜻이다.[7]

따라서 어린 참가자의 신변 안전은 다양한 영역에서 끊임없이 위험에 처했다. 소년 소녀는 적절한 영양 공급과 의료를 받지 못했으며 지독한 가난에 시달렸다. 아동은 부모와 이웃으로부터 강제로 격리되어 전통적인 공동체와 문화, 가치를 잃을 위기에 직면했다.

먹을거리가 언제나 모자랐어요. 다쳐도 치료할 약이 없었어요. 항상 가족이 그리웠어요. 예전처럼 함께 살고 싶었어요.(소녀)

게다가 앞에서 보았듯 고문과 강간, 학대는 아동의 인격적·신체적 안전을 지속적으로 위협했다. RUF의 손아귀에서 벗어날 방법을 찾지 못한 아동은 자신을 짓누르는 폭력의 힘에 순응하거나, 가혹한 처벌을 각오하고 그 힘을 거부해야 하는 양자택일의 상황에 놓였다.

폭력의 일상화

폭력의 피해자가 되는 경험은 아동에게 크나큰 심리적 충격을 남기며, 복종을 유도하는 억압과 권위 구조가 존재함을 보여준다. 하지만 피해자화에만 치중하다 보면 아동이 RUF에서 겪는 경험의 복잡한 층위를 간과하기 쉽다. 따라서 아동이 적극 가담자이자 전투원으로 관여하는 과정에도 주의를 기울여야 한다.

지휘관에게 학대받은 소년 소녀는 시간이 지나자 지휘관의 충성스러운 부하이자 동지가 되었다. 따라서 소년병의 '적'은 자신을 납치하고 억압한 자에서 이자들과 맞서 싸우는 사람[정부군]으로 바뀌었다. 하지만 '피해자'에서 '가해자'로 변모하는 것은 점진적 과정이 아니었다. 소년병의 증언을 들어보자.

납치되어 코노로 끌려갔을 때 온갖 총을 보고 겁에 질렸어요. 살인 무기라는 걸 알았으니까요. …… 반군은 점차 두려움을 없애주었어요.(소년)

처음에는 아무도 죽이고 싶지 않았지만 …… 나중에는 나쁜 짓을 즐기게 되었어요.(소년병)

아동을 피해자에서 가해자로 바꾸기 위해 RUF는 '폭력에 대한 둔감화desensitization to violence'를 전략적으로 활용했다. 폭력과 고문을 자꾸 저지르다 보면 나중에는 폭력을 일상적인 행동으로, 심지어 업무로 생각하게 된다.[8] 여러 응답자에게 이 같은 폭력의 일상화를 관찰할 수 있었으며, 상당수는 살인에 가담하는 것을 아무렇지도 않게 여겼다. 이들은 감정에 눈 감는 법을 배웠다.

사람을 죽이는 것은 RUF에서 일상적인 일이었어요. 적을 물리치는 것이 우리 임무였어요. …… 군대에 몸담았으면 이유 없이 사람을 죽일 수 있어야 해요. 그래야 충성심을 입증하고 반군의 눈에 들 수 있으니까요.(소녀)

[살인은] 해도 되는 일이었어요. …… 당연하게 여겼죠.(소년)

폭력에 대한 둔감화는 언어를 비롯한 다양한 수단을 통해 이루어질 수 있다. 다양한 훈육 방식을 연구한 바에 따르면, 언어는 우리가 생각하고 느끼고 행동하는 데 중요한 역할을 한다.[9] 또한 긴장을 줄이거나 조직원의 유대감을 높이는 데도 활용된다.[10] 고문이 조직적으로 저질러지는 곳에서는 현실의 변화에 맞추어 새로운 언어와 어휘가 생겨난다고 한다.[11] 학대 행위는 완곡어법, 블랙유머, 화장실 농담, 음담패설 등으로 포장된다. 이를테면 고문은 '다과회'('tea party'는 주먹으로 때리는 것, 'tea party with toast'는 몽둥이로 때리는 것을 일컫는다_옮긴이)라는 완곡어로 표현한다. 완곡어법은 비난받아 마땅한 행동을 괜찮은 행동으로 둔갑시키고 잔학 행위를 놀이나 고상한 행동으로 탈바꿈시켜 양심의 가책을 덜어준다.[12]

RUF의 비공식 문화에서는 완곡어법을 둔감화에 활용하는 현상이 뚜렷이 나타났다. 한 소녀 병사는 반군이 '씻다'라는 말을 '살인하다'라는 뜻으로 썼다고 말한다.

〔제게 낙인을 찍기 전에〕 소리 내어 울부짖지는 않았지만 마음속으로는 울고 있었어요. 울음을 터뜨리는 사람에게는 "씻어줄까, 낙인 찍어줄까?"라고 물어요. '씻는다'라는 말은 죽인다는 뜻이에요.(소녀)

민간인의 팔다리를 자르는 행위도 에둘러 표현했다. 사지 절단은 극도로 잔인한 행위이지만 '긴소매long-sleeves'(손목 자르기)와 '반소매short-sleeves'(팔꿈치 자르기)라는 완곡어법으로 포장되었다. 이 표현은 전시에 흔히 쓰였다.

많은 사람의 팔다리를 절단하는 임무를 맡았어요. …… 보통은 〔희생자에게〕 긴소매로 할 건지 반소매로 할 건지 물어봤어요.(소년)

마지막으로, RUF 성인 지휘관들이 시신을 어떻게 대했는지 살펴보자.

병사들은 살인과 죽음을 농담거리로 삼았어요. 납치되었을 때 시체를 많이 보았어요. 몇 구는 동료 반군의 시체였어요. 잔뜩 부풀어 썩기 직전이었죠. 반군은 자기가 아는 동료의 시체를 보더니 이렇게 말했어요. "존 자식, 밥을 많이도 처먹었군. 배 나온 것 좀 봐! 저렇게 배불리 먹은 건 생전 처음일 거야!" 반군은 시체를 대수롭지 않게 여겼어요. 하지만 우리는 시체를 보거나 고문받는 광경을 목격하기만 해도 속이 메슥거렸어요.(소년)

반두라는 폭력적 둔감화 과정을 설명하면서 사람들이 처음에는 자신의 변화를 깨닫지 못할 수도 있다고 주장한다.[13] 맨 처음에는 불편하기는 하지만 참을 수 있는 학대 행위로 시작하지만, 학대를 거듭하면서 자책감이 줄면 학대 수위가 점차 높아져 결국은 처음에 엄두도 못 내던 잔학 행위를 거리낌 없이 저지른다는 것이다. 이렇게 해서 본 연구에 참가한 소년 소녀는 자신이 두려워하던 폭력 문화에 차츰 젖어들었다.

[RUF에서] 우리의 유일한 존재 이유는 사람을 죽이는 것이었어요. 만날 죽이는 생각만 했어요. …… 집을 태우고 사람을 납치하고 약탈품을 날랐어요. 사람들을 묶고 죽이는 것도 거들었어요.(소녀)

수많은 사람의 팔다리를 잘라야 했어요. 마체테는 날이 아주 무뎠어요. …… 날카로운 마체테는 일부러 안 썼어요. 날이 무딜수록 더 아프게 할 수 있으니까요.(소년)

이 소년병은 성인 남성 지휘관의 폭력과 성 억압을 본받아 자기도 성폭력을 저질렀다고 털어놓는다.

대장님이 다른 여자와 자는 광경을 곧잘 훔쳐봤어요. 저는 부대원 한 명을 데리고 강간할 여자를 고르러 갔어요. 대장님이 저한테 시킨 그대로 녀석에게 여자를 데려오라고 했어요. 여자는 저보다 나이가 많았어요. 그 여자를 고른 이유는 예뻐서가 아니라 새로 납치되었기 때문이었어요. …… [왜 새로 납치된 여자를 골랐나요?] 겁에 질려 있으니까 제 말을 순순히 들을 거라 생각했죠. 여자가 무서워하니까 더 기고만장하게 되더라고요. [여자에게 어떻게 했나요?] 대장님이 자기 여자에게 한 그대로 했어요. …… 이따금 예쁜 여자를 고르기도 했어요. 말을 안 들으면 강제로 했어요. [그러면 기분이 어땠나요?] 좋았어요. 여자의 존재 이유는 모든 남자를 즐겁게 하는 거예요.(소년)

성인 지휘관의 권위와 후견, 잔인함은 소년병에게도 그대로 나타났다.

> 밀림에서 지휘관이 되었어요. 병사가 다들 어린애여서 부대 이름이 '꼬마 부대'였어요. 부대원은 일곱 명이었어요. 저를 지휘관으로 임명한 건 제 지휘관님이었어요. 그렇게 뿌듯할 수가 없었어요. …… 부대원들은…… 저를 좋아했어요. 저는 부대원을 지켜주고 작전에 필요한 여분의 탄약 같은 물품을 조달해주었어요. …… 하지만 명령을 따르지 않으면 매질을 하기도 했죠. [가장 심한 벌로] 최전방에 보내버리기도 했어요. 저한테 매를 맞으면 다치거나 드러눕기가 예사였어요. …… 기분이 좋았죠. 애들은 맞아야 정신을 차린다니까요.(소년)

시간이 지나면서 처음에는 참아낼 수 없을 것 같던 행동이 예삿일로 되어버렸고, 차츰 놀이나 오락, 심지어 기술로 여겨지게 되었다. 참가자들의 이야기를 들어보자.

> 총을 쏘는 게 재미있었어요. 그냥 장난으로 빈 숲에 총을 갈기곤 했어요.(소녀)

> 저는 먼 거리에서도 사람을 맞추는 데 일가견이 있었어요. …… 목표물에 명중하면 기분이 날아갈 것 같았어요. 친구들과 동료 병사들 모두 제 실력에 감탄했죠.(소년)

그때가 되면 기분이 좋았어요. 특히 동료와 있을 때요. …… 저는 집에 불 지르는 데 선수였어요. 영화에서처럼 불덩어리가 펑펑 피어올랐어요. 끝내주는 광경이었죠.(소녀)

하지만 분명한 사실은 '피해자'에서 '가해자'로 바뀌는 과정이 단계적으로 진행되지 않았다는 것이다. 아동이 피해자에서 무자비한 가해자로 완전히 탈바꿈하지도 않았다. 오히려 아동은 '폭력 행위의 가해자와 피해자를 끊임없이 넘나들었'다. 이 점에서 아동은 이중의 고통을 겪었다. 폭력을 저지르면서도 강압과 폭력, 기만의 피해자였기 때문이다. 다음 소녀의 증언은 피해자화와 가해자화의 흐릿한 경계를 잘 보여준다.

대장님이 총을 주면서 쏘는 법을 가르쳐줬어요. 저는 총을 들고 싶지 않다고 말했어요. 그랬더니 명령을 거부하면 죽이겠다고 협박했어요. 그래서 억지로 공중에 한 발을 쏘았어요.(소녀)

아동은 이렇듯 복잡하고 모순된 상황에서 수치와 혼란을 느꼈다. 하지만 폭력에 가담한 아동은 대부분 감수성을 잃지 않았으며 자신이 어찌할 수 없는 상황에 대해 거부감을 느꼈다. 참가자들의 이야기를 들어보자.

[전투원들은] 비참하고 고독했어요. 언제나 혼자였죠. 남몰래 울었

어요.(소녀)

〔전투원들은〕 반군 눈에 띄지 않는 곳에서는 엉엉 울었어요.(소녀)

똥이 마려운 척하며 숲 속에 들어가서 울었어요. 돌아오기 전에 눈물
을 닦았죠.(소년)

자신을 옥죄는 권위 구조에 둘러싸여 옴짝달싹 못하면서도 아동
은, 특히 소녀는 독특한 저항 방식을 동원하여 독립적으로 행동했다.

폭력에 저항하다

무력충돌 상황에서 온갖 불순한 사회적 힘이 아동의 행동을 통제하고
방해했다는 것은 의심할 여지가 없다. 하지만 상당수 아동은 이렇듯
강력한 힘 앞에서도 저 나름의 방식으로 폭력 문화에 대응하려 했다.
전쟁에 몸담은 아동이 무력충돌이라는 고도로 불안정한 상황에서 어
떻게 자신의 안전을 적극적으로 도모하고 폭력에 저항했는지 규명하
거나 이해하려 시도한 연구는 상대적으로 적다.[*] 이 분야 연구를 확대
하기 위해, 이 절에서는 혼란과 위험, 가차 없는 피해자화와 가해자화

• 예외적인 연구로는 Nordstrom(1997), Peters(2004), Utas(2005a, b) 등이 있다.

의 와중에서 아동이 어떻게 자신을 보호하고 궁극적으로는 그 나름의 자율성과 저항을 발휘하여 폭력 문화에 대응했는지 살펴보고자 한다. 소년 소녀는 불안한 상황을 헤쳐 나가고 이겨내기 위해 독창적인 전략을 만들어냈으며 폭력 문화를 전복하려 하기도 했다.• 이들은 총기를 사용하고, 힘 있는 지휘관과 '결혼'하고, 교묘하고 대담한 저항을 벌이는 등 다양한 방법으로 자신의 안전을 도모했다. 성공 여부는 제각각이었지만, 이러한 전략은 아동이 비참한 상황에서도 독립적인 행동을 할 능력이 있으며 창의력과 회복 능력을 가지고 있음을 입증한다.

총은 힘이고 자신감이다

RUF에 납치되어 소화기와 중화기를 강제로 손에 쥔 아동은 극도의 불안과 공포를 느꼈다.

> 저는 [무기 쓰는 법이] 서툴렀어요. 반군은 무기 작동법을 배우라며 저를 기지로 보냈어요. 하지만 제대로 따라가지 못했어요. 한번은 총기 오발로 죽을 뻔했어요. …… 무서워서 죽는 줄 알았어요.(소녀)

하지만 내전이 장기화되고, 돌아가는 상황을 관찰하고, 지휘관이나 동료 소년병과 관계를 맺으면서, 참가자들은 총을 휴대하는 것이 RUF

• 행위와 저항이라는 주제에 대해 귀한 의견을 제시한 크리스틴 제르베에게 감사한다. 그 덕에 토론과 협력을 통해(Denov and Gervais 2007) 이 절의 논의를 풍성하게 할 수 있었다.

에서의 영향력을 키워주며 피해자화 가능성을 줄인다는 사실을 깨달았다. 참가자들의 말을 들어보자.

> 총이 있으면 누구나 강해져요. 무장을 하고 있으면 나이 든 지휘관도 저를 함부로 못하죠. …… 총을 가지고 다니면 남들이 저를 인정해줘요. 총이 있으면 자신감이 생겨요.(소년)

> 총이 있을 때는 강한 사람이 된 것 같았어요. 총을 들고 있으면 총이 없는 사람을 제 맘대로 할 수 있어요. 지위가 높아지고 영향력이 커져요.(소녀)

> 총을 가지고 있으면 항상 자신감이 생겼어요. …… 총만 있으면 남에게 무슨 짓이든 시킬 수 있어요. 총이 있으면 어른 다섯 명을 사로잡을 수도 있어요. 안 그러면 누가 저 같은 꼬마에게 귀를 기울이겠어요?(소년)

성차별은 총기 사용에서도 드러났다. 대다수 소녀는 전투원으로서 자신의 지위가 소년보다 낮았지만 총이 있으면 RUF의 성적 불평등에서 벗어나 영향력과 통제권을 발휘할 수 있었다고 말했다.

> 저는 부대 안에서는 별로 힘이 없었지만 민간인에게는 막강한 힘을 휘둘렀어요. 지휘관님은 저희에게 민간인을 한 사람씩 넘겨주면서 "이

건 네 거, 이건 네 거"라고 말씀하셨어요. 그러면 각자 자기한테 할당된 민간인을 죽였어요. 그때는 무척 신나는 일이었어요. 자부심과 자신감을 느꼈죠. 기분이 좋았어요. …… 그 덕에 '내가 지휘관들과 같은 존재구나' 하는 자신감을 키울 수 있었어요.(소녀)

게다가 총을 가진 소녀는 RUF '안'에서의 학대와 착취로부터 자신을 보호할 수 있었다. 소녀 병사들은 총기가 안전을 도모하는 수단임을 깨달았으며, 시간이 지나면서 자신의 무기를 소유하기를 갈망했다. 소녀들의 말을 들어보자.

저는 병사가 되어 제 총을 갖고 싶었어요. 그러면 다른 [RUF] 병사들의 협박과 괴롭힘에 저항할 수 있으니까요.(소녀)

총은 제 경호원이자 방어막이 되었어요. 총이 곧 힘이었어요. 총을 가지고 싶어 한 건 그 때문이에요.(소녀)

하지만 아동이 무기를 다루면서 권력과 자신감을 느끼는 현상은 (성적) 의존과 복종의 맥락에서 보아야 한다. 참가자들은 총기를 사용하게 되면서 이전의 피해자화와 종속 관계에서 벗어났다는 느낌을 받았다. 구체적으로 말하자면, 일부 아동은 총기에 대한 두려움을 재구성하고 변형하여 총기를 권력의 상징으로 여겼으며 '부족하나마' 안전하다는 느낌을 가질 수 있었다.

힘 있는 지휘관과 '결혼'하다

무장세력에 몸담은 소녀에게 결혼과 성관계는 종종 생존과 보호의 대가다. 어떤 여자들은 이른바 '섹스와 비누의 교환'을 통해 "여성으로서의 지위(남성에 대한 [성적] 효용)를 활용하"여 건강과 식량을 얻어내려 할지도 모른다.[14] 또 어떤 여자들은 섹스나 결혼을 통해 폭력과 성적 학대로부터 벗어나려 할 수도 있다.[15] 권력의 역학관계가 얼마나 철저히 작동하는지에 따라, 결혼과 성관계는 소녀의 능동적 대응으로 볼 수도 있고 피동적 결과로 볼 수도 있다.

앞에서 언급했듯이 이 연구에 참가한 소녀들에게 성폭력은 끔찍한 일상이었다. 억압적인 가부장적 구조 속에서 소녀들은 남성의 '소유물'로 전락했으며 이들의 신체는 물건으로, 심지어 선물이나 보상으로 이용되었다. 성폭력에 시달리는 소녀들의 몸은 말 그대로 또한 상징적인 의미에서 전쟁터였다. 하지만 본 연구에 참가한 소녀들은 성인 지휘관을 비롯한 남성들의 잠재적 위협과 성폭력 위험을 끊임없이 자각하면서도 완전히 피동적으로 당하지만은 않았다. 신변 불안이 끊이지 않는 상황에서, 소녀들은 지위가 높은 남성과 적극적으로 관계를 맺으면 어느 정도 보호받을 수 있음을 깨달았다.

독신으로 살기보다는 남편이 있는 게 더 나았어요. 여자들은 성적 괴롭힘에서 벗어나기 위해 남자의, 특히 힘 있는 남자의 눈에 들려고 애썼어요.(소녀)

남성 지휘관과의 '결혼'은 억압과 폭력, 학대로 이어지는 경우가 다반사였지만, 소녀들은 무장세력 내의 수많은 남자들에게 끊임없이 강간당하는 것보다는 낫다고 생각했다. 한 소녀의 말을 들어보자.

지휘관이 애정을 표시하면 맘에 없어도 허락해야 할 때가 있어요. 윤간을 당하는 것보다야 나으니까요.(소녀)

힘 있는 지휘관과 '결혼'하면 다른 남자들의 일상적인 성폭력과 신체적 학대에서 벗어날 수 있을 뿐 아니라 무장단체 내에서의 지위도 올라갈 수 있었다. 높은 계급의 남성 지휘관과 '결혼'한 소녀는 식량을 더 많이 얻고 높은 사회적 지위를 누렸다.

고급 장교의 아내가 된 여자애들은 남편 계급에 따라 대접받았어요. 고급 장교와 사귀는 건 모든 여자에게 이익이었죠. 더 큰 권력과 지위를 누릴 수 있으니까요.(소녀)

아내가 된 여자애들은 남편의 계급과 지위에 따라 더 나은 대접을 받았어요. …… 처음에는 매일같이 강간당했어요. 섹스를 요구하는 사람이 하루에 꼭 한 명씩은 있었어요. …… 저는 모든 남자의 아내였어요. 하지만 나중에 그중 한 명이 ―장교였어요 ―제게 특별히 관심을 보였어요. 저를 다른 남자들에게서 지켜주고 남들이 저를 이용하지 못하게 했어요. 그 사람 혼자만 〔저를 강간〕하고 횟수도 줄었죠.(소녀)

하지만 소녀들은 억압적 상황에서 상대적 안전을 누린 것에 불과하다. '결혼'을 통해 좀 더 안전해질 수는 있었겠지만, 이렇게 보호받는 상황은 여전히 매우 불안정했다. 하지만 힘 있는 남자와 '결혼'하는 것은 보호와 권력, 지위, 생존을 적극적으로 추구하는 현명한 전략으로 볼 수 있다. 우타스는 라이베리아의 상황을 논의하면서 한 젊은 여인이 안전과 권력, 안녕을 도모하여 힘 있는 남성 지휘관과 관계를 맺는 등 교묘한 지위 상승 전술을 쓴 과정을 설명한다.[16] 본 연구에 참가한 소녀들의 경우, 밀림 결혼을 일종의 성노예로 볼 수 있지만 피해자화를 재구성하여 부족하나마 더 안전한 공간을 확보하기 위한 수단으로도 볼 수 있다.

RUF의 권위를 전복하다

RUF에서 살아가는 소년 소녀는 RUF의 권위에 복종하고 가치를 받아들여야 살아남을 수 있기에 저항하거나 반대할 여지가 거의 없었다. 하지만 이들의 증언에서는 피해자화와 폭력 가담의 경험만이 아니라 독특하고 (때로는) 전복적인 방식으로 이에 저항한 경험 또한 찾아볼 수 있다. 뒤에서는 성폭력에 대한 소녀들의 저항, 여자들의 친밀하고 (때로는) 은밀한 우정, RUF 명령에 대한 거부, 탈출 시도 등 네 가지 저항 형태를 설명한다.

소녀 참가자들이 성폭력에 진저리를 친 것은 분명하다.

강간당할 때 얼마나 괴로웠던지 지금까지도 그 작자에게 분노를 느

껴요. 지저분한 데다 냄새까지 지독해서 토하고 말았어요.(소녀)

그래서 소녀들은 성폭력으로부터 자신을 보호할 수 있는 저항 방식을 동원했다. 이를테면 한 소녀는 섹스를 거절하기 위해 생리 중인 것처럼 꾸몄다.

[강간당하지 않으려고] 생리 중인 것처럼 생리대를 차고 다녔어요.(소녀)

성폭력을 저지른 남성에게 난폭하게 보복한 경우도 있었다.

저를 늘 성적으로 괴롭힌 남자를 칼로 찔러 죽였어요. 그날도 저를 강간하려 하기에, 그러면 칼로 찔러버리겠다고 말했어요. 그자는 저를 얕잡아봤어요. 제게 단검이 있는 줄 몰랐던 거죠. 볼일을 보고 혼자서 돌아가는 길에 그자가 숲 속에서 저를 막아섰어요. 그 패거리가 제 일거수일투족을 감시하고 있다는 걸 알았어요. …… 그래서 강간범으로부터 저를 지키기 위해 단검을 가지고 다닌 거예요. 그자가 저를 강간하려 하자 칼로 두 번 찔렀어요. …… 성적 학대에 신물이 났어요. 그자는 [칼에 찔린 상처 때문에] 나중에 죽었어요.(소녀)

언제나 [저를 강간한] 남자들에게 복수하고 싶었어요. 내전 기간에 남자들에게 못되게 굴고 괴롭힌 건 그 때문이었어요. 남자는 무자비

234

한 족속이에요. 우리가 남자를 죽인 건 나쁜 짓을 응징하기 위해서였어요.(소녀)

소녀들은 다른 여성들과 친밀한 우정을 맺고 때로는 은밀한 연대를 구축해 폭력 문화에 저항하기도 했다. 여자끼리 끈끈한 관계를 맺는 것은 전쟁에 휘말린 여자들의 공통된 생존 전략이라고 할 수도 있겠지만, 여기에서는 소녀들이 살았던 특이한 상황을 감안해야 한다. RUF에서는 민간인으로 살았던 과거에 대한 생각이나 느낌, 정보를 내뱉거나 나누는 것이 엄격히 금지되었으며 호된 처벌을—심지어 사형까지도—받을 수 있었다. 이 소녀의 말을 들어보자.

같은 마을 출신으로 서로를 잘 아는 여자애 둘이 만나면 자기들만 아는 농담을 주고받고 함께 앉아서 고향 생각과 추억을 나누죠. 그러다 지휘관이 와서 이렇게 묻는 거예요. "왜 여기 앉아 있는 거지? 뭐 해?" 그러면 우리가 알고 지낸다는 걸 숨기려고 딴짓을 하는 척해요. 집 얘기 하다 들키면 죽을 수도 있거든요.(소녀)

이런 상황에서 소녀들은 같은 여성끼리 서로에게 힘이 되는 관계를 다지기 위해 위험을 무릅썼으며 RUF의 규칙에 저항했다. 여성들의 우정은 위안과 연대감을 주었을 뿐 아니라 남성을 따돌리고 여성끼리 신체적·정서적으로 공감할 수 있는 공간을 만들어냈다. 한 소녀가 다른 소녀들과 경험을 나누는 것이 얼마나 중요했는지 이야기한다.

어느 날 어떤 여자애가 잔인하게 강간당했어요. 피를 어찌나 많이 흘렸던지 죽고 말았죠. ······ 그 소식을 듣고 분통이 터졌지만 감히 말을 꺼낼 수 없었어요. ······ 그러다 여자애 두 명이 그 얘기 하는 걸 들었어요. 모두 모여서 우리 [강간당한] 이야기를 하기 시작했죠. ······ 이런 일을 당한 건 저 혼자뿐인 줄 알았는데 다들 같은 경험을 했다는 사실을 알게 되자 기분이 훨씬 홀가분해졌어요.(소녀)

열두 살 때 강간당해 임신한 또 다른 소녀는 미숙한 어린 소녀가 나이 든 여인의 지혜와 조언에 의존하고 여자들과의 독특한 유대 관계에서 도움을 얻었음을 보여준다.

숲에서 언니들에게 듣기로 두 달 동안 생리를 안 하면 임신한 거랬어요. 두 달 넘게 소식이 없어서 언니를 찾아가 이야기했어요. 그랬더니 임신이라고 그러더라고요. ······ 도저히 믿을 수 없었어요. 울음이 나왔어요. 그래서 다른 언니들에게 가서 그 이야기를 했어요. 아니라고 얘기해주길 바랐던 거죠. 하지만 다들 임신이라고 말했어요. 절망스러웠어요.(소녀)

이 소녀는 임신 중에 소년병들의 언어폭력을 겪었지만 나이 든 여인들이 자신을 지켜주었다고 말한다.

[남자애들이] 찾아와 "여기 있는 여자 중에 '너'만 애를 뱄다"면서 놀

236

려댔어요. "애 밴 여편네다! 애 밴 여편네다!"라며 저를 손가락질했죠. 정말 창피했어요. 〔하지만〕 제가 욕을 하니까 여자들이 모두 나와서 남자애들한테 욕을 퍼붓고 흠씬 두들겨줬어요.(소녀)

남성 지배에 저항하는 여성의 연대는 분만 과정에서도 발휘되었다.

숲에서 애를 낳았어요. …… 남자들은 멀찍이 내뺐어요. …… 언니들이 저를 도왔어요. 언니들은 뭘 해야 할지 알았어요.(소녀)

위험하고 가변적인 처지인 데다 여자끼리 사귀다 들키면 혹독한 처벌을 받을 수 있는 상황에서는 개인적 대화를 나누고 연대감을 구축하는 것조차 일종의 소극적 저항으로 볼 수 있다. 공식적이든 비공식적이든, 공개적이든 은밀하든 이 같은 여자끼리의 소통 구조는 무력 충돌 기간에 이들이 심리적·정서적 안녕을 유지하는 데 큰 몫을 했다.

성폭력에 저항하고 연대를 구축하는 것과 더불어 소년 소녀는 RUF의 권위, 명령 구조, 폭력 강요에도 저항했다. 이를테면 참가자들은 민간인을 RUF의 폭력으로부터 보호하기 위해 자신의 안전과 목숨을 걸기도 했다. 이 소년의 말을 들어보자.

어느 날 다른 아이와 함께 여자를 공격하라는 지시를 받았어요. 하지만 〔공격하지 않고〕 여자가 도망치도록 도왔죠. 친구가 고자질하는 바람에 저는 호된 벌을 받았어요. 저를 묶어놓고 지나가는 장교마다 사정

없이 매질을 했어요. …… 아침, 낮, 저녁, 이렇게 하루에 세 번씩, 주로 전선이나 군용 벨트로 맞았어요.(소년)

전투를 시작하기 전에 먹어야 하는 마약을 거부하는 것도 일종의 저항이었다. 참가자들은 다양한 방법으로 마약을 거부했다.

［전투를 준비하면서］카사바 밑에 화약을 넣고서 먹으라고 줬어요. 저는 아무도 모르게 화약을 버렸어요. …… 지휘관이 마약을 나누어줄 때 숨어 있기도 했어요.(소년)

소년 소녀의 저항은 탈출 계획으로 이어지기도 했다. 일부는 발각될 경우 태형이나 사형을 받으리라는 것을 잘 알면서도 탈출을 감행했다.

그때 제 나이가 열 살이었어요. …… 애들 몇 명이 모여서 탈출 계획을 짰죠. …… 우리는 CDF가 공격해오면 반군을 따라가지 않고 CDF에 합류하기로 했어요. 다들 이 계획에 대해 알고 있어서, CDF가 공격하자 반군에게서 달아났어요.(소녀)

첫 번째 탈출 시도 때는 총을 안 가지고 갔어요. 짐만 챙겼죠. CDF 부대가 거센 공격을 퍼부었어요. 우리는 흩어졌고 일부는 프리타운으로 가려고 했어요. 하지만 도중에 붙잡히고 말았어요. 세 명은 그 자리에서 처형당하고, 나머지 세 명은 감방에 갇힌 채 아무것도 먹지 못했어요. 우리도 죽일 생각이었지만 일손이 필요해서 살려준 거라고 했어요. 이 일이 있은 뒤에 RUF는 탈출하지 못하도록 사람들에게 낙인을 찍었어요. 탈출하더라도 RUF 소속이었다는 게 드러나면 적군에게 목숨을 잃을 테니까요. (소년)

또 다른 소녀가 탈출 상황을 설명한다.

만날 짐을 나르는 일에 진저리가 났어요. 저를 비롯해 다섯 명인가 가 탈출하기로 마음먹었어요. 물 긷는 틈을 타기로 했죠. 하지만 여자애 하나가 우리 계획을 엿들었어요. 지휘관에게 우리 계획을 일러바쳤어요. ……우리는 벌을 받고 좁은 방에 갇혀 며칠 동안 굶었어요. (소녀)

동료가 지휘관에게 고자질한 이유를 물었더니 소녀는 이렇게 대답했다.

〔우리 계획을 지휘관에게 이른 여자애는〕 우리 모두가 자기 곁에 있기를 바란 것 같아요. 우리가 도망가면 친구가 하나도 없고 온갖 허드렛일을 자기 혼자 해야 하니까요. (소녀)

동료를 배반하고 탈출 계획을 지휘관에게 고자질한 소녀는 그 나름의 생존 전략과 저항을 적극적으로 추구한 셈이다. 아동은 어떤 때는 연대해 행동했지만 또 어떤 때는 생존 및 저항 전략에 따라 갈등하고 경쟁하기도 했다. 일부는 탈출에 성공했지만, 많은 아동은 실패했다. 하지만 탈출 시도는 아동이 집단을 조직할 수 있으며 대단한 용기를 가지고 개인적·집단적으로 행동할 수 있다는 것을 보여주었다.

폭력 문화에 대한 아동의 대응은 저마다 달랐지만 한 가지 공통점이 있다. 모든 아동은 전쟁 체계에 강제로 몸담은 뒤에 이 체계의 복잡한 내부 역학을 이해했으며 이를 주무를 방법을 고안해냈다. 이러한 과정에는 아동마다 고유한 개인적 기회와 조건(심리, 인격, 성숙도, 체력, 정신력, 건강), 상황적 기회와 조건(구조, 공간, 관계, 지리)이 반드시 영향을 미쳤다. 저항 방식에서 두드러진 요인으로는 아동의 나이와 반군과 함께 지낸 기간 등 몇 가지가 있다. 인생 경험이 많고 성숙한 소년 소녀는 자신이 처한 상황을 판단하고 평가하고 계산하고 (궁극적으로) 극복할 수 있었다. 하지만 열 살밖에 안 된 어린 아동이 탈출 계획을 적극적으로 짜고 성공한 경우에서 보듯 예외도 있다. 전반적으로 보면, 인생 경험이 적고 전쟁의 역학 관계를 제대로 이해하지 못했으며 가족과 이웃으로부터 갑자기 떨어진 어린 아동은 대담하게 저항하기보다는 순응하며 기회를 엿보는 편이었다. 한편 RUF에 오래 몸담으면서 조직이 굴러가는 방식을 관찰하고 배우고 이해한 소년 소녀는 자신의 안전을 도모하는 효과적인 방법을 만들어내는 데 실력을 발휘했다. 이를테면 두렵고 싫기만 하던 무기가 자신을 보호해줄 수 있음을 깨달으려면 시간과 경험이 필요하다. 소년 소녀가 저항 전략을 고안하도록 영향을 미친 마지막 요인은 끊임없이 자신을 괴롭히는 피해자화였다. 특히 반군과 오랫동안 함께 지내면서 성적·신체적·심리적 불안정에 시달린 소녀들은 자신이 살아남기 위해서라도 대담한 저항 전략을 생각해냈다. 이를테면 자신을 강간하려던 남자를 죽인 소녀는 "성적 학대에 신물이 났"다고 말했다.

하지만 무력충돌 와중에 아동이 보여준 저항을 온전한 해방으로 간주할 수는 없다. 내전 이전과 당시 시에라리온의 사회적·경제적·정치적 힘, RUF의 폭력, 기존의 열등한 사회적 지위는 (특히 여성의 경우) 소년병의 사회적 행동을 구성하고 조직했으며 행위와 저항 수준에 영향을 미쳤다.

물론 참가자들의 전쟁 당시 피해자화와 가담 경험을 이해하려면 이 같은 폭넓은 사회적·역사적 조건을 감안해야 한다. 우리는 아동의 증언을 통해 RUF 지휘관이 전쟁 중에 어떤 테두리 안에서 활동했는지, 이것이 아동에게 어떤 영향을 미쳤는지 알 수 있다. 특히 눈에 띄는 것은 RUF 지휘부가 강력한 역사적 조건과 후견 관행, 착취, 노예화, 극단적 폭력을 활용하고 재생산한 과정이다. 소녀의 피해자화 경험은 이 점에서 의미심장하다. 쇼는 내전 중에 시에라리온 여자들이 겪은 납치, 잔학 행위, 노예화가 시에라리온 노예무역 당시에 여자들이 겪은 비극에 비길 만하다고 생각한다. 노예무역과 19세기 식민 지배 당시와 마찬가지로, RUF의 여자들은 농사일과 집안일을 떠맡았으며 소유물 취급을 받았다. 어린 RUF 병사가 자기 '아내'를 19세기 노예처럼 부려먹은 것에서 보듯, 노예무역 과정에서 자행된 착취와 납치, 살인은 시에라리온의 문화와 생활 습관에 각인되었고 궁극적으로 RUF의 관행을 형성했다.[17] 게다가 2장과 4장에서 설명했듯이 폭력과 보호, 후견의 연관성은 시에라리온 역사에서 두드러진 특징이다.[18] RUF 지휘부와 아동(주로 소년)의 후견 관계, 또한 아동 자신이 이를 모방해 동료나 하급자와 맺은 관계는 (논란의 여지가 있지만) 이러한 과거에서 뿌리를 찾을 수 있다. 결국 피해자화와 가담에 대한 아동의 증언은 RUF 관행의 사회적 맥락과, RUF 지휘부가 내부의 뿌리 깊은 사회적(또한 성차별적) 관행과 예상을 토대로 삼고 전파한 과정을 이해하는 데 중요한 자료다.

순응하거나
'가짜'를 연기하거나

4장에서 설명한 '소년병 만들기' 과정과 앞에서 언급한 아동의 피해자화, 가담, 저항 경험을 고려할 때 이러한 상황과 경험이 아동의 자기개념과 정체성에 어떤 영향을 미쳤는지 살펴보는 것은 중요하다. RUF로 '살아간'다는 것은 어떤 의미였을까? 아동은 이 정체성을 있는 그대로 받아들였을까? 에릭슨에 따르면 청소년기야말로 정체성 문제를 처음 접하고 (자신의 신념과 가치를 개인적 이념으로 확립하기 위해) 이념적·직업적 기회와 사회적 역할을 탐색하기 시작하는 시기다.[19] 매캐덤스는 청소년기가 아동이 정체성 문제를 처음 고민하고 (심리사회적 문제에 대처하기 위해) 통합적인 삶의 이야기와 서사를 적극적으로 만들어내는 중요한 시기라고 주장한다.[20] 따라서 아동은 "이 시기에 일어나는 개인적 사건을 정체성 형성이라는 심리사회적 목표에 맞추어 해석할 가능성이 크"다.[21] 청소년기에 일어나는 발달 과정이 삶에서 중대한 국면이라면, 납치되고 가혹 행위를 당하고 군사화되는 것은—그것도 비교적 짧은 시간에—중대하고도 인생을 변화시키는 경험으로 볼 수 있다. 게다가 삶의 이야기, 즉 정체성이 형성되고 확립되는 시기가 청소년기 전기前期라면, 폭력과 공포의 세계에 몸담는 소년병 경험은 기존의 서사와 발달 과정을 '뒤흔들' 수 있을 것이다.

'RUF 정체성'—즉 RUF의 '대의'와 목표에 대한 순수한 신념과 헌신—을 받아들인 정도는 아동마다 천차만별이었다. 게다가 다음에서 보듯, 전쟁 중에는 삶의 조건이 끊임없이 바뀌기 때문에 아동의 정체감은 정체되거나 고정되지 않았으며 반군과 지내는 내내 변화를 겪었다. 이 점에서 아동은 단일한 정체성 구축 과정에 고정되어 있지 않았으며 내전의 여러 단계에서 페르소나와 정체성 사이를 넘나들었다.

'자기 자신'으로 살기를 유보하다

'전인 구속 기관'(이를테면 교도소나 수용소)이 수감자의 정체성과 예전 자아상을 교묘히 빼앗듯, RUF는 아동을 납치해 세뇌함으로써 정체성에 '대규모 공격'을 가한다.[22] 생존 전략의 일환으로 일부 아동은 대외적으로 RUF의 폭력 문화에 순응했으며 지휘관과 동료에게 자신이 RUF의 대의에 전적으로 동화되었다는 인상을 주려 했다. 한 소녀는 RUF에 '충성'하는 모습을 보이면서도 전투를 회피하는 교묘한 전술을 보여주었다.

　　반군에게 충성하는 모습을 보여야 했어요. …… 저는 요리 담당이었
　　는데 언제나 근사한 밥상을 차렸어요. 안 그랬다가는 전투에 투입되어
　　죽을 수도 있잖아요.(소녀)

　　장기적 생존을 도모하여 RUF에 (거짓) 충성을 보이는 행위는 '정체
성 유보suspended identity' 개념으로 설명할 수 있다.[23] '정체성 유보'는
특히 사회적 조건이 갑자기 전면적으로 바뀌었을 때 여기에 적응해야
하는 사람에게 해당하는 개념이다. 이를테면 갑자기 명성을 얻거나
전인 구속 기관에 수감되었다고 해보자. 그러면 새로운 정체성을 확
립해야 하는 동시에 예전 정체성의 토대가 위협받는 처지가 된다. 새
로운 사회적 조건이 너무 위협적이어서 그 속에서 '자기 자신'으로 살
수 없다고 생각해 불안과 단절, 차별 등을 느낀 사람은 이 사회적 조건
이 지속되는 동안 예전 정체성을 '유보'하고 '가짜' 정체성을 내세우기
로 마음먹는다.[24] 이렇게 자아를 둘로 나누는 것은 특정 시점에 의식적
으로 이루어지는 결정이 아니며, 지속적 자기 대화와 임시방편적 상
호작용을 통해 형성된 의식적이고도 독립적인 정체성 보존 전술이다.
　　이 개념을 RUF 소년병에게 적용하자면, 일부 아동은 '진짜' 정체성
(소년병 이전의 정체성으로, 주관적 또는 개인적 정체성으로 유지되었다)과
'가짜' 정체성(무력충돌의 세계에서 살아남기 위해 만들어낸 정체성으로,
상호작용의 목표나 사회적 토대 노릇을 했다)을 구분한 듯하다. 이 점에

서 이들 아동은 RUF와 지내는 동안 자신이 '연기'를 한다고 생각했다. RUF의 기대와 행동에 부응하면서도 자신의 전쟁 이전 정체성과 연결된 동정심을 남몰래 간직한 것이다. 이를테면 소녀들은 전투 중에 상대방을 몰래 살려주었다. 목표물이 다치지 않고 도망칠 수 있도록 엉뚱한 곳을 겨냥한 채 총을 쏘기도 했다.

순찰을 돌다가 〔낯선〕 사람을 만나면 상관이 그 사람을 죽이라고 명령해요. 하지만 사람을 죽이기는 정말 싫었어요. …… 웬만하면 일부러 겨냥을 대충 하고 쏴요. 그렇게 아무도 죽이지 않고서, 임무를 완수했다고 보고하죠.(소녀)

전투 중에 총을 아무렇게나 쐈어요. 아무것도 겨냥하지 않았죠. 사람을 다치게 하고 싶지 않았어요.(소녀)

한 소년은 RUF에서 '자기 자신'으로 살아갈 수 없게 된 특별한 사건을 기억한다. 그의 말을 들어보자.

〔RUF가〕 염소를 빼앗는 걸 막다가 흠씬 두들겨 맞고 팔다리가 잘린 남자가 있었어요. 겁주려고 한 팔을 잘랐는데도 계속 반항하니까 나머지 팔까지 자른 거예요. 그 장면을 보니 욕지기가 치밀었어요. 정말 무서웠어요. 하루 종일 먹지도 못하고 밤에는 열까지 올랐어요. 다른 병사들이 저지른 잔인하고 무시무시한 만행 때문에 슬프고 두려웠어요.

앞으로 나도 무슨 일을 당할지 모르겠구나, 하는 생각이 들었죠.(소년)

이 소년은 나중에 이렇게 말했다.

어려운 상황이니 참고 견디는 수밖에 없다는 걸 알았어요. ……입 닫고 무심한 체했어요. 언제나 본모습을 숨기고 살았어요.(소년)

이것은 정체성 변화라기보다는 의도적인 정체성 구축으로 보아야 한다. 이 '가짜 정체성'은 끔찍한 세상에서 살아남기 위한 수단이었다.

RUF에 동화되다

일부 아동은 RUF의 가치와 목표, 신념에 대해 애착과 헌신, 충성심을 표출했다(대개 소년이었다). 이 소년들은 내전이 한창일 때 자신을 RUF 전사로, 전투원으로, 지휘관으로 인식하게 되었다고 말했다.

저는 전사였어요. 경호원을 거느린 지휘관이었죠. 이 자리까지 오른 건 용감하게 싸우고 충성을 바친 덕분이에요. [소년] 부대 지휘관으로 임명되었을 때 얼마나 뿌듯했는지 몰라요.(소년)

또 다른 소년은 RUF에 대한 충성심과 소속감을 표현하기 위해 CDF

와 ECOMOG를 비롯한 정부 측 군대에 격렬한 반감을 드러냈다.

> 그들을 증오했어요. '진짜로' 미웠어요. 그들은 적이었어요.(소년)

소년 몇 명은 RUF에서의 삶을 떠올리며, 자신이 달성한 지위에 자부심과 향수를 나타냈다. 이들은 자신을 둘러싼 폭력에 익숙해지자, RUF의 가치를 받아들였을 뿐 아니라 타인에게 고통을 가하면서도 양심의 가책을 느끼지 않는 정예 병사로 탈바꿈했다. 이 소년의 말을 들어보자.

> 많은 사람의 팔다리를 절단하는 임무를 맡았어요. …… [어떤 사람이] 차라리 죽여달라고 하더군요. 하지만 죽이는 건 효과가 떨어진다고 생각했어요. 죽으면 만사가 끝이잖아요. 양팔에 '반소매'를 해줬어요. 펄쩍펄쩍 뛰며 저를 따라오더군요. 울부짖으면서요. 그때는 남을 짓밟을 수 있다는 게 기분 좋았어요.(소년)

하지만 이 아동이 어떤 상황에서 살고 있었는지 잊어서는 안 된다. 이들은 극단적인 폭력, 마약, 왜곡된 권위 구조, 후견을 겪으면서 도덕의 나침반을 잃었기 때문이다. 이 소년의 말을 들어보자.

> 지휘관과 함께 있을 때는 좋고 싫은 걸 표현할 수 없어요.(소년)

게다가 강압적 설득과 이른바 스톡홀름 증후군—테러 피해자가 생존을 위해 가해자에게 정서적으로 이끌리는 현상—에 대한 앞선 연구[•]는 소년병의 무의식적 둔감화와 잔학 행위를 이해하는 데 참고가 된다.

정체성 구축 방식이 저마다 달랐던 것은 아동이 RUF의 납치와 강압에 대해 보이는 반응과, 군사화된 가치와 페르소나를 받아들이는 정도가 천차만별이었기 때문이다. 어떤 아동은 생존과 안전을 도모하려고 RUF에 무조건 복종하고 대외적으로 순응하면서도 속으로는 폭력 문화를 거부하거나 이에 저항했다. 반면에 어떤 아동은 RUF의 가치와 문화에 깊이 동화되어 잔인하고 극단적인 폭력에 적극적으로 가담했다. 전시戰時의 삶과 상황은 계속 변하기 때문에, 아동은 앞에서 설명한 정체성 구축 방식을 넘나들었으며 반군과의 관계도 고정되지 않았다.

성별은 아동이 RUF에서 정체성을 구축하는 데 두드러진 요인이었다. 가부장적이고 군사화된 폭력 구조에 짓눌려 사면초가가 된 소녀들은 소년들과 마찬가지로 RUF의 규범과 행동을 쉽게 받아들였으며, 이를 통해 폭력 구조를 강화하는 데 일조했다. 하지만 군사화된 남성성이라는, RUF의 전체주의적 체계에 전적으로 굴복하지 않은 소녀도 많았다. 위험을 감수하고 저항한 소녀도 있었고, '여성주의적' 공간에

• Pavlos(1982)와 Galanter(1989)를 보라.

서 일시적 위안을 찾은 소녀도 있었다. 하지만 지속적으로 성폭력에 시달리고, 부차적 지위에 내몰리고, RUF의 가부장적 권력·특혜 구조로부터 배제되고, 소년들과 달리 멘토링을 누리지 못해서인지 자신을 RUF와 철저히 동일시하거나 이러한 페르소나를 적극적으로 받아들인 소녀는 비교적 적었다(물론 없지는 않았다).

언론과 대중 담론에서 즐겨 묘사하는 정형화되고 일차원적인 이미지와 대조적으로, 소년병은 끔찍한 학대를 겪고 잔인한 폭력 행위에 가담하면서도 자신을 둘러싼 폭력에 영웅적으로 저항하는 등 모호한 영역에 존재했다. RUF에서 소년병이 된다는 것은 피해자화, 가담, 저항의 현실을 불규칙하고 가변적이고 변증법적으로 경험한다는 뜻이다. 이렇듯 복잡한 현실을 감안하면 소년병의 이미지가 생각처럼 단순하지 않음을 알 수 있다. 이들은 적극적으로 권력을 추구하고 권위에 저항하고 탈출을 계획·실행하고 지독한 폭력을 경험하고 극심한 폭력을 저지르고 뛰어난 회복력과 창의력을 발휘했다.

전쟁 경험이 아동의 삶을 바꾸었다는 것은 의심할 여지가 없다. 하지만 많은 변화는 내전이 끝난 뒤에 더 뚜렷이 드러나게 된다. 전쟁 이후에 아동은 또 다른 권력 이동과 맞닥뜨린다.

6장

총을 내려놓다:
소년병 되돌리기

© Pierre Holtz ⏐ UNICEF

어느 날 낮에 반군 두 명이 저를 강간했어요. 얼마나 아팠는지 몰라요. 강간당하는 내내 울부짖었어요. 제발 살려달라고 애원해도 그들은 들은 척도 하지 않고 제 손을 묶었어요. …… 첫 번째 남자에게 강간 당한 뒤에 저는 완전히 무방비 상태였어요. 두 번째 남자가 저를 올라탔을 때는 무슨 일이 일어나는지 도 몰랐어요. 강간이 끝나자 다리 사이에 피가 흥건했어요. 아파서 걸을 수도 없었어요. …… 정말 비참 했어요. 남들과 함께 앉아 있기조차 부끄러웠어요. 그냥 죽어버리고 싶었어요.(소녀)

[밀림에서 낳은] 아기는 사흘밖에 못 살았어요. 사흘째 되는 날 죽었죠. 저는 기뻤어요. 식량이 없었 거든요. 저는 아기를 원하지 않았어요. 그 남자아이를 낳고 싶지는 않았어요. 그래서 잘 죽었다고 생 각했어요.(소녀)

총을 가지고 다닐 때만 남들이 인정해줘요.

어딘가에 속해 있다는 느낌을 받죠.

힘 있고 보호를 받는다는 느낌도요. ……

총이 없으면 저는 아무것도 아니에요.[1]

　내전이 막바지에 이르렀다. RUF의 해산이 임박해지고 총성이 잦아들자 소년병들이 민간인으로 돌아가는 것은 꿈이 아닌 현실이 되었다. 하지만 총은 소년병에게 중요한 의미가 있었으므로 무장해제와 사회복귀는 언제나 복잡하고 때로는 모순된 경험이었다. 인용문에서 보듯 일부 아동에게는 총을 내려놓는 것이 권력과 보호막을 버리고 정체성의 일부를 포기하며 소속감을 잃는 것과 마찬가지였다.

하지만 어떤 아동에게 무장해제는 그토록 벗어나고 싶던 군사화된 세계를 떠나 새로 찾은 자유와 위안이었다. 대다수 아동에게 무장해제는 둘 다였다. 머리말에서 설명했듯 연구자들 사이에는 전직 소년병이 내전 이후에 정신 질환과 무질서, 일탈을 겪을 수밖에 없다는 통념이 퍼져 있었다. DDR 과정이 매우 힘들 수는 있겠지만, 소년병 자신과 (이들을 다시 받아들여야 하는) 지역사회 입장에서 볼 때 그런 가정은 과장되고 섣부른 것이다. 소년병 '되돌리기'—아동이 폭력의 세계를 떠나는 과정과 동원해제 이후에 자신을 재정의하려는 노력—에 대한 이해는 아직도 미흡하다. 이 장에서는 '되돌리기' 과정의 초기 단계를 추적하고, 특히 전쟁 직후에 아동의 탈군사화 경험에 영향을 미친 개별적·구조적 요인을 살펴본다. 이러한 개별적·구조적 요인으로는 개인의 정체성 구축, 공식 DDR 사업, 가족과 지역사회의 수용, 교육과 취업, 성차에 기반한 폭력과 건강 문제 등이 있다.

폭력과 무력충돌에서
벗어나기

연구 참가자들에게 폭력과 무력충돌에서 벗어나는 길은 납치되어 무력충돌에 몸담을 때처럼 갑작스럽고 예상치 못한 혼란스러운 과정이었다. 참가자들은 일찌감치 탈출하거나, 예상치 않은 방면放免이나, 자발적 사회복귀* 등 다양한 경로로 RUF에서 벗어났다. 폭력에서 벗어나는 과정은 종종 두려움과 불확실성으로 가득 차 있었으며 민간인으로 돌아가는 힘겹고 기나긴 여정의 첫걸음이었다.

• 이 용어에 대해서는 뒤에서 설명한다.

탈출, 모두의 '적군'이 되다

소수의 아동은 RUF를 탈출하여 제 발로 밀림을 빠져나왔다. 이들은
적 검문소를 통과하고, 식량과 물 없이 며칠을 버티고, 전직 RUF 전
투원이었음이 탄로 나 살해될까 봐 두려움에 떨며 신체적·정신적으
로 고된 나날을 보냈다.

한 소년이 탈출하면서 겪은 온갖 어려움과 그로 인한 스트레스와 정
서적 긴장을 묘사한다. 또한 동원해제와 탈출 과정에서 결코 피할 수
없는 친구와의 이별도 언급한다.

〔제 친구 모하메드가〕 눈에 총을 맞았어요. …… 눈에 중상을 입어 무
척 아파했어요. 저는 끊임없이 "가자. 우리 도망치자"고 말했어요. 어느
날 밤 도저히 통증을 견딜 수 없던 모하메드는 마침내 탈출하기로 마음
먹었어요. …… 마침, 나가서 식량을 구해오라는 명령이 떨어졌어요. 오
리가 몇 마리 있기에 잡으러 쫓아갔죠. 그때 모하메드가 "도망가자"고
말했어요. 그렇게 해서 탈출한 거예요. 이틀 동안 밀림을 걸어서 그래
프턴에 도착했어요. …… 그곳에는 CDF가 지키는 검문소가 있었어요.
우리는 전쟁 피해자이며 위험을 피해 달아나는 중이라고 말했지만, 모
하메드가 눈을 다친 것 때문에 의심을 샀어요. 모하메드 가슴에 RUF 낙
인이 찍혀 있어서 제 셔츠를 껴입으라고 줬어요. 우여곡절 끝에 간신히
검문소를 통과했어요. …… 마지막 검문소에 도착했는데, 여기에서도
ECOMOG의 심문을 받았어요. 제가 모하메드 대신 나서서 모하메드가

RUF의 총에 눈을 맞았다고 말했어요. 사람들은 모하메드가 불쌍해서, 눈을 가릴 손수건을 줬어요. RUF가 우리를 찾아낼까 봐 겁이 났어요. 못 하는 게 없는 사람들이니까요. …… 총 맞은 눈은 앞이 보이지 않고 냄새가 고약했어요. 그래서 검문소를 통과한 뒤에 병원을 찾았죠. 하지만 〔병원은〕텅 비어 있었어요. 그래서 약국에 갔는데, 역시 아무도 없었어요. 약국 건물 위층에 사는 여자가 우리를 불쌍히 여겨 모하메드의 눈을 가릴 새 헝겊을 줬어요. 모하메드는 근방에 사는 가족을 찾으러 가겠다고 했어요. 그래서 우리는 각자 갈 길을 가기로 했어요. …… 우리는 끌어안고 울었어요. 악수를 하는데 또 눈물이 났어요. 그러고는 헤어졌어요. 걸어가면서 계속 뒤를 돌아봤어요. 모하메드도 저를 돌아보고 있었어요. 우리는 서로를 바라보며 손을 흔들었어요. 그 뒤로는 모하메드를 만나지 못했어요〔긴 침묵〕.(소년)

이 아동들은 RUF에서 벗어났지만 이제는 RUF뿐 아니라 CDF와 ECOMOG까지도 이들의 '적군'이 되었다. RUF에서 배우고 익힌 군사기술은 이런 상황에서 자신을 지키고 살아남는 데 요긴하게 쓰였다. 민간인의 삶으로 돌아가는 과정조차 군사화에서 벗어나지 못한 것이다.

우연히 눈에 띄어 동원해제되다

폭력과 무력충돌에서 난데없이 벗어난 소년병도 있었다. 매복하다 유엔군 눈에 띄거나 숲에서 우연히 발견된 경우였다. 유엔군은 발견한 소년병들을 집결시킨 뒤에 접수 센터에서 공식 동원해제를 진행하거나 고향 마을로 보냈다. 한 소녀의 말을 들어보자.

> 매복하고 있는데 UNAMSIL이 …… 반군 지역에 있던 소년병을 모두 소집했어요. 우리는 난민 수용소에 실려가서 임시로 [아동보호 기관의] 보호를 받았어요. 그 뒤에 DDR 캠프로 보내져 각자 선택한 직업훈련을 받았어요.(소녀)

자발적 사회복귀, 홀로 서다

'자발적 사회복귀'나 자체 동원해제를 겪은 아동도 있다. 이들은 각자의 상황에 따라 RUF를 나와서 출신 마을에 바로 돌아가거나 새 마을에 정착하거나 실향민촌을 떠돌며 다른 방도를 찾았다. 자발적 사회복귀는 공식 동원해제 절차를 거치지 않은 경우를 뜻한다.•

• 탈출하거나 유엔군의 손에 풀려났지만 DDR에 참가하지 않아 자발적 사회복귀를 경험한 경우가 있다.

공격이 끝난 뒤에 저는 죽지도, 적에게 사로잡히지도 않았어요. 로켓 발사기는 없어지고 총만 남았죠. 남은 사람이 저 혼자밖에 없어서 제가 병사라는 걸 입증하기 힘들었어요. 나이도 어려서 아무도 제가 병사였다고 생각하지 않았을 거예요. 차량 운전자가 저를 태워줬어요. 제가 RUF였다는 얘기는 입 밖에도 안 냈어요. 반군이 마을을 공격했다고만 해뒀어요. 운전자는 저를 프리타운에 내려줬어요. 여기가 어디인지 전혀 모르겠더라고요. …… 반군과 있던 곳에서 400킬로미터나 왔으니까요. 다른 사람이 차를 태워줬어요. 이번에도 집을 잃었다고 말했어요. 그 아저씨와 한 달 동안 함께 살았어요. 우연히 반군 시절의 친구를 만났어요. 저를 보고 놀라더군요. 제가 죽은 줄 알았대요. 자기 가족에게 저를 인사시켰는데, 제 가족을 안다고 했어요. 친구 부모님께서 저를 데리고 있는 아저씨를 만나, 제 가족을 알고 있으며 저를 가족에게 데려가겠다고 말했어요. 저는 (공식적으로) 동원해제되지 않았어요. (동원해제 사업은) 정부가 소년병을 모아서 처벌하려는 수작이라고 생각했거든요.(소년)

많은 아동이 자발적 사회복귀를 선호한 이유는, 내전 뒤에 차별과 따돌림을 피하려면 정체를 숨겨야 했기 때문이다. 하지만 공식 지원의 혜택을 입지 못하기에, 급변하는 상황 속에서 혼자 힘으로 자신(과 RUF에서 낳은 자식)을 지켜야 했으며 자신에게 신체적 또는 심리사회적 뒷받침이 필요함을 인정받지 못했다.[2]

아동이 무슨 수를 써서 무장단체를 빠져나왔든, RUF와의 갑작스러운 분리는 중요한 전환점이었다. 처음 납치되었을 때와 마찬가지로, 아동은 오랫동안 몸담으면서 익숙해진 삶의 방식에서 단절되었다. 몇 주, 아니 며칠 만에, 군사화된 삶에서 떨어져나와 민간인의 규범과 가치, 기대, 행위자로 이루어진 새로운 존재 양식에 몸담게 된 것이다.

진실의 재구성과
민간인 되기

소년병이 폭력에서 벗어나는 과정을 보면 군사화된 삶이 어떻게 되돌려지는지 잘 알 수 있다. DDR 캠프나 실향민촌에 입소했든 바로 지역사회에 복귀했든, 참가자들은 전혀 다른 사회적 상황에 발을 디디고 적응하는 아슬아슬한 과정을 겪어야 했다. 그동안 쌓은 RUF 인맥과 전쟁에서 살아남는 데 한몫한 군사기술이 이제는 무용지물이 되었다. 게다가 무감각과 잔인성, 테러, 폭력, 연대, 단결 등 RUF의 공식적·비공식적 가치는 종전과 더불어 몹쓸 것으로 바뀌었다. 이와 마찬가지로 아동은 엄격한 군사적 위계질서에서 벗어났으며, 명령을 내리고 복종을 요구하는 지휘관도 없었다. RUF에서 벗어난 종전 이후 상황에서 남은 것은 선택권뿐, 이제 아동은 독립적으로 생각하고 행동해야 했다. 한마디로 아동 앞에는 '민간인'으로서의 새로운 현실이 펼쳐졌다. 어떤 아동에게는 민간인의 삶이 희미한 기억으로만 남아 있었다. 아동들은 일생에 두 번째로 한 세계에서 벗어나 다른 세계에 발을 내디뎌야 했다(어떤 이에게는 간절한 소원이기도 했다). 비인간성, 엄격한 상하질서, 무감각, 잔인성의 세계에서 인간성, 시민적 관계, 연민, 돌봄의 세계에 적응해야 했다. RUF에 입문할 때는 군사화된 체계에 적응하고 복종하도록 강요받았지만, 내전이 끝난 뒤에는 민간인으로서의 새로운 현실에서 자신의 정체성과 자리를 확립하고 재구성하는 일을 혼자서 해내야 했다.

이러한 되돌리기 과정에 중대한 영향을 미친 개인적·구조적 요인은 여러 가지가 있다. 개인적 차원에서 참가자들은 전쟁이 끝나면서 충성을 바칠 대상이 사라지자 '민간인'으로서의 정체성을 재구축해야 했다. 구조적 차원에서는 공식 DDR 사업, 가족과 지역사회의 수용, 교육과 취업, 성차에 기반한 폭력과 건강 등의 문제가 탈군사화 과정과 경험에 영향을 미쳤다. 이들 요인을 하나씩 살펴보자.

마음 둘 곳이 사라지고 두 정체성이 다투다

전쟁 이후에 참가자들은 아무 일도 없었던 것처럼 그냥 자신이 살던 마을에 돌아가 살아갈 수 없었다. 다른 상황의 소년병에 대한 연구에서 보듯[3] 참가자들은 일상생활에 스며 있던 폭력과 학대의 고통스러운 기억, 악몽, 불안, 분노, 공포, 우울 등 전쟁의 심리사회적 후유증을 끊임없이 겪었다. 게다가 RUF의 가치와 문화에서 벗어나는 과정이 언제나 분명하거나 직접적이지는 않았다. 이론상으로 '동원해제'라는 용어는 무장단체를 공식적으로 해산한다는 뜻을 담고 있으며, 일반적으로 동원해제 과정에서 공식적·비공식적 명령 구조를 무너뜨리게 된다. 하지만 현실에서는 내전이 끝난 지 여러 해가 지나도록 예전의 관계와 비공식적 지원 체계, 후견이 전직 RUF 조직원에게 힘을 발휘한다. 한 소녀의 말을 들어보자.

내전이 끝난 지 몇 년이 지났지만 저를 납치한 사람들과 여전히 함께 살았어요. 지휘관님께서 우리가 살 집을 장만하셨어요. 지휘관님은 밀림에서 만난 아내 세 명이랑 통신병이랑 함께 사셨어요.(소녀)

한 소년은 지금까지도 예전 RUF 지휘관을 만나 용돈을 받고 조언을 들었다.

지금도 [예전] 지휘관님을 만나요. 돈도 주고 입을 옷도 주시죠. 얼마 전에도 지휘관님을 뵈러 갔는데 사모님께서 지휘관님이 밖에 나가셨다고 했어요.(소년)

심리적으로나 사회적으로 RUF에서 완전히 벗어나지 못한 아동도 있었다. 이를테면 이 소년은 현재 상황을 헤쳐 나가고 종전 이후의 시에라리온에서 미래를 계획해야 한다고 생각하면서도 예전 RUF 지휘관과 (자기 휘하에 있던) 소년들을 보고 싶어 했다.

> 전쟁이 끝났으니 …… 새로운 친구를 사귀고 새로운 방식에 적응해
> 야 해요. …… 하지만 제 밑에 있던 애들을 만나보고 싶어요. 그냥 잘
> 지내고 있는지 궁금해서요. 예전 지휘관님도 정말 보고 싶어요.(소년)

물론 RUF가 공식적으로 해체되자 아동은 전쟁의 폭력과 테러, 학
대에서 벗어났다는 위안을 얻었다. 이들은 이제 피해자도, 가해자도
아니었으며 저항할 필요도 없어졌다. 하지만 많은 참가자들은 소중한
관계가 끊어졌다는 느낌을 받았다. 이 참가자는 내전 이후에도 특별
한 유대감이, 특히 RUF 남성 조직원 사이에 존재한다고 말한다.

> 지금도 서로 만나고 싶어요. 만나면 그렇게 좋을 수가 없어요. 저
> 를 모집한 지휘관님을 꼭 만나고 싶어요. …… 어디 사시는지 몰라요.
> …… 지금도 제게 도움을 주실 거예요. 다른 지휘관님도 이따금 만나
> 요. 선배처럼 제게 조언을 해주세요. 지금은 저를 보호해줄 수 없다고,
> 이제 제가 스스로를 지켜야 한다고 말씀하시죠. 이분들을 만나면 남에
> 게는 말할 수 없는 경험을 나눌 수 있어요.(소년)

'가족'이라고는 RUF밖에 모르는 참가자도 있었다. 전쟁이 끝나면
서 '가족'이 해체되자 이들은 외로움에 시달렸다. 이를테면 네 살 정도
되었을 때˚ RUF에 납치된 소녀 참가자는 RUF의 가치와 규범, 문화가

전쟁에서 살아남기 위해 일시적으로 받아들인 것이 아니며 '가짜' 정체성이나 유보된 정체성도 아니었다고 말한다. 폭력 문화와 RUF는 참가자가 알고 있던 유일한 생활양식이었다. 직접 들어보자.

저는 RUF에서 자랐어요. 제가 아는 것이라고는 RUF에서 배운 것뿐이었죠. 저는 외부에서 RUF에 참가한 것이 아니라 아예 그 속에서 '자랐'어요. 제 가족과 친구는 RUF밖에 없었어요. 제가 아는 부모님은 대장님과 [저를 납치한] 사모님뿐이에요. …… 하지만 그분들은 제가 어디 사는지도 모르세요.(소녀)

RUF에서 맺은 소중한 관계가 끊어지자 소년병들은 마음 둘 곳을 잃고 극심한 내면적 갈등을 겪었다. 'RUF'적 자기개념과 종전 이후 '민간인'으로서의 정체성이 부딪치는 것이다. 이 참가자의 말을 들어보자.

전쟁이 끝났어도 저는 여전히 스스로를 병사로 생각했어요. …… 결코 저 자신을 민간인으로 생각하지 않았어요.(소년)

이 참가자는 RUF에서 탈출해 가족과 재결합한 뒤에도 RUF와 자신을 동일시했다고 말한다.

● 이 참가자는 너무 어릴 때 납치되어서 당시의 정확한 나이를 기억하지 못했다.

가족과 재결합한 건 전쟁이 아직 끝나지 않았을 때였어요. 우리는 ECOMOG가 관할하는 지역에 살았어요. RUF가 가까이 오자 저는 깔깔 웃으며 이렇게 말했어요. "ECOMOG는 멍청이야. 우리 편[RUF]한 테 포위된 것도 모르다니. 전부 죽은 목숨이라고!" 그러자 [함께 있던] 여자애가 저를 쳐다보며 말했어요. "네가 무슨 말 하는지 알고 있니? 너 는 아직도 그들[RUF]과 함께 있어." …… 그때 깨달았어요. 생각을 고 쳐먹어야 한다는 걸요. 하지만 여자애는 저를 믿지 못하고 제 삼촌에게 가서 제가 RUF와 함께 싸우고 싶어 한다고 고자질했어요. 삼촌은 가족 회의를 소집해서는 저보고 장래를 생각하고 학교 다니는 문제를 고려 해보라고 하셨어요. 저는 학교 따위는 필요 없다고 말했어요. 제가 여기 를 떠나면 RUF가 돈을 줄 거라고 그랬죠.(소년)

군사화된 자기개념을 떨쳐버리기가 불안하여 망설이는 아동도 있 었다. 한 소녀는 군사화된 정체성과 권력에 대한 그리움을 DDR 캠프 에서 표출하기도 했다. 이 소녀는 캠프에서도 소년병 지도자로 처신 하며 '소녀 대장'으로 선출되었다. '소녀 대장'은 조율과 책임을 맡은 자리로, 다른 소녀들에게 영향력을 행사할 수 있다.

저는 [DDR 캠프에서] '소녀 대장'으로 선출되었어요. 기분이 무척 좋았어요. …… 제가 각자에게 일을 시키면 다들 그대로 따라야 했어 요. …… 말을 듣지 않으면 벌을 줬어요. …… 하루 동안 굶기기도 했 어요. …… 힘을 휘두르는 게 좋았어요. …… 밀림에서보다 더 큰 권력

을 누렸죠.(소녀)

RUF의 생활양식과 정체성, 권력과 단절하기가 얼마나 어려운지는 DDR 캠프에서 벌어진 또 다른 사건에서도 뚜렷이 드러난다. 이 소녀와 전직 전투원 몇 명은 급여를 제때 받지 못하자 DDR 직원을 집단 공격하기로 모의했다. 공격을 준비하고 용기와 힘을 불러일으키기 위해 마약을 조달해 투약하기까지 했다. RUF에서 배운 그대로였다.

우리는 돈을 받지 못해서 무척 화가 났어요. …… [용기를 얻기 위해] 마약을 투약한 뒤에, 돈을 주지 않는 DDR 직원들을 집단으로 공격했어요.(소녀)

극심한 죄책감과 수치심[4] 또한 종전 이후에 정체성을 구축하는 데 장애물이었다. 특히 전쟁 중에 폭력과 학대를 저지른 것이 문제였다. 참가자들은 끊임없이 죄책감에 시달렸다.

돌아온 뒤로 제가 저지른 나쁜 짓을 떠올릴 때마다 비참한 기분이 들어요. 그러지 않았다면 얼마나 좋을까, 죄책감을 느껴요.(소년)

보를 떠나려 할 때 …… 가장 친한 친구가 총탄 세례를 피해 달아났어요. 저는 친구에게 소리쳤어요. …… "제발 돌아와!" …… 지휘관님이 제게 총을 주면서 친구를 쏘라고 했어요. 싫다고 했지만, 그러면 저

를 죽이겠다고 협박했어요. 왜 명령을 거부하지 않았을까. 이 질문이 머릿속에서 떠나지 않아요.(소녀)

이에 반해, 내전 이후에 화해를 통해 정체성을 구축하려 한 참가자들도 있었다. 한 참가자는 이렇게 증언한다.

전쟁 중에 반군이 우리 아버지를 제 눈앞에서 죽였어요. 어린 소년병이 죽였어요. 그때는 울 수도 없었어요. 울면 저까지 죽이겠다고 했거든요. 하지만 마음속으로는 울고 있었어요. …… [전쟁이 끝난 뒤에] 비정부기구의 도움으로 다행히 학교에 가게 되었어요. 학교에 갔는데, 아버지를 죽인 아이가 우리 반에 있는 거예요. 그 애는 저랑 마주칠 때마다 고개를 푹 숙이고 외면했어요. 몇 주가 흐른 뒤에 그 애한테 다가갔어요. 잔뜩 겁에 질려 있더군요. 제가 말했죠. "전쟁은 끝났어. 이젠 모두 다 형제야."(소년)

참가자들은 인격 형성의 시기를 폭력적 갈등에 지배당하는 과정에서 얻은 강력한 군사주의적 정체성과, 자신의 성격을 개조하고 새로운 가치와 관계를 얻어야 하는 난데없는 사회적 탈군사화 상황에서 옴짝달싹 못하는 처지였다. 이것은 심오한 개인적 투쟁을 요하는 주요한 전환점이었다. 하지만 소년병의 페르소나가 타인에 의해 강압적으로 확립된 것과 달리, 종전 이후에 정체성을 형성하려는 투쟁은 대개 혼자 힘으로 이루어졌으며 참가자들은 제 나름의 방식으로 투쟁을 치렀다.

　개인의 정체성 구축(및 이와 연관된 불확실, 망설임, 죄책감)은 민간인이 되기 위한 통과의례였으나, 참가자의 종전 이후 경험을 형성한 강력한 구조적 요인이 함께 작용했다. 이제 이들 구조적 요인을 살펴보자.

DDR 사업: 무장해제, 동원해제, 사회복귀

무장단체에서 민간인의 삶으로 돌아가는 힘들고도 복잡한 과정은 꼼꼼히 기록되어 있으며, 지난 수십 년간 학자, 심리학자, 군, 정책 결정자, 정부가 많은 관심을 기울인 바 있다.[5] 국내외 기구들은 이 과정을 순조롭게 진행하기 위해 종전 이후의 발전 지원 계획과 사업을 구상하고 실행하고자 노력했다. 이른바 'DDR' 사업은 군사화에 대한 기술적 해결책이자 조직화된 폭력에서 벗어나는 수단으로 쓰임새가 늘고 있다. DDR 사업은 세계은행과 더불어 유엔개발계획, 유니세프, 유엔여성개발기금, 국제이주기구, 국제노동기구 등의 유엔 기구에서 지원을 받았다. 2006년에 유엔에서 발의한 '통합 DDR 기준'(이하 IDDRS)에서는 '무장해제'를 이렇게 정의한다.

　　전투원과 민간인의 소화기, 탄약, 포탄, 중화기를 수집, 통제, 처리하는 것. 여기에는 책임 있는 무기 관리 프로그램을 개발하는 것도 포함한다.[6]

공식 무장해제는 대개 공식 평화협정이 체결된 뒤에 시작되며 그 절차는 무기와 탄약의 반납, 등록, 폐기 순으로 이루어진다. 일반적으로 전투원은 지정된 장소에 소집되며 무기 반납에 대한 반대급부로 현물이나 현금이 지급되기도 한다. 하지만 '평화'를 이루려면 군인에게 총을 회수하는 것과 더불어 군대식의 명령·통제 구조를 무너뜨려 조직화된 반란을 꾀하기 어렵도록 해야 한다.[7] 따라서 '동원해제'는 전쟁에서 평화로 이행하기 위해 군과 무장단체를 감축하거나 완전히 해산하는 복잡한 과정이다. IDDRS에서는 '동원해제'를 이렇게 정의한다.

동원해제는 군이나 무장단체에서 현직 전투원을 공식적으로 통제하에 방출하는 것이다. 동원해제 1단계는 개별 장소에서 개별적으로 전투원을 복귀시키거나 특별 장소에 병력을 집결시켜 해산한다. 동원해제 2단계에는 동원해제자를 지원하는 사업이 포함된다. 이를 '재편입 reinsertion'이라 한다.[8]

DDR에서 가장 중요하고 장기적인 단계는 '사회복귀'일 것이다. 사회복귀의 목표는 민간인의 삶으로 힘겹게 이행하는 전직 전투원과 지역사회를 지원하고 전투원에게 대체 일자리를 알선하여 사회 구성원으로 제 몫을 다하도록 도와주며 사회의 수용과 화해를 장려하는 것이다. IDDRS에서는 '사회복귀'를 이렇게 정의한다.

전직 전투원이 민간인 신분을 획득하고 지속 가능한 일자리와 소득을 얻는 과정. 기본적으로 사회복귀는 기간이 확정되지 않은 사회적·경제적 과정이며 주로 해당 지역에서 진행된다. 사회복귀는 국가를 전반적으로 발전시키고 국가의 책임성을 고양하는 과정의 일환이며, 외부에서 장기간 지원해야 할 경우가 많다.[9]

DDR 사업은 내전 이후에 치안, 공공 안전, 국민 보호뿐 아니라 평화를 증진하는 데 중요한 요소로 간주되었으며 앙골라, 부룬디, 캄보디아, 엘살바도르, 과테말라, 라이베리아, 모잠비크, 우간다 북부, 시에라리온, 수단, 타지키스탄을 비롯하여 수많은 나라에서 인상적인 유엔 활동으로 꼽혔다. 이 나라들의 DDR 사업은 각국의 고유한 정치적·사회경제적 상황에 따라 다양하게 진행되었지만, 전반적인 목표는 대동소이했다.

DDR 사업은 절반의 성공을 거두었으며, 결과에 대한 검증이 제대로 이루어지지 않았는데도[10] 많은 비판을 받았다. 이를테면 DDR를 추진할 때 장기 전략을 세우지 않고 문제가 생길 때마다 임시방편으로 대처한다는 연구가 있다.[11] 사회복귀 사업이 만성적인 재정 부족에 허덕였으며 무장해제와 동원해제 단계에 인적·물적 자원이 편중되어 사회복귀에 쓸 자원이 모자랐다는 주장도 제기되었다.[12] 그 밖의 비판은 DDR 사업이 여성을 간과하거나 조직적으로 배제했다는 데 집중되었다.[13] DDR 사업이 땜질식이라는 비판도 있다. 이를테면 라이베리아에서는 "신원 확인, 등록, 면접이 한 시간 안에 끝났으며 상담도 두 시간밖에 걸리지 않았다. 이 때문에 아동과 (이들을 다시 받아들여야 하는) 지역사회의 심리적·사회적 요구를 제대로 파악할 수 없었"다.[14] DDR 사업의 수혜자도 논란거리였다. 인도주의 기구들이 수혜자를 파악할 때 권력과 영향력을 가진 현지인에게 의존한다는 주장이 제기되었다. 그러면 권력에 연줄이 닿은 사람만이 혜택을 누리게 되어 가뜩이나 소외된 사람들이 더욱 소외될 우려가 있다.[15] DDR 사업이 잔학 행위를 저지른 자들에게 혜택을 주고 전쟁의 상처를 입은 아동과 성인을 외면한다는 여론이 확산되자 사업에 대한 반감이 일기도 했다.[16] DDR 사업을 설계하고 시행할 때 현지 관습과 전통을 무시한다는 지적도 있다.[17] 이런 비판들이 있지만 DDR 사업은 전쟁 이후 재건 사업에서 여전히 핵심 요소다.

나라를 안정시킨 시에라리온 DDR

시에라리온에서는 1995년에 전前 유엔 사무총장 부트로스 부트로스 갈리가 동원해제와 사회복귀의 필요성을 제기했지만[18] 이듬해 들어서야 1996년 평화협정에 따라 DDR 계획이 닻을 올렸다. 군사정부가 무너지고 평화협정 체결이 예상되던 1998년 7월에 시에라리온 '국립 DDR 위원회'(이하 NCDDR)가 설립되었다. 시에라리온 정부와 ECOMOG, UNAMSIL 등 국제기구는 1998년부터 2003년까지 세 번에 걸쳐 공식 DDR 사업을 진행했다.* 1기는 1998년에 시작되었으며 권력을 되찾은 카바 정부가 추진했다. 하지만 전직 전투원 중에서 고

• 사회복귀 사업은 2003년 이후로도 계속 진행되었다.

작 3183명이 등록하는 등 그다지 성과를 내지는 못했다.[19] 2기는 로메 평화협정이 체결된 1999년에 시작되어 전쟁이 재발한 2000년까지 계속되었다. 2000년 5월부터 2001년 5월까지의 특별 기간을 포함하여 이 단계에서는 2만 1526명이 동원해제되었다.[20] 동원해제가 대규모로 진행된 것은 영국의 개입 이후로 UNAMSIL이 강화된 2001년과 2002년이었다. 3기 때는 전투원 4만 7781명이 동원해제되었으며, 이로써 동원해제된 이들은 모두 7만 2490명에 이르렀다.[21]

시에라리온 DDR는 전국의 접수 센터에서 전투원 소집, 개인 정보 취합, 무기 확인 및 회수, 수혜 자격 인증, 동원해제 장소 이송 순으로 진행되었다. DDR 초기 단계에는 전투원이 개별적으로 공식 접수 센터에 무기를 제출해야 자격을 얻을 수 있었다. 수혜자가 되려면 질문에 답하고 총기 —대개 AK-47 —를 분해·조립할 수 있어야 했다. 나중에는 이러한 '1인 1무기' 방식을 대신하여 집단별로 무장을 해제하고 무기를 반납하는 집단 무장해제가 실시되었다.* 접수 센터에서는 전직 전투원에게 생활필수품과 재편입 자금을 지급하고, 상담 서비스를 제공했으며, 전투원이 영구 거주할 마을을 선택하면 그곳까지 이송해주었다. 지역사회에 몸담은 전직 전투원들은 지역경제에 편입할 수 있도록 직업훈련을 받았다.

시에라리온 DDR 사업은 나라를 안정시키는 데 큰 성과를 거둔 것

---

* 회수된 무기는 꼬리표를 붙이고 작동 불능 상태로 만들어 보관소에 옮겼다. 나중에 군 참관단의 감독하에 파쇄하여 공구로 재활용했다(Miller et al. 2006).

으로 평가받았으며 DDR의 모범 사례로 꼽혔다.[22] 하지만 결코 완벽한 것은 아니었다. 2001년에는 일부 접수 센터에서 동원해제가 지연되었으며, 수당 지급이 늦어지는 것에 항의하여 일부 전투원이 퇴소를 거부했다.[23] 게다가 2001년 7월과 8월에는 룬사르와 포트로코의 동원해제 캠프에서 폭동과 시위가 일어나고 NCDDR 직원이 폭행당하기도 했다.[24] DDR 사업의 장기적 성과와 전반적 효과에 대해 의문을 제기하는 연구자도 있다.[25] 피터스는 DDR 사업이 실패한 탓에 전직 전투원 대다수가 먹고살 방도를 찾지 못했다고 말한다. DDR가 시에라리온에서 파벌 구조를 무너뜨리고 사회복귀를 촉진했다는 증거가 거의 없다는 주장도 제기되었다.[26] DDR에 참여했든 하지 않았든 사회복귀에 성공한 정도는 비슷했다는 것이다.

소년병에게 외면받은 DDR

로메 평화협정에는 DDR 사업에 소년병을 포함한다는 조항이 명시되었다. 아동이 전투원 신분을 인정받는 기준은 나이가 7~18세일 것, 총기 장전하는 법을 배웠을 것, 무장단체에서 훈련받았을 것, 무장단체에서 6개월 이상 지냈을 것 등이다.[27] 유니세프와 NCDDR 감독·평가부에 따르면 DDR 사업 1기 때 아동 189명이 무장해제되었으며 2기 때 2384명이(2000년 5월부터 2001년 5월까지의 특별 기간 포함), 3기 때 4272명이 무장해제되어 총 6845명의 아동이 무장해제되었다.[28] TRC 최종 보고서에 따르면 동원해제된 전체 아동 중에서 RUF 출신이 3710명, CDF 출신이 2026명, SLA 출신이 471명, AFRC 출신이 427명, 기타 단체 출신과 소속 단체가 없는 경우가 144명이었다.[29] • 시에라리온 DDR에 등록한 아동은 몇 가지 방안을 선택할 수 있었다.[30] 첫 번째 방안은 새로 창설된 시에라리온군에 재입대하여 군인이 되는 것이었다. 이 방안을 선택한 사람은 전체 전직 전투원 중에서 수천 명에 불과했다.[31] 두 번째 방안은 학교에 돌아가 학업을 계속하는 것이었다. 이를 위해 일정 기간 동안 학비가 지원되었다. 이 방안을 선택한 전직 전투원은 20퍼센트였다.[32] 세 번째 방안은 목공, 석공, 미용, 재봉, 비누 만들기 같은 기술을 배우는 것이었다. 훈련생은 매달 6만 리온(약 1만 5000원)을 받았으며, 졸업하면 기본 장비를 지급받았다. 전직 전투원의 과반수(51퍼센트)가 이 방안을 선택했다.[33] 세 번째 방안은 농사 패키지로, 역시 훈련과 더불어 수당과 장비가 지급되었다. 농기구, 쌀, 씨앗을 한 번에 지급하는 경우도 있었다. 전직 전투원 중 약 15퍼센트가 이 방안을 선택했다.[34] 마지막 방안은 (도로 건설 같은) 공공 토목 사업에 참여하는 것이었다. 전직 전투원은 노동의 대가로 식량이나 소액의 임금을 지급받았다.[35]

하지만 본 연구에 참가한 대다수의 소년 소녀는 DDR 사업을 '의도적'이고 조직적으로 외면했다. 시에라리온 소년병을 다룬 기타 연구에서도 같은 결과가 나왔다.[36] 참가자들이 DDR를 회피한 주된 이유

• TRC 보고서의 통계 수치에 오류가 있다. 3B권 4장 324쪽에서는 아동 6774명이 DDR에 참가했다며, NCDDR에서 2003년 8월 4일에 발표한 문서를 출처로 제시했다. 하지만 2003년 8월 4일 문서에는 이 통계가 실려 있지 않다. 2003년 3월 3일 문서에 아동 6845명이 DDR에 참가했다고 기록되어 있으며, 다른 저자, 단체, 유엔 문서에서는 이 수치를 주로 인용한다(Miller et al. 2006; UNICEF 2005).

는 낙인찍히거나 처벌당할까 봐 두려웠기 때문이다. 참가자들의 이야기를 들어보자.

DDR에 참여하지 않았어요. 진짜 무서웠어요. 사람들이 저를 알아보고 전쟁에서 나쁜 편에 섰다고 손가락질할 것 같아 겁이 났어요. 제가 밀림에 있었다는 사실을 아무에게도 들키고 싶지 않았어요. 제 이름이 알려지는 걸 원치 않았어요. 부끄러운 과거가 알려질까 봐 두려워요.(소녀)

[삼촌과 함께] 프리타운 실향민촌에 갔어요. 삼촌은 제가 마약을 하고 정신적 상처를 입은 것을 걱정하셨어요. DDR에 참가하라고 하셨지만 싫다고 했어요. 저는 DDR가 두려웠어요. 정부가 전직 전투원에게 복수하려고 꾸민 음모라고 생각했거든요. DDR에 참가하지 않은 것에 후회는 없어요. 지금도 DDR 때문에 제 신분이 노출되고 내전에 참전했다는 사실이 알려질 수 있다고 생각해요. 이따금 RUF의 옛 동료를 길거리에서 만나는데, DDR를 받은 사람은 믿지 않아요. 인사는 하지만 말을 걸진 않죠.(소년)

저는 DDR에 등록하지 않았어요. 밀림에서 나온 뒤에 이모가 저를 찾았는데, 제가 DDR에 등록하면 컴퓨터에 제 이름이 기록되어서 나중에 처벌을 받을 거라고 말씀하셨어요. DDR에 참가하면 제가 전투원이었다는 사실이 알려지잖아요. 아무에게도 그 사실을 밝히고 싶지 않아

요.(소녀)

하지만 어떤 아동은 DDR에 참가하고 싶었지만 기회가 없었다고 말했다. 이 소녀의 말을 들어보자.

DDR에 참여하지 못했어요. 휴전이 확정되고 나서 몇 달 뒤에 무기를 버렸어요. 그때쯤에는 〔도시에〕 새로운 사람들이 많았어요. 그래서 저도 피난민 행세를 했죠. 나중에 듣기로 유엔에서 〔전직 전투원을 상대로〕 DDR 등록을 받으면서 돈을 준다고 했지만, 저는 한 번도 본 적이 없어요. 대도시에서만 DDR를 했기 때문에, 저처럼 대도시에 머물 곳이 없는 사람은 참가할 수 없었어요.(소녀)

DDR에 참가한 극소수 아동이 회상하는 DDR 절차는 앞에서 설명한 것과 매우 비슷했다. 이 소년의 말을 들어보자.

동원해제 캠프에서는 우리가 진짜 병사였는지 확인하고 싶어 했어요. 빈총을 분해했다가 다시 조립한 다음 쏘아보라고 하더군요. 그러고 나서 양식에다 자기 이름과 지휘관 이름, 훈련 기지를 쓰면 카드와 일용품을 줘요. 2주 동안 DDR 캠프에서 지내야 했어요. 그 뒤에는 학교에 가든지 장사를 배우든지 선택하라고 해요. 학교에 가겠다고 하면 입학 절차를 처리해줘요. 장사를 배우겠다고 하면 자본금으로 36만 리온(약 9만 원)을 줘요. 수당도 6만 리온(약 1만 5000원)씩 줘요. 저는 마케니

에 가서 학교를 계속 다니기로 했어요.(소년)

DDR 사업이 도움이 되었다며 만족한 아동도 있다.

> [DDR] 캠프는 정말 좋았어요. 여가 활동을 하고 음악회에 가고 놀거리도 많았거든요.(소녀)

하지만 DDR에 참가한 아동 중 상당수는 DDR 사업이 자신의 필요를 충족하지 못하고 부패와 관리 부실, 거짓 약속으로 얼룩진 것에 실망했다고 말했다. 이 때문에 기술이나 자금 지원을 받지 않고 탈퇴한 아동이 많았다.

> 배우는 일은 즐거웠지만, 과정이 연기되기 일쑤였어요. [사업 담당자는] 나쁜 놈이었어요. …… 제대로 가르쳐주지도 않고 제때 수당을 주지도 않았어요. 아예 안 준 적도 있어요. 재료가 없어서 훈련을 받을 수 없었어요. 재봉 도구가 하나도 없었어요. 그래서 탈퇴했죠.(소녀)

> 약속은 새빨간 거짓말이었어요. …… [기술 훈련] 프로그램이 처음에는 근사해서 잔뜩 기대를 했는데 약속한 것들을 주지 않았어요. 수당도 제때 주지 않고 마땅히 받을 것을 받는 데도 한참 실랑이를 해야 했어요. 우리 같은 어린 소년의 이야기는 들으려고 하지도 않았어요. 벼룩의 간을 내먹는 사람들이었어요.(소년)

특히 문제가 된 것은 DDR 사업이 단기간 진행되었고 지속성이 없었다는 것이다. 경제가 어려운 탓에 아동은 배운 기술을 써먹을 수 없었다. 게다가 생계를 꾸릴 조그만 사업이라도 시작하기에는 훈련 기간이 너무 짧았다.[37] 그뿐 아니라 몇 달이 지나 사업이 종료되면 가족이나 의지할 곳이 없는 아동은 자기 힘으로 자신과 자식을 돌봐야 했다. 남자나 여자나 어려움을 겪은 것은 마찬가지였지만, 소녀들은 사회적 지위가 낮고 끊임없이 성폭력의 위험에 시달렸기에 고생이 더욱 심했다.[38] 아래 소녀 참가자의 짧은 이야기는 내전 이후 시에라리온에서 소녀들이 얼마나 고생을 겪고 있는지 잘 보여준다. 내전이 끝난 직후, 집도 돈도 없던 한 소녀는 비정부기구 직원의 제안을 받아들여 그의 집에서 살다가 성적 학대를 당했으며 임신한 뒤에는 아이와 함께 쫓겨났다.

처음에는 DDR 사업 덕분에 머물 곳이 생겨서 좋았어요. 하지만 난데없이 사업이 끝났으니 살 곳을 알아보라고 하더라고요. 저는 갈 데가 없었어요. 그때 DDR 캠프에서 일하던 비정부기구 직원이 손을 내밀었어요. 저한테 항상 잘해주던 사람이었어요. 부인이 있는데도 제게 추파를 던졌죠. 그 사람이 자기 집에서 함께 살자고 했어요. 저는 그 사람과 함께 살기 싫었어요. 신뢰가 가지 않았어요. 하지만 다른 방법이 없었어요. 얼마 지나지 않아 제게 섹스를 요구하기 시작했어요. …… 저는 아이를 가졌어요. 임신 사실을 알았을 때, 애 지우는 걸 도와줄 줄 알았어요. 부인이 알면 낭패잖아요. 하지만 안 도와줬어요. 저보고 집에서 나가라고 하더라고요. 아이를 돌봐주지 않을 거라고 했어요. 갈 곳도 없는데 이제는 키울 애가 둘이나 됐어요.(소녀)

두 자녀를 혼자 떠맡은 소녀는—면접 당시에 두 자녀 다 세 살이 채 되지 않았다—길거리에서 껌을 팔고 구걸을 하며 연명했다. 이런 현실을 볼 때 DDR 사업에서 소녀들이 겪은 불운한 경험을 더 깊이 살펴보아야 한다.

여성을 보듬지 못한 DDR

앙골라, 모잠비크, 라이베리아, 수단 등 다양한 나라의 DDR 사업을 조사했더니 여성이 조직적으로 배제되었다는 중요한 증거가 드러났다.[39] 이러한 배제 관행은 시에라리온에서도 되풀이되었다. DDR 사업을 계획하고 시행하는 과정에서 상당수 여성 전투원이 형편없는 대접을 받았다. 성역할에 대한 전통적인 관점에서는 무력충돌을 남성 간의 현상으로 보며 DDR 기획에 참여한 사람 대다수가 남성이었기 때문에, DDR 사업 초기에 소녀들은 고려 대상이 되지 못했다. DDR 의 의사 결정 및 계획 단계에 여성이 배제된 탓에 설계와 시행 과정이 편향되어 여성이 소외되었다는 주장도 있다.[40] 공식적으로 동원해제된 아동 6845명 중에 소녀는 529명에 지나지 않았다.[41]•

• 공식적으로 동원해제된 소녀의 수는 조사 기관에 따라 다르다. 세계은행은 소녀 506명이 DDR에 참가했다고 발표했다(Mazurana and Carlson 2004). 하지만 TRC 보고서에는 공식적으로 동원해제된 소녀의 수가 513명으로 기록되어 있다.

동원해제에 참가한 소녀의 수가 이렇게 적은 한 가지 이유는 '무기와 현금의 교환'이라는 DDR의 초기 접근법에서 배제되어 혜택을 얻을 수 없었기 때문이다. 1기와 2기 때 남성 전투원의 '아내'와 가족은 등록 자격이 없었다. 많은 소녀들은 동원해제 전에 무기를 반납하라는 명령을 받았으며, 남자 동료들이 접수 센터에 소집될 때에도 뒤에 남아야 했다. 어떤 소녀들은 지휘관이 자기 총을 가져가 남성 전투원이나 자격이 없는 민간인에게 주어서 혜택을 받게 했다고 증언했다. 총기를 공동으로 썼기 때문에 자기 소유의 총기가 없어 전투원으로 인정받지 못한 경우도 있었다. 전투원 출신 남자들이 DDR의 지원만으로는 가족을 먹여 살릴 수 없다고 불만을 제기하자 3기 막바지에 아내들에게 소액 대출 혜택이 부여되었지만, 대출을 받으려면 남편의 확인을 받아야 했다. 이 때문에 납치되어 아내가 되었다가 탈출한 여자는 혜택을 받지 못했으며, 어떤 여성들은 울며 겨자 먹기로 남편과 함께 살아야 했다.[42]

공식 동원해제에 참가한 여성들이 적은 또 다른 이유는 낙인찍히는 것에 대한 두려움과 정보 부족(또는 잘못된 정보의 유포) 때문이다. 본 연구에 참가한 소녀 상당수는 DDR에 참가하면 지역사회에 편입하는 데 방해가 될 거라고 생각했다. 전투원은 여성의 전통적인 역할로 인정되지 않기 때문에, 소녀들은 DDR에서 '전투원'이었다고 공식적으로 인정하면 가족에게 버림받고, 사회적 지위를 잃고 결혼을 하지 못할까 봐 두려워했다. 대다수 소녀에게는 DDR에 참가했다가 전투원 전력이 드러나 얻게 될 불이익이 DDR의 혜택보다 훨씬 컸다.

시에라리온의 소녀 대부분이 DDR에서 조직적으로 배제된 반면, DDR에 등록하고도 안전을 우려하여 나중에 발을 뺀 소녀들도 있었다. 한 소녀는 동원해제 캠프에서 끊임없는 성폭력 위협에 시달린 탓에 차라리 프리타운 길거리에서 살기로 마음먹기도 했다.

> [동원해제] 캠프는 난장판에 아수라장이었어요. …… 질서라고는 찾아볼 수 없었어요. …… 밤 근무를 서는 [캠프] 직원들은 남자애들[전직 전투원]을 통제할 수 없었어요. 그래서 남자애들이 [여자] 숙소로 찾아와 섹스를 하자며 귀찮게 굴었어요. 저는 불안해서 친구와 함께 캠프를 떠나 프리타운으로 왔어요. 프리타운에 온 뒤로 노숙자로 살고 있어요.(소녀)

결국 DDR 사업은 여성 전투원의 역할이 필수적이었음을 간과한 탓에 성차에 기반한 불안정과 권력 차별을 내전 이후까지 존속시켰으며, 대다수 소녀가 극히 힘겨운 상황에서 자신과 아이를 돌보도록 방치했다. 소녀들은 전쟁 중에 중요한 역할을 했음에도 종전 이후에 이를 인정받지 못했다. DDR에서 소녀들이 배제되자 유니세프는 DDR 3기가 끝나갈 무렵 '배제된 소녀들Girls Left Behind Project'이라는 사업을 시작했다. 코노, 봄발리, 포트로코 지구에서는 DDR에 참가하지 않은 소녀 1000여 명이 파악되었으며, '배제된 소녀들' 사업이 끝난 2005년 2월까지 714명이 혜택을 입었다.[43]

가족과 지역사회의 소년병 구하기

전쟁에 몸담은 아동이 장기적 안녕을 누리고 사회복귀에 성공하려면 반드시 가족과 지역사회가 뒷받침해주어야 한다.[44] 아동이 자신을 돌봐주는 어른과 신뢰 관계를 맺거나 부모와 함께 사는 것이 전쟁의 상처에서 회복하는 데 필수적이라는 주장도 제기되었다.[45] 따라서 가족과 지역사회의 지원을 받는 아동은 내전 뒤에 배척과 사회적 배제를 경험하는 아동보다 성공적으로 자리 잡을 가능성이 크다. 본 연구 참가자들은 내전이 끝나고 지역사회로 돌아갔을 때, 지탄의 대상이던 RUF와의 연루 사실이 드러나 비난을 받을까 봐 두려워했다. 이들의 우려에는 충분한 근거가 있었다. 전직 RUF 병사였다는 이유로 실제로 심각한 배척에 시달렸기 때문이다. 참가자들의 이야기를 들어보자.

돌아온 뒤로 가족과 지낸 지 1년도 안 됐는데 온갖 문제가 터졌어요. …… 가족은 더는 저를 사랑하지 않아요. …… 저를 업신여겨요. …… 가족이 저를 받아주고 용서하고 일원으로 인정했으면 좋겠어요. (소녀)

[마을 사람들은] 제가 '나쁜 놈들' 중 하나래요. (소녀)

제가 돌아왔을 때 엄마는 기뻐서 어쩔 줄 모르셨어요. 울고 또 우셨죠. 제가 죽은 줄 아셨대요. 그런데 가족에게 제가 무슨 일을 당했는지 이야기하고 반군과 함께 지냈다고 털어놓자 저보고 나가라고 했어요.

…… 얼마 있다가 친구들과 그 애들 가족이 찾아와서 우리 가족을 설득한 덕분에 남을 수 있었어요. 하지만 이웃 사람들은 자기네 애들한테 저와 말하지 말라고 시켰어요. 반군이던 소년과 제가 친구인 걸 보고서 제가 반군과 함께 있던 걸 안 거죠. 마을 사람들의 반응은 견디기 괴로웠어요. 가족보다는 친구가 제게 더 큰 힘이 되었어요. 가족은 저에게 말을 걸지 않고 어디에도 끼워주지 않았어요. 엄마가 특히 심하게 구셨어요. 결국 친구가 자기 아버지한테 우리 엄마 이야기를 했어요. 걔네 아버지가 우리 아빠와 아는 사이라서 그 얘기를 전하셨어요. 엄마와 떨어져 사시던 아빠가 찾아와서 엄마한테 저를 잘 돌보라고 설득했지만 엄마는 들으려 하지 않았어요. 엄마는 집을 나갔다가 어른들 말을 듣고서야 돌아왔어요. 그때는 이 여자가 진짜 엄마가 맞나, 생각했어요. 진짜 엄마라면 아들을 이렇게 푸대접하지 않을 것 같았어요.(소년)

가족과 지역사회로부터 배척받은 아동은 심리사회적으로 심각한 타격을 입기 때문에, 참가자들은 RUF 전투원의 전력을 되도록 감추려 들었다.• 상당수는 절친한 친구와 가족에게까지 전쟁 경험을 숨겼으며 RUF에 몸담은 사실을 앞으로도 결코 입 밖에 내지 않겠다고 다

• '되돌리기' 경험, 특히 지역사회의 수용과 연관된 경험이 CDF 출신 아동과 매우 다르다는 데 유의하라. 전직 CDF 소년병과 연구 참가자의 증언으로 보건대 전직 CDF 전투원의 상당수는 예나 지금이나 자신의 전력이 드러나는 것을 꺼리지 않는다. 면접에 참가한 전직 카마조르들은 자신의 전력을 밝히며 자신감과 자부심을 내비치기도 했다. 일부 지역, 특히 남부와 동부에서는 CDF 전투원이 반군의 폭력으로부터 시에라리온을 지킨 영웅이라고 생각하며, 이 덕분에 CDF 출신 소년병은 지역사회 수용과 장기적 사회복귀가 수월하다.

짐했다. 이 소년의 말을 들어보자.

제가 전투원이었던 사실을 아무에게도 말하지 않을 거예요. …… 미래의 아내와 (심지어) 자식에게도 제가 총을 들고 RUF와 함께 싸웠다는 얘기는 절대 안 할 거예요.(소년)

아동은 낙인찍히고 보복당할까 봐 행동거지를 바꾸고 정체가 드러날 만한 장소를 피하고 새로운 사람을 사귈 때 극도로 경계했으며 사회와 아예 벽을 쌓기도 했다.

밖을 다니다 보면 전쟁 중에 제가 해친 사람을 마주칠까 봐 겁나요. 그래서 밖에 안 나가요.(소녀)

예전에는 친구들과 쏘다니고 밖에 나가는 게 취미였어요. 하지만 지금은 사람들과 어울리는 거 별로 안 좋아요. 너무 오래 어울리다가 실수로 제 과거를 말해버릴까 봐서요. 제가 RUF 전투원이었다는 사실을 아무도 몰랐으면 좋겠어요.(소년)

사람들에게 인정받으려고, CDF와 함께 싸웠다고 말할 때가 있어요.(소년)

RUF와의 과거를 감쪽같이 숨긴 아동이 있는 반면 낙인 때문에 들킨 아동도 있다. 내전이 끝난 뒤, 낙인이 찍힌 아동은 지독한 수치심을 느꼈으며 지역사회 구성원에게 오명을 입고 배척당했다. 이 소녀는 낙인 때문에 RUF와의 과거를 감출 수 없었으며, 이것이 내전 이후의 삶에 크나큰 영향을 미쳤다고 말한다.

〔RUF는〕 작별 '선물'을 남겼어요. 영원히 사라지지 않는 선물을요. …… 지금도 가슴에 남아 있어요. 저한테 'RUF'라고 쓰고 'AFRC'라고도 썼어요. …… 일부러 그렇게 한 거예요. 이렇게 낙인을 찍어놓으면 제가 여기서 빠져나갔을 때 반대편에서 저를 죽일 거라는 걸 알았던 거죠. 그래서 낙인을 찍어놓고 제가 언제까지나 자기들과 함께 있길 바랐던 거예요. 떠나지 못하게 하고 싶었던 거죠. 그래서예요. 낙인은 제 삶에서 가장 고통스러운 부분이에요.(소녀)

전쟁 뒤에 낙인찍히고 사회적으로 배제된 경험은 아동에게 심리적·정서적으로 피해를 입혔을 뿐 아니라 시에라리온의 장기적인 사회경제적 안녕에도 중대한 악영향을 끼칠 것이다.[46] 세계은행은 시에라리온 농촌이 취약해지고 가난해진 것은 가족 관계가 단절되었기 때문이라고 지적했다.[47] 이러한 배제가 장기적으로 어떤 사회경제적 영향을 미치는지는 아동도 잘 알고 있었다.

전쟁이 끝나니까, 바라는 일자리를 얻을 수 없고 사람들이 제게 손가락질할까 봐 걱정돼요. 제가 바라는 삶을 살 수 있을 것 같지 않아

요.(소년)

많은 아동이 밀림에서 돌아온 뒤에 가족과 재결합할 수 없었다. 전쟁 중에 가족이 죽은 경우도 있었다. 이들 아동은 극심한 외로움을 느꼈으며, 입양된 일부 아동은 자신이 환영받지 못하고 학대당한다고 느꼈다.

제가 사는 집에는 저를 몹시 괴롭히는 아줌마가 한 명 있어요. 말다툼이라도 나면 저보고 '반군'이라며, 저 같은 무식한 반군과 이야기하는 건 시간 낭비래요.(소녀)

제가 살고 있는 집을 예로 들어볼게요. 친척 한 명은 제가 사소한 잘못을 저지르기만 하면 '반군의 기질과 습관' 때문이라고 말해요. 의견이 약간 다르거나 오해가 있으면 이렇게 소리쳐요. "너희 반군 연놈들, 나한테 수작 부리지 마. 알겠어? 허튼 수작 말라고. 아직도 반군 시절의 습관을 못 버렸잖아." …… 그러면 가슴이 아파요. 주저앉아 울음을 터뜨리고 말아요.(소녀)

소녀들은 배척과 낙인을 독특한 형태로 경험한다. 이를테면 RUF '남편'과 함께 사는 소녀들은 사회복귀에 심각한 애로를 겪는다. 한 소녀의 말을 들어보자.

남자친구의 과거 때문에 아빠는 저를 받아주지 않았어요. 저를 믿지 못하세요. 제가 RUF 사람과 사귀니까 아직도 RUF라고 생각하시죠. 하지만 남자친구는 제가 믿을 수 있는 유일한 사람이에요. 아빠가 제게 또 다른 사랑을 가져다줄 수는 없어요. 가족은 모두 제게 화가 나서, 제가 남자친구와 헤어지지 않으면 저를 받아들이지 않겠다고 엄포를 놓았어요. 저는 바라던 공부도 못 하게 되었고 가족에게 인정도 못 받을 것 같아요. 가족을 기쁘게 하려고 제 안식처〔남자친구〕를 버릴 수는 없으니까요. …… 제 걱정거리는 아이들이 반군의 자식이라는 거예요. 우리 집에서 아이들을 환영하지 않을 것 같아요. 나중에 차별을 당할 수도 있고 번듯한 집안 출신 애들과 경쟁할 때 불이익을 당할지도 몰라요. 남자친구가 없는 자리에서 엄마가 종종 하는 말씀이에요.(소녀)

소녀들이 배척받는 것은 반군과 연루되었기 때문만이 아니라 성폭력의 피해자였기 때문이기도 하다. 전시戰時 성폭력에 대한 연구에서 보듯[48] 처녀성은 결혼의 중요한 조건으로 간주되기 때문에, 강간당한 사실을 털어놓으면 혼삿길이 막혔다. 강간의 후유증을 우려하는 한 소녀의 말을 들어보자.

저는 무슬림 가정에서 자랐어요. 우리 가족은 여자가 결혼 전에 순결을 지켜야 한다고 믿어요. 그래서 제가 겪은 일 때문에 남편이 절 업신여길까 봐 걱정돼요. RUF에 잡히기 전에 〔마을을〕 떠날 기회가 있었는데 그러지 않은 것이 후회스러워요.(소녀)

게다가 아내와 어머니 노릇에서 여성의 가치를 찾고 결혼이야말로 경제적 안정과 보호를 누리는 최선의 방법인 사회에서, 혼삿길이 막힌 소녀들은 살아갈 길이 막막하다. 한 소녀의 증언을 들어보자.

반군과의 과거 때문에 저랑 결혼하려는 사람이 없을까 봐 걱정돼요. 이모가 그러는데 [제가 처녀가 아니라서] 아무도 저와 결혼하지 않을 거래요. 절망스러워요. 저는 어떻게 될까요? 어떻게 해야 하죠?(소녀)

지금까지 종전 이후의 온갖 문제를 살펴보았지만, 성폭력으로 생긴 자식을 데리고 지역사회에 복귀한 소녀들 문제보다 더 골치 아픈 것은 없을 것이다. 이 소녀들은 결혼 때까지 순결을 지켜야 하고, 아이의 아버지가 누구인지 알아야 하고, 공동체의 결혼관을 따라야 하는 등 공동체의 규범을 어긴 것으로 치부된다.[49] 게다가 부계 사회에서는 아버지를 통해 토지가 상속되기 때문에 이 자녀들은 토지를 받을 수 없어 미래가 불투명하다. 소녀들과 이들의 자녀는 공동체의 배척과 불안정을 뼈저리게 느꼈다.

마을에 돌아왔을 때 정말 마음이 아팠어요. …… '사람들이 날 놀릴 거야. …… 내 처지[임신]를 조롱할 거야'라고 혼잣말을 했죠. 이런 생각이 들 때마다 괴로웠어요. 그래서 베개 위에 엎드려도 보고 헝겊으로 배를 꽉 조여도 봤어요. 그렇게 하면 애를 지울 수 있다는 말을 들었거든요. 만삭이 되어서야 포기했죠.(소녀)

아이는 저희 이모와 함께 살아요. 다른 친척은 하나도 없어요. 아이가 푸대접을 받고 방치되어 있다는 걸 알아요. '반군 새끼'로 불린대요.(소녀)

남녀를 막론하고 참가자와 이들의 자녀는 내전 이후에 온갖 형태의 사회적 배제를 겪었지만, 정화 의식 덕분에 탈군사화와 공동체 편입이 수월했다고 말한다. 마을마다 절차가 다르기는 하지만 대개 기도와 노래, 춤이 동원되며 종교적·세속적 지도자와 치유자가 주관한다. 의식의 목적은 아동을 마을에 받아들이는 것과 더불어 망자의 혼을 몰아내고 과거와 상징적으로 단절하며 조상의 가호와 은총을 간구하고 마을을 악한 세력에게서 지키는 것이다. 시에라리온의 한 세속 지도자는 전쟁에 몸담은 소녀들의 정화 과정을 이렇게 설명한다.

여자아이들을 보는 순간, 이 아이들의 마음이 굳어지기 전에 깨끗이 씻어줘야 한다는 걸 알았어요. 조상님을 찾아가 어떻게 하면 아이들을 도울 수 있느냐고 물었죠. 조상님께서 아이들을 깨끗하게 하는 법을 일러주셨어요. 저는 숲에 가서 정화 의식에 쓸 약초를 캐어왔어요. 조상님께서 어떤 약초를 써야 하는지 알려주셨죠. 약초를 솥에 넣고 달였어요. 제주祭酒를 땅에 붓고 저도 한 모금 마셨어요. 약초 물이 끓기 시작하자 아이들을 누이고 담요를 덮은 뒤에 약초 김을 쐬면서 몸을 깨끗이 하고 마음을 안정시키도록 했어요. 김을 쐰 뒤에 다 같이 한집에서 잤어요. 그리고 이튿날 아침에 함께 숲 속에 갔어요. 숲에서 약초 즙을 마시게 했어요. 우리는 요리하고 노래하고 먹고 이야기를 나눴어요. 셋째 날에 아이들을 강가로 데려갔어요. 검은 비누와 약초를 가지고 아이들을 한 명씩 씻어주었죠. 다 씻은 뒤에 새 옷을 입혀서 함께 춤추고 노래하며 마을로 내려왔어요.[50]

전통 사회의 공동체와 가족은 전쟁 중에 자녀를 지키지 못한 것에 자괴감을 느낄 수 있기 때문에, 영적·종교적 의식은 아동뿐 아니라 공동체에도 중요한 영향을 미칠 수 있다.[51] 혼와나는 아프리카의 전통적 대처법이 사회적 요소와 정치적 요소를 결합함으로써 개인을 초월해 집단을 대상으로 총체적 접근법을 취한다고 지적한다.[52] 따라서 의식은 치유 과정을 앞당기고 아동을 지역사회와 재결합시키며 사회적 통합과 정신적 변화, 긍정적인 심리사회적 영향을 가져올 수 있다.* 연구 참가자들은 공동체 정화 의식 덕에 지역사회에 성공적으로 편입할 수 있었다고 말한다. 이들은 전통 의식을 통해 공동체에 받아들여지고 인정받는 느낌을 받았으며, 전쟁의 상처를 극복하고 새로 시작할 수 있었다고 말한다.

부모님께서는 제가 종종 악몽을 꾸는 것을 걱정하셨어요. 그래서 아빠가 저를 이맘(이슬람 교단의 지도자_옮긴이)에게 데려갔어요. 이맘

---

* 전통 의식 중에는 해로운 것도 있다. 그렇기 때문에 "의식을 장려하거나 지원하기 전에 …… 실상을 파악해야 한"다(Williamson 2006, p. 197).

께서 저를 위해 기도해주고 성수聖水를 만들어주셨어요. 매일 밤, 자기 전에 이 물을 몸에 바르라고도 하셨어요. 이 방법은 효과가 뛰어났어요. 그 덕분에 알라께 더 가까이 갈 수 있었죠.(소녀)

제가 DDR에 안 가겠다고 버티자 삼촌이 제게 약초를 쓰기로 했어요. 삼촌이 숲에서 캐어온 약초를 할머니께서 달이셨어요. 저는 달인 물을 마시고 관절에도 발랐어요. 두 분은 제게 담요를 덮은 뒤에 김을 들이마시라고 했어요. 자는 동안 할머니께서 의식을 행하셨어요. 약초 물을 들고 제 몸 위를 훑더니 심장 옆에 놓으셨어요. 의식은 한 번 만에 끝났어요. …… 약초를 썼더니 한결 나아졌어요.(소년)

가족이나 지역사회의 뒷받침을 받지 못하는 곳에서는 참가자들끼리 스스로 돕고 동료끼리 비공식 후원 조직을 만들었다. 이들이 스스로를 치유하고 문제를 해결하는 데는 친구들의 실질적 지원과 우정이 중요한 역할을 했다.

[슬플 때면] 작업장에 가요. [반장님이] 임금을 많이 주지는 않지만 제 기분을 알아줘요. 다른 애들이 떠났어도 제가 남아 있는 건 그 때문이에요. 반장님과 함께 있으면 걱정할 시간이 없어요. 기화기氣化器를 고치려면 온 정신을 집중해야 하니까 걱정은 어디론가 사라지죠. …… 반장님은 저를 아들처럼 대해주세요. 제가 허구한 날 직업훈련을 받으러 가는 건 그 때문이에요.(소년)

게다가 참가자들은 내전 기간에 소년병들과 끈끈한 관계를 맺었으며 무장단체에서 벗어난 뒤에도 함께 사는 일이 종종 있었다. 이러한 연대 덕분에 참가자들은 사회적·경제적·정서적으로 서로를 돕고 인정해줄 수 있었다.

> [RUF에서 만난] 가장 친한 친구랑 그 애네 엄마랑 저랑 함께 살고 있어요. 그 친구네 집에서요. 저한테 얼마나 잘해주는지 몰라요. 그리고 저를 이해해줘요.(소녀)

지역사회와 가족의 수용은 참가자들이 사회복귀를 바라보는 시각에 큰 영향을 미쳤다. 참가자들은 가족과 지역사회가 자신을 지지한다고 생각할수록 사회복귀를 긍정적으로 바라보았다.

소수에게만 주어진 교육과 취업 기회

종전 뒤 사회복귀의 발목을 잡은 주된 장애물은 시에라리온의 어려운 경제 사정이었다.[53] 시에라리온 재건을 위해 차관과 원조가 계획되었고 채무 탕감이 발표되었지만 경제를 회복시키기에는 역부족이었다. "시에라리온은 외국 원조에서 벗어날 수 없는 처지가 되었다. 2001년 5월부터 2002년 4월까지 경제가 10퍼센트 성장하고 물가도 떨어졌지만, 이것은 (지속될 수 없는) 원조금 덕분이었"다.[54] 국제통화기금(이하

IMF)을 비롯한 국제금융 기구가 경제 재건에 적극적으로 나섰지만 오히려 문제를 꼬이게 만들었다는 지적도 있다. 특히 IMF가 공기업 민영화를 고집한 탓에, 예산의 65퍼센트를 외국 원조에 의존하는 시에라리온 정부가 기반 시설을 재건하기란 여간 힘든 일이 아니었다.[55] 게다가 국제사회가 무역 장벽을 철폐하라고 강요하자 값싼 아시아산 쌀이 시장을 점령하면서 소농들은 경쟁 상대가 되지 않았다.[56] 시에라리온 '국가 재건 전략'을 평가한 보고서는 경제 침체와 불평등, 부패가 전직 소년병을 비롯한 시에라리온의 소외 계층에 어떤 영향을 미쳤는지 밝히고 있다.

일자리가 없어 대도시와 농촌을 배회하는 청년들이 전쟁 전보다 더 많아졌다. …… 경제 불평등도 여전하다. 국가 경제는 동원해제된 전직 전투원과 일자리를 잃은 국민을 재고용할 여력이 없다. 경제 격차와 불평등이 시에라리온의 사회적 역학관계를 지배하고 있으며, 노골적 부패와 (위기에 대처하는 데 급급한) 위정자들이 불에 기름을 붓고 있다.[57]

다른 연구에서도 같은 결론을 내리고 있다. "경제가 침체하고 기반 시설이 부족한 탓에 시에라리온이, 또한 사회복귀 과정이 어려움을 겪고 있다. …… 나라가 불안정하면 평화를 위협받을 수 있다."[58] 아동은 이토록 힘든 경제 상황에 '편입'하느라 안간힘을 쓰고 있다. 여기에서 빼놓을 수 없는 것이 종전 이후 사회복귀의 핵심 요소인 교육과 취업이다.[59] 극심하고 장기적인 내전을 겪은 만큼 사회적 화해 분위기와 나라의 안정을 찾고 전쟁으로 만신창이가 된 경제를 재건하려면 교육을 신속히 정상화해야 한다.[60] 교육은 고용과 경제성장에 필수적인 지식과 기술을 가르칠 뿐 아니라, 사회를 좀먹는 과거의 분열을 해소하는 데도 꼭 필요한 토대다.[61] 교육은 내전의 혼란과 상처를 겪은 아동의 삶을 안정시키고 정상화하는 데도 필수적인 것으로 간주된다.[62] 폭력과 공포, 불확실성을 몰아내고 학교를 비롯한 교육 시설을 재건하는 것은 '삶을 긍정하는 활동'으로서 중요하며 전쟁에 시달린 아동에게 희망과 목표를 심어줄 수 있다.[63] 아동의 전쟁 경험을 감안한 교육 과정을 개발하고 아동의 자신감과 자존감을 키워주는 교수법을 적용하면 안전하고 체계적인 환경에서 학습과 놀이를 제공해 아동의 심리사회적 안녕을 도모할 수 있다. 시에라리온의 '아프리카 여성 교육학자 포럼'(이하 FAWE) 이사는 2002년 유엔 아동특별총회에 제출한 성명에서 평화란 가르치고 배워야 하는 현상이라고 선언했다. "지속 가능한 평화는 모든 아동에게 양질의 기초 교육을 제공하는 토대 위에 서야 한다."[64]

시에라리온 정부는 내전 이후에 더 많은 아동이 교육받을 수 있도록 애썼으며, 특히 소녀와 북부 및 동부 지역 아동에게 관심을 쏟았다.[65] 교육부는 초등학교 정규 교육 기간을 전쟁 전의 7년에서 6년으로 줄이고 주요 교과서와 교보재를 모든 학생에게 무상 지급했다. 또한 모든 학생에게 급식을 제공하고 초등학교 등록금과 전국 초등학교 졸업 시험 수수료를 폐지하는 등 초등학교 취학률과 졸업률을 높이기 위해 여러 가지 조치를 취했다.[66] 전쟁 때문에 학업을 중단해야 했거나 아예 학교에 다니지 못한 나이 먹은 아동을 위해서는 초등학교 과정을 3년에 마칠 수 있는 '초등학교 신속 보충교육' 제도를 마련했다. 2004년에 시에라리온 국가 예산의 25퍼센트가 교육 재건과 쇄신에 쓰인 것으로 추산된다.

국제 구호 기구들도 만신창이가 된 시에라리온의 학교 체계를 복구하고 최대한 많은 아동에게 교육 기회를 제공하기 위해 직접 지원에 뛰어들었다. 세계은행에서 시작한 사바부 프로젝트는 5년 안에 초등학교와 중학교 600곳을 복구할 계획이며, 유니세프에서 후원하는 '교육을 위한 공동체 운동'에서는 저비용 학교 시설 1000여 곳을 신축하도록 지원하여 아동 37만 5000명이 3년 동안 교육받을 수 있는 공간을 제공했다.[67] 합동 지원과 단독 지원 이외에도 수많은 종교 단체와 플랜 인터내셔널, 월드비전, FAWE 등의 국내외 비정부기구가 지역 학교 설립과 교사 채용, 교보재 지급 등에 적극적으로 참여했다.[68]

이 같은 운동은 큰 변화를 가져왔으며, 1990년대 말엽 이후로 취학률이 세 배 증가한 것으로 추산된다. 다만 초등학교 졸업생들이 늘어나자 중등학교에서 이 인원을 소화하지 못하는 형편이다. 현재의 증가 추세라면 유엔의 '새 천년 개발 목표' 2항인 '보편적 초등교육'을 2015년까지 달성할 수 있을 전망이다.[69]

교육 재건은 이렇듯 성공을 거두었지만 한계도 적지 않다. 다른 개발도상국과 비교할 때 시에라리온은 교육 기회가 턱없이 부족하다. 12세 아동의 취학률이 다른 개발도상국은 85퍼센트 이상인 반면 시에라리온은 18퍼센트에 불과하다.[70] 초등학교 취학 연령의 아동 중 25~30

퍼센트(24만 명 이상)가 학교에 다니지 않고 있으며 소녀와 농촌 거주 아동, 빈곤층과 북부 지역 아동이 특히 열악한 처지에 놓여 있다.[71] 게다가 교육법에는 모든 국민이 기초 교육을 무상으로 받을 권리가 있다고 명시되어 있으나 공립학교에서 여전히 별도로 비용을 청구하고 있다고 한다.[72] 2005년에는 약 37만 5000명의 아동이 학교에 다니지 못했다.[73] 유엔의 최근 보고서에 따르면 시에라리온의 초등학교 중에서 제대로 운영되는 곳은 절반에 지나지 않고 상당수가 열악한 상황이며 중등학교 진학률은 44퍼센트에 불과하다.[74] 게다가 시에라리온 '국가 재건 전략'을 평가했더니 "전국의 초등학교 교사 수가 여전히 부족했다. 2003년에 8000명이 모자랐지만 재무부가 정한 상한선 2만 5000명이 이미 찼기 때문에 2004년에 실질적으로 채용 허가된 인원은 3000명에 불과했"다.[75] 일부 지역에서는 학생 대 교사 비율이 118 대 1에 이르렀다.[76]

연구 참가자들은 내전 이후에 꼭 하고 싶은 일로 교육을 꼽았지만 대부분은 2004년 면접 당시에 학교에 다니고 있지 않았다.

이번 전쟁이 끝나고 불가능할 것만 같던 일이 벌어졌어요. 저는 학교에 가고 싶어요. 그래서 저 같은 애들이 학교에 돌아갈 수 있도록 지원해달라고 정부에 요청하고 있어요. 꼭 그러고 싶어요. 저희는 공부할 준비가 다 됐어요.(소녀)

제가 바라는 건 학교에 가는 거예요. …… 저는 전쟁 중에 부모님을

잃었기 때문에, 학교가 엄마 아빠 노릇을 해줄 거라고 생각해요.(소녀)

정말 학교에 가고 싶어요. 매일 교복 입고 다니는 학생들처럼 근사해지고 싶어요. 그 애들이 진짜 부러워요.(소녀)

참가자 중 소수는 학교에 다닐 수 있었는데 대부분 친지의 도움 덕분이었다. 수업이 파한 뒤에 시장에서 물건을 팔거나 짐을 날라서 수업료에 보탠 참가자도 있었다. 하지만 학교에 다니는 참가자조차 교육 기회가 매우 불안정하다고 우려했다. 학비와 책, 교복을 대주던 사람이 지원을 중단하면 학업을 중단할 수밖에 없기 때문이다.

연구에 참가한 아동들은 교육이 장래의 모든 문제를 해결할 만병통치약이라고 믿었지만, 사실 교육은 취업에 별 도움이 안 될지도 모른다. "거의 모든 사람이 근근이 생계를 꾸려가는 빈곤 사회에서는……들어갈 자리가 거의 없기 때문에 교육이 직업 선택에 별 영향을 미치지 못한"다.[77] 이를테면 '평화를 위한 아동 사회복귀 훈련 및 교육' 프로그램에서는 일자리와 생산적 활동을 창출하기 위해 아동 5만 5000명을 상담하고 생활 능력과 농업기술을 가르쳤다. 하지만 후속 연구에 따르면 결과는 실망스러웠다. 게다가 창업을 위한 자금 지원이 이루어지지 않자 아동이 배운 기술은 금세 잊혀졌다.[78]

시에라리온 〈빈곤 감소 전략 보고서 Poverty Reduction Strategy Paper〉[79]에서는 청년 취업이 평화 유지에 중요하다고 말하고 있으나 청년 취업은 여전히 어려운 형편이다. "일자리가 총체적으로 부족하"다.[80] 시에라리온에서는 청년의 70퍼센트가 미취업 또는 불완전 취업인 것으로 추정된다.[81] 남성 비활동(학교에 다니지도, 일하지도 않는 것)은 아주 어린 나이에 시작된다. 남성 비활동 인구는 9~14세의 경우 10명 중 1명, 20~24세의 경우 10명 중 3명에 이른다.[82] 게다가 20~24세 남성 중 4분의 1은 일하고 싶어도 일자리가 없어서 아예 구직을 포기했다고 한다. 여성 비활동 인구도 빠르게 늘고 있다. 15~19세가 되면 2명 중 1명이 일하지도 학교에 다니지도 않는다. 여성 비활동 인구가 많은 데는 자녀 양육 탓도 있지만 그 때문만은 아니다. 20세의 비활동 여성 대부분은 일하거나 일자리를 찾지 않는 주된 이유로 노동시장 상황을 꼽는다.[83]

게다가 시에라리온 청년들*은 일자리를 얻을 때 기술보다는 연줄이 중요하다고 생각한다.[84] 장년과 청년의 교육 수준이 같은 경우에도 장년의 취업률이 높다는 사실이 이를 입증한다. 청년이 장년보다 교육을 더 많이 받았는데도 장년은 3분의 2가 임금을 받은 반면 청년 노동자는 절반도 받지 못했고, 청년은 교육 수준이 높은데도 공식 취업 기회가 훨씬 적으며, 공공 부문의 취업 기회는 대부분 35세 이상의 장년을 대상으로 한다.[85]

피터스는 청년이 경제적으로 소외되는 데는 정치와 부패가 여전히 큰 몫을 한다고 주장한다.[86] 정치인을 비롯해 도시에 기반을 둔 엘리

---

* 여기에서는 '청년youth'을 15~35세의 모든 사람으로 규정한 세계은행(World Bank 2007b)의 정의를 따른다. 이것은 시에라리온 정부의 정의와도 일치한다.

트 집단은 노동력을 헐값에라도 팔려는 시에라리온 청년들이 계속해서 밀려들기를 바란다. 청년들이 번듯한 직업, 특히 시에라리온 일자리의 4분의 3을 차지하는 농업 분야에 종사한다면[87] 엘리트 집단의 부의 원천인 충적광상 다이아몬드 채굴에 동원할 값싼 노동력을 구할 수 없기 때문이다. "농업 진출이 자유롭고 성공적이면 값싼 노동력 공급이 줄어들 수밖에 없으며 정치권은 이에 관심을 기울일 수밖에 없다. 엘리트 집단에는 농촌이 계속 가난해야 이익이 된"다.[88]

경제 침체, 기반 시설 부족, 뿌리 깊은 부패, 불평등의 구조에서 교육이나 취업을 통한 발전 가능성이 차단된 젊은이들은 자신이 착취당한다고 생각하며 좀처럼 탈출구를 찾지 못한다. 이 때문에 본 연구 참가자 대다수는 노점상, 농사, 채굴, 보수가 낮은 막일 등에 종사하거나 이런 일을 하는 사람에게 생계를 의탁했다.

저는 광산에서 일해요. 임금은 식량으로 줘요. 자갈을 날라다가 돌과 쇠로 가는 일이에요. 이걸로는 가족을 먹여 살리기 힘들어요.(소년)

저는 집 뒷골목에서 담배를 팔아요.(소녀)

애 둘을 먹이려고 길거리에서 껌을 팔아요. 밥은 하루에 한 끼만 먹죠. 아예 못 먹을 때도 있어요.(소녀)

시장에서 짐 날라주는 일로 돈을 벌어요. 하루 수입이 2000~3000리

온[약500~700원]가량 돼요.(소년)

지금은⋯⋯식량을 구하기가 힘들고, 학교에 가고 싶어도 방법이 없
어요. 언니 몇 명은 군인의 아이를 낳았어요. 그런데 지금 갈 곳도 없는
신세예요. 그래서 학교에 보내달라고, 또 먹을 것을 달라고 ⋯⋯ 정부
에 요구하고 있어요.(소녀)

사회적·경제적 소외가 계속되자 소녀 참가자 몇 명은 먹고살기 위
해 매춘을 하기도 했다.

지금은 몸을 팔아서 먹고살아요. 길거리에서 살다 보면 온갖 위험한
일을 겪게 되죠. 길에서 사는 거, 이젠 지긋지긋해요.(소녀)

경제 사정이 어렵고 교육과 취업 기회가 부족하면 청년층의 소외감
이 극에 달하고 장기적 사회복귀 과정에 대한 희망을 잃게 된다.

전국에 6명뿐인 산부인과 의사

성별은 내전 기간뿐 아니라 내전 이후에도 아동의 삶을 이해하는 데
중요한 요소다. 소녀들은 앞에서 언급한 구조적·개인적 어려움 말고
도 내전 이후의 일상적 삶과 되돌리기 과정에 크나큰 영향을 미친 독

특한 변화를 겪었다. 특히 소녀들에게는 내전 기간에 겪은 성적 폭력의 신체적·정서적 상처가 여전히 남아 있었다. 소녀 참가자들은 성폭력으로 인한 생식기 손상, 감염, 방광질루(방광과 질 사이의 조직이 손실되어 구멍이 난 상태_옮긴이), 낙태 합병증 등으로 통증과 불안에 시달렸다. 소녀들의 말을 들어보자.

> 강간을 당한 뒤로 배가 지독하게 아팠어요. 통증은 있을 때도 있고 없을 때도 있지만 여전히 가장 골칫거리예요. …… 병원에 갔더니 의사 선생님이 강간 때문에 통증이 생긴 거라고 하셨어요.(소녀)

> 걱정거리가 있어요. …… 임신이 안 돼요. 강간당하면서 자궁에 이상이 생긴 것 같아요.(소녀)

소녀들은 강간당하면서 에이즈에 걸렸을까 봐 두려워했다. 하지만 면접 당시에 에이즈 검사를 받은 참가자는 (소년 소녀를 막론하고) 아무도 없었으며, 따라서 감염 여부는 알 수 없었다.

성폭력이 신체 통증뿐 아니라 엄청난 심리적 후유증을 남긴다는 사실은 전시 성폭력에서 살아남은 여성 생존자들이 증언하는 바다.[89] 이러한 후유증으로는 끊임없는 심적 고통, 회상, 수치심, 성적 피해자화에 대한 공포, 친밀한 관계를 맺기 어려움, 남자에 대한 불신 등이 있다. 우울증과 자존감 하락은 일반적이었다.

늘 우울해요. 이따금 아무런 희망이 없다고 느껴요. 그러면 이대로 죽어버릴까, 하고 생각하죠.(소녀)

전쟁 때문에 온갖 산부인과 질환을 겪으면서도 소녀들은 여러 이유로 치료 혜택을 받지 못했다. 시에라리온의 의료 체계는 전쟁 중에 풍비박산이 났을 뿐 아니라 전쟁 뒤에도 극심한 어려움을 겪었다. 1인당 연간 의료비용이 미화 34달러에 불과한 실정이라 의료 체계 재건은 요원한 일이다.[90] "시에라리온 국민의 건강 상태는 여전히 재앙 수준이다. 예전의 학살은 마체테와 자동화기로 자행되었지만 지금은 더 은밀하고 일상적으로 벌어진"다.[91] 2001년 말 현재, 의료 시설의 70퍼센트가 문을 닫았다.[92] 2002년에 시에라리온의 의료비 지출은 GDP의 1.7퍼센트로 사하라 이남 아프리카 나라들의 2.5퍼센트에 훨씬 못 미쳤다.[93] 의사의 평균 월급은 미화 48달러이며[94] 대부분 자원봉사나 다름없이 일한다.[95] 의사는 의약품을 선불로 구입해야 하므로 부적절한 의약품을 기준 이하로 처방해 치료에 역효과를 내고 내성만 키울 우려가 있다.[96] 전반적으로 정부와 국제기구의 지원이 부족한 상황에서 대다수 공공 의료 기관은 비용 보전 정책을 채택해 환자에게 비용을 부담시킨다.[97]• 이를테면 제왕절개를 받으면 정맥주사와 의약품을 포함해 수술비가 10만~20만 리온(약 2만 5000~5만 원)이나 든다. 자

• 정부의 의료비 정책에 따르면 환자가 지불 능력이 없을 경우 의료비가 면제된다. 하지만 면제 대상(5세 미만의 아동, 수유 중인 산모, 노인) 중에서 면제 혜택을 받은 환자는 3.5퍼센트에 불과했다(Médecins Sans Frontières 2006).

연분만을 해도 돈이 들기 때문에 공식 의료 기관을 이용하는 것이 오히려 손해이며, 환자들은 웬만하면 병원을 찾지 않으려 한다.[98] 게다가 의사는 보건부가 부과하는 부가세를 의료비에 전가하며, 공식 의료비는 의사 마음대로 정하는 데다 지역마다 천차만별이다.[99] 여성의 80퍼센트가 집에서 분만하며, 의사나 산파가 아니라 훈련받지 않은 '전통 분만 조력자'의 도움을 받는다는 사실은 놀랄 일이 아니다.[100] 여성 6명 중 1명이 분만 중에 사망하며 태아 6명 중 1명이 사산된다.[101] 지속적인 의료 혜택을 받아야 하는 여성, 아동, 성폭력 피해자 등의 취약 계층이 내전 이후에 오히려 의료의 사각지대에 놓여 있음을 보여주는 예는 이 밖에도 많다.

소녀 참가자 대다수가 극심한 빈곤에 시달리고 있기 때문에, 대부분은 산부인과 질환을 겪어도 제대로 된 치료를 받지 못했다. 여기에다 의료 시설을 이용할 수 없고 교통비와 약값이 없는 소녀들은 건강 상태가 열악할 뿐 아니라 대부분 말도 못하고 참아야 했다. 그러니 사회복귀를 제대로 할 수 있을 리 만무하다.

2008년 2월 29일에 시에라리온 정부는 분만과 소아 건강을 다루는 여러 정부 기관의 업무 중복을 제거하고 예방접종과 여성의 권리를 신장하기 위해 영국 국제개발부의 지원을 받아 '분만 중 사망률을 줄이기 위한 전략 계획'을 출범시켰다.[102] 시에라리온은 분만 중 사망률이 세계에서 가장 높으며 산부인과 의사가 전국에 6명밖에 되지 않는다. 프리타운에 있는 프린세스 크리스천 모성병원의 산부인과 과장은 정부의 대처에 대해 냉소적이었다. "우리에게 필요한 것은 새로운 전략이 아니라 새로운 의료 체계입니다. 결과로 말하는 의료 체계와 교육을 접목해야만 변화를 가져올 수 있습니다."[103]

내전 이후 소녀들의 형편을 들여다보면 소녀들이 내전 시기에 필수적인 역할을 맡았는데도 내전 이후에는 찬밥 신세가 된 것을 잘 알 수 있다. DDR에서 배제되고 성폭력의 극심한 후유증과 강간으로 인한 임신, 성폭력 피해자라는 이유로 겪어야 하는 사회적 배제, 교육과 취업의 기회 박탈 등에 시달리느라 소녀들은 대개 가난하고 의존적인 처지에 내몰렸다. 이는 시에라리온의 노골적인 성차별과 그로 인한 여성의 취약한 상황을 보여주는 대표적인 예다. 동원해제는 내전에 종언을 고했지만 성차별을 줄이는 데는 별 효과가 없었다.

RUF의 손아귀에서 벗어난 아동들은 전쟁에서 '패한' 집단에 몸을 담았다는 죄로 다시 한 번 사회적 고립과 불확실성에 시달려야 했다. 다른 점은 전에는 내전 상황이었고 지금은 국가적 무장해제와 탈군사화 상황이라는 것뿐이다. RUF의 억압적 환경은 아동을 피해자로 만든 반면 아동은 역설적으로 폭력적 행위를 통해 이 환경이 강화되는 데 일조했기 때문에, 무장해제된 아동은 (처음 RUF에 납치되었을 때와 마찬가지로) 외로움과 분노, 버림받았다는 느낌에 사로잡혔다. 소년병 때는 적을 짓밟고 물질적 이익을 얻고 남에게 권력을 휘두르면서 에너지를 분출했지만 지금은 느닷없이 반성과 회의를 느끼게 되었으며, 전쟁터에서 몸을 사리지 않는 용맹함이 아니라 교육, 직업, 의료, 가족과 지역사회의 지원 같은 (전쟁이 끝났을 때 소년병에게 결여되어 있던)

외부 요인들에 기대어 개인의 정체성을 재구축해야 했다. 내전 이후의 상황으로 돌아간다는 것은 자신의 구조화된 세계와 (그 세계 속에서 구축된) 정체성이 순식간에 끝장난다는 뜻이다. 그 자리에 들어선 것은 온갖 가치와 기대, 권위의 발산, 개인적 자율성의 행사를 특징으로 하는 새로운 현실이었다. RUF의 폭력적 전체주의와 전혀 다른, 탈군사화된 새로운 환경에서 참가자들은 혼란과 분노에 빠졌으며 삶의 중요한 시기를 허비한 것을 안타까워했다. 게다가 이 새로운 환경은 구조적 불평등, 공동체의 배척, 교육과 취업 기회의 부족, 경제적 배제와 성차별적 배제, 착취에 물들어 있었으므로 내전 이후의 사회복귀는 매우 불확실할 수밖에 없었다.

7장

'새로운' 전쟁터

© Eye Steel Film

"이따금 제가 착한 사람이라는 생각이 들지만,
이렇게 끔찍한 짓을 저지른 제가
어떻게 착한 사람일 수 있겠어요?".(소년)

이따금 제가 착한 사람이라는 생각이 들지만,

이렇게 끔찍한 짓을 저지른 제가

어떻게 착한 사람일 수 있겠어요?(소년)

아동이 ……〔전쟁〕경험에서 회복하도록 돕고

장기적인 공동체 편입을 보장하는 것은

여전히 만만찮은 과제다.[1]

시에라리온이 내전의 참상에서 서서히 회복하고는 있지만 나라 곳
곳에는 아직도 폭력의 흔적이 남아 있다. 팔다리를 잘린 사람들과 지
독한 가난은 과거의 잔악한 폭력이 남긴 일상의 한 단면이다. 겉으로

드러나지는 않아도 폭력의 흔적은 전쟁을 겪은 모든 사람의 마음속에 새겨 있다. 본 연구 참가자들에게도 지워지지 않는 폭력의 흔적이 깊이 새겨져 있지만, 대개는 감추려 들 뿐 웬만해서는 드러내지 않는다. 이 장에서는 참가자들의 증언을 통해 전직 소년병들이 내전 뒤에 맞닥뜨린 기회와 도전을 조명하고자 한다. 또한 전쟁이 끝난 뒤에 새로 생겨난 상징적 전쟁터에 대해 논의한다. 본 연구에 참가한 전직 소년병뿐 아니라 이들을 위해 일하는 여러 기구들도 이 전쟁터에서 싸워야 한다. 이 장에서는 우선 소년병 만들기와 되돌리기 과정에서 구조와 행위의 관계를 요약하되, 전쟁 당시와 이후에 소년병이 어떻게 살았는지 이해하는 데 기든스의 개념이 유용하게 쓰일 수 있음에 주목한다. 그리고 종전 뒤 시에라리온에서 계속되는 되돌리기 과정을 들여다본다. 마지막으로, 사회복귀의 장기적 맥락에서 구조와 행위라는 틀을 활용할 때 명심해야 할 교훈을 제시한다.

소년병 만들기와 되돌리기

연구에 참가한 시에라리온 아동 76명의 소년병 만들기와 되돌리기는 폭력과 무력충돌의 세계에 가담하고 벗어나는, 감동적이고도 가슴 아픈 여정을 잘 보여준다. 하지만 이들의 증언에서 보듯 이 여정은 모호하고 복잡하며 모순으로 가득 차 있다. 기든스의 '구조', '행위', 특히 '구조의 이중성' 개념은 서로 연관되어 있으며, 참가자들의 복잡한 삶을 깊이 이해할 수 있는 유용한 렌즈와 틀이 된다. 이들 개념을 적용하면 아동이 행동을 통해, 또한 행동하지 않음을 통해 자신의 사회적 세계를 변화시키면서도 구조와 사회적 맥락의 한계를 인식하는 능력을 포착할 수 있다.

구조는 전쟁 당시와 이후 아동의 현실을 이해하는 데 중요한 개념이다. 시에라리온 아동은 기존에 확립된 성인의 권위 구조에 짓눌리고 전적으로 의존했기에, 전쟁 당시에도 이후에도 비극적인 사회경제적 힘에 압도되었다. 내전 기간에는 폭력적인 사회 분위기를 이겨낼 수 있는 제도적 완충 장치나 가족의 보살핌이 없었기 때문에, 아동은 목숨을 부지하기 위해서라도 자신이 말려든 체계를 강화하고 재생산하는 관행의 행위자가 되어야 했다. 약탈 경제, 군사화된 폭력, 후견, 성차별적 억압, 국가 실패에 허우적대던 아동들은 이러한 폭력적 구조를 부추기고 영구화하는 규범과 행동에 쉽게 사회화되었다. 전통의 안정성과 가족의 구속, 공동체적·제도적 구조가 약화되고 문화를 계승하는 토대가 무너지고 대다수 아동이 교육과 취업의 기회를 박탈당한 현실에서 이들은 시에라리온의 폭력적 권력투쟁에 점차 빠져들었다. 내전 직전부터 종전까지 시에라리온에 소화기가 쏟아져 들어오면서 감수성이 예민한 젊은이들은 유능한 전투원으로 거듭났다.

내전이 끝나자 탈군사화와 사회복귀 과정을 긍정적으로든 부정적으로든 형성한 사회경제적 힘과 성차별적 힘 그리고 구조가 아동의 삶과 상황을 다시 한 번 좌우하며 깊은 영향을 미쳤다. 사회경제적 회복은 지지부진하고, DDR 사업은 절름발이 신세고, 취업과 교육의 기회는 가뭄에 콩 나듯 하고, 지역사회는 이들을 배척하고, 나라의 기반 시설은 잿더미가 되었으니 민간인의 삶으로 이행하려는 아동들의 삶이 성할 도리가 없었다.

그러나 이번 연구에 참가한 소년병들의 삶을 만들고 되돌리는 데 구조적 힘이 중요하게 작용한 것은 틀림없지만, 이성적으로 생각하고 독립적으로 행동하는 이들의 능력을 과소평가해서는 안 된다. 참가자들의 증언에서 보듯, RUF에 강제로 몸담은 아동들은 자신에게 가해진 가차 없는 폭력의 주체가 되기에 이르렀다. 어떤 경우에는 자발성을 띠고 RUF와 그 가치에 대한 애착과 헌신, 충성심을 보이기도 했다. 하지만 분명한 사실은 참가자들이 권위와 폭력에 기반한 RUF의 절대주의적 체계에 완전히 굴복하지 않았다는 것이다. 목숨을 부지하기 위해 겉으로는 RUF의 요구를 따르면서도 속으로는 RUF의 가치와 신념을 거부한 아동도 있었다. 어떤 아동은 위험을 감수하면서까지 RUF의 권위와 명령에 과감하게 저항했다.

아동의 삶과 피해자화 경험, 납치된 상황에서의 가담과 저항에 대한 증언은 매우 불편한 진실을 드러내며 RUF의 폭력 문화가 아동의 삶을 얼마나 속속들이 변형시켰는지 보여준다. 하지만 아동의 이야기와 생각을 들여다보면 결단력과 독립적인 행동 능력을 엿볼 수 있다. 이는 아동이 자신에게 부과된 상황과 힘에 저항하거나 이를 바꿀 능력이 없다는 결정론적 통념을 반박한다. 행위자는 타인의 권력과 통제 아래 놓여 있더라도 결코 무력해지지 않으며, 이것은 기든스의 '통제의 변증법' 개념이 뜻하는 바다. 전쟁터에서의 저항을 통해 참가자들이 똑똑히 보여주었듯, 이들은 권력 구조에 균열을 내고 자신의 작은 역량이나마 활용하려고 노력했다.

아동의 행동은 시에라리온 사회와 RUF의 사회적 구조 속에서 형성되고 변형되었다. 그러나 이들은 시간이 지나면서 자신의 개인적 행동을 통해 RUF의 호전적 권력을 재창조하고 강화하고 이에 도전했다. 기든스가 구조화 이론에서 주장했듯 사회 체계의 구조와, 이 구조를 강화하는 규범과 가치는 개인의 행위와 분리되지 않으며, 온갖 인간 행동을 통해 끊임없이 수행되며 또한 거부된다. 같은 맥락에서 구조는 행동의 결과지만 인간의 행동은 역사적·제도적 조건 그리고 의도하지 않은 결과에 제약받는다. 소년병이 (대개는 목숨을 부지하기 위해) 폭력의 구조를 토대로 삼으면서도 이를 재생산하고 변형하고 이에 도전했다는 사실은 구조의 이중성 개념에 꼭 들어맞는다.

전쟁이 끝난 뒤에도 참가자들은 종전 이후의 삶을 좌우할 선택을 내릴 능력이 있음을 입증했다. 이를테면 어떤 아동은 DDR 사업을 의도적으로 회피하고 결국 거부했다. 어떤 소녀들은 DDR 캠프의 위험을 피해 프리타운 길거리에서 살기로 했으며, 또 어떤 소녀들은 RUF와의 관계를 유지하기로 마음먹었다. 어떤 참가자들은 낙인찍히고 따돌림을 당할까 봐 RUF 전력을 적극적으로 숨겼으며, 동료끼리 비공식 모임을 만들어 서로 돕기도 했다. 또 보복을 당하거나 폭력에 휘말릴 것 같은 장소에는 발을 끊었다. 게다가 이 전직 소년병들은 극심한 가난과 사회적 배제, 소외에 시달리면서도 자신과 자녀의 생계를 책임지려 안간힘을 썼다. 이 모든 사례에서 보듯 참가자들은 스스로 결정을 내리고 종전 이후의 어두운 (때로는 실망스러운) 현실과 여기에 작용하는 구조적 힘을 헤쳐 나갈 능력이 있다.

되돌리기 과정을 살펴보면 아동이 극도로 힘겨운 상황에서 수많은 갈등을 겪으며 종전 이후의 정체성을 만들어내기 시작했음을 분명히 알 수 있다. 소년병들은 '정신 질환', '무질서', '일탈', '수동적 피해자', '길 잃은 영혼' 같은 딱지를 떼어버리고 자신의 선택을 통해 빼어난 행위 능력, 회복력, 의지력, 자신감을 입증했다.

하지만 합리성 가설에 너무 치우쳐서는 안 된다. 사회의 전 영역에 배어든 권력 사유화 체제에 종속되어 살아가다가 반군에 납치되어 고향 마을을 떠난 소년병들은 절대적 충성과 복종을 요구하는 전체주의적 사회질서에 편입되었다. 시에라리온 사회는 전쟁에서 벗어나 위태로운 평화를 향해 아슬아슬한 발걸음을 내디디고 있었기에, 종전 뒤의 구조와 힘도 전직 소년병의 삶을 제약하기는 마찬가지였다.

이러한 정성적 연구로는 시에라리온 내전에서 수많은 소년 소녀가 총을 들게 된 과정을 온전히 일반화할 수 없지만 면접 자료를 토대로 군사화와 사회복귀의 복잡하고 모순된 과정에 대해 통찰력을 얻을 수는 있다. 내전 당시와 이후에 아동들이 겪은 일과 행한 일의 이면에는 구조와 행위의 (서로 강화하는) 이중성이 작용하고 있다. 'RUF 되기'와 'RUF로 살아가기'를 거쳐 마지막으로 RUF에서 벗어나는 과정을 촉진하고 제약한 것은 구조적 힘과 폭넓은 사회역사적 상황의 역학이 어우러진 독특한 조합과 더불어 아동의 개인적 숙고와 독립적 선택이었다. 결국 소년병의 이야기는 총을 '집어들'고 '내려놓'는 실제의, 또한 은유적 과정에서 특정한 사회 환경의 (심지어 소름 끼치는) 구조가 아무리 지배적이고 균일하더라도 개인이 제 나름의 다양한 방식으로 이 구조에 영향을 미칠 수 있다는 주장을 뒷받침한다.

아직 못다 한
소년병의 이야기

'평화'가 공식 선포되었지만, 연구에 참가한 전직 소년병에게는 아직 폭력에서 벗어나는 여정의 '끝'이 보이지 않았다. 총성이 그치고 공식 DDR 사업이 종료되고 TRC가 최종 보고서를 발표한 지 오랜 시간이 지났는데도, 국제기구가 시에라리온에서 발을 빼고 외부 개입이 시들해졌는데도 소년병들은 여전히 어려움을 겪고 있었다. 2008년 면접에서는 폭력의 세계에서 벗어나려는 이들의 여정이 현재 진행형임을 확인할 수 있었다. 계속되는 되돌리기 과정에서는 몇 가지 요인이 두드러졌다. 특히 피해자화, 가담, 저항/영웅주의의 3대 요인이 여전히 나타났으며 참가자들의 정체성 구축에 영향을 미쳤다. 참가자들이 종전 이후에 느낀 환멸도 빼놓을 수 없다. 따라서 끝이 없어 보이는 이러한 되돌리기 과정은 종전 뒤 시에라리온의 아동에게 상징적이고 장기적인 새로운 '전쟁터'였다. 하지만 끊임없는 투쟁의 이면에는 아동이 자신의 생존을 도모하는 정치적 영향력과 기회, 능력을 향상시켰음을 보여주는 중요한 증거가 남아 있다. 이제 이러한 종전 이후의 상황을 하나씩 살펴보자.

피해자, 영웅, 생존자로 살아가기

아동의 전쟁 경험을 일목요연하게 보여주는 피해자화, 가담, 저항이라는 세 가지 상황은 종전 뒤에도 참가자들의 삶에 영향을 미쳤다. 피해자화를 보자면, 전직 소년병들은 (논란의 여지는 있지만) 종전 이후 온갖 형태로 '또 다른 피해자화'를 겪었다. 가족과 지역사회의 배척, 사회경제적 소외와 성차별적 소외 등에서 분명히 드러나듯 지독한 역경 속에서 살아가야 했기 때문이다. 폭력 가담을 보자면, 아동들은 사적·공적 영역에서 종전 뒤에 폭력 행위를 저지른 적이 있다고 털어놓았다. 참가자들이 고달픈 상황에서도 자신의 정체성과 삶을 빚어내는 모습에서는 끈질긴 용기를 확인할 수 있었다. 이와 더불어 참가자들은 전쟁 당시에 자신이 저지른 행위와 자신이 겪은 경험을 되돌아볼 여유가 생겼다. 이들은 과거를 회상하면서 모순된 감정에 사로잡혔다. 폭력에 가담한 사실에 깊은 죄책감과 부끄러움을 느끼면서도 자신이 당한 어려움과 피해자화에 대해서는 분노를 표출했다. 또 자신의 기술과 용맹함 덕에 내전에서 살아남았다며 자부심을 보이기도 했다. 참가자들은 종전 이후에 자신의 지위와 정체성을 둘러싼 모순된 감정을 이렇게 드러냈다.

> 온갖 어려움을 이기고 살아남았으니 저 자신이 영웅이라고 생각해요. …… 하지만 강제로 끌려와서 궂은일을 겪었으니 피해자이기도 해요. …… 하지만 끔찍한 짓도 저질렀어요.(소년)

> 용감하고 뛰어난 전투원으로 3년 넘게 싸웠으니 저는 전사예요. …… 수많은 전투에서 살아남았으니 영웅이에요. …… 저는 피해자예요. 아이가 둘 있고 키우기가 힘드니까요. …… 하지만 온갖 어려움을 이겨낼 수 있었으니 저는 생존자예요.(소녀)

5장에서 분명히 알 수 있듯, 참가자들은 내전 기간에 역설적이고도 모호한 상황 때문에 무척이나 고민하고 혼란스러워했다. 피해자화와 가담, 저항 속에서 살아가는 것도 마찬가지였다. 하지만 참가자들이 이 때문에 더더욱 심란해진 것은 전쟁이 끝난 뒤였다. 이것은 종전 이후의 삶에서 가장 힘들었던 부분이기도 하다. 한 소녀의 말을 들어보자.

> 제가 저지른 나쁜 짓을 생각해요. 언제나 기도하며 신께 용서를 빌어요. …… 착한 사람이 되려고 노력해요. …… 하지만 어떻게 시작해야 할지 모르겠어요.(소녀)

아동들은 이토록 혼란스러운 감정과 상황에 사로잡힌 채 종전 이후의 삶과 정체성을 구축해야 했다. 이것은 지극히 개인적이고 고통스러운 투쟁이었다.

종전 이후 이들의 실체(피해자? 전범? 영웅?)에 대한 혼란을 가중시킨 것은 이들을 둘러싼 개인과 구조의 혼란스러운 인식이었다. 이를테면 종전 뒤에 비정부기구들은 소년병을 주로 심리사회적 지원과 도움을 받아야 하는 '피해자'로 간주했다. 비슷한 관점에서 특별법정도 소년병을 기소하지 않기로 최종 결정했다. 특별법정 수석 검찰관을 지낸 데이비드 크레인은 이렇게 공언했다.

아이들을 기소하는 데는 관심이 없습니다. 제가 바라는 건 수천 명의 아이들이 언어도단의 범죄를 저지르도록 뒤에서 강요한 자들을 기소하는 것입니다.[2]

하지만 유엔 사무총장과 안전보장이사회는 시에라리온 특별법정을 설립하는 과정에서 15세 이상의 아동에 대한 기소를 허용했으며, 이 때문에 소년병을 '가해자'와 '전범'으로 보는 시각이 널리 퍼졌다. 시에라리온의 상당수 지역사회와 국민이 이 생각을 공유하여 소년병을 적극적으로 배척했다. 이와 동시에 서구 언론과 담론에서는 소년병을 '생존자'와 '영웅'으로 치켜세우기도 했다. 이렇게 모순된 사회적 인식은 전직 소년병이 종전 이후의 정체성을 구축하고 혼란스러운 감정의 미로를 헤쳐 나가는 데 전혀 도움이 되지 않았다.

전쟁이 끝나도 마음속은 전쟁터

내전이 끝나면 지루한 폭력이 종언을 고하고 사람들의 삶과 여건이 개선되리라고 기대하기 마련이다. 하지만 전쟁이 끝난 뒤 참가자들이 맞닥뜨린 것은 권태와 빈곤, 환멸의 암울한 세상이었다.[3] 이런 상황에서 일부 소년 소녀가 '평화'에 실망하고 전쟁 시기와 다를 바 없다고 생각한 것은 당연하다.

　　예, 늘 우울해요. 이따금 아무런 희망이 없다고 느껴요. 끔찍한 짓을 저질렀으니까요. 그러면 이대로 죽어버릴까, 생각하죠.(소녀)

　　우울해요. 애가 하나 있는데다 또 임신했지만 절 도와줄 사람은 아무도 없어요.(소녀)

　　고통스러워요. 울 때도 있어요. …… 저는 길거리에서 살아요. …… 사람들이 저를 업신여겨요. …… 가족도, 미래도 없어요.(소녀)

　어려움을 잊기 위해 마약에 손을 댄 참가자도 있었다. 한 소녀의 말을 들어보자.

　　시름을 달래려고 마약을 해요. 코카인이나 브라운브라운을 먹죠. [마약을 먹으면] 마음이 편안해지고 모든 문제가 머릿속에서 사라져요. 전

쟁의 아픈 기억도, 슬픈 일도요.(소녀)

자신과 가족을 먹여 살려야 하는 압박감에 시달리다 좌절과 분노를 폭력으로 표출한 참가자도 있었다. 종종 가장 가까운 사람이 희생양이 된다.

이따금 너무 화가 나면 아이들을 때리고 싶어져요.(소녀)

예, 화가 났어요. 더 화날 때도 있어요. 그러면 가족과 다투게 돼요.(소녀)

가끔씩 울곤 해요. 특히 외로울 때요. 남편한테 대들기도 하는데, 그러면 남편이 저를 때려요.(소녀)

4장과 5장에서 보듯 내전은 참가자들에게 기회와 (제한적이나마) 권력, 보상을 안겨주기도 했다. 하지만 많은 남녀 참가자들은 전쟁이 끝난 뒤에 무력감에 사로잡혔다. 기대가 충족되지 않자─특히 교육과 취업에서─아동의 좌절감은 더욱 깊어졌다. 따라서 일부 참가자가 전쟁 중에 전투원으로서 경험한 희열과 자존감을 그리워한 것은 놀랄 일이 아니다. 전쟁 당시를 회상하는 목소리에는 자부심과 성취감, 심지어 향수가 묻어났다.

전쟁 때 누리던 권력이 그리워요.(소년)

반군과 함께 있을 때는 좋은 음식을 먹고 돈도 받고 관할 영역에 있는 것은 무엇이든 차지할 수 있었어요. 민간인은 우리를 위해 일했어요. 우리를 존경했죠. 하지만 지금은 아무것도 없어요.(소녀)

택시 기사가 섹스한 대가로 돈을 주겠다고 해놓고 돈은커녕 저를 매질했어요. 우리(RUF)가 권력을 쥔 전쟁 때였다면 제게 가까이 오지도 못했을 작자인데. 반군과 있을 때가 더 안전했어요. 식량과 보금자리도 더 풍족했고요.(소녀)

따라서 전쟁이 끝난 뒤에 참가자들은 죄책감, 수치심, 권태, 무력감, 분노, 자부심, 향수가 뒤섞인 감정을 느꼈으며 피해자화, 가담, 저항/영웅주의라는 모순된 경험을 겪어야 했다. 하지만 전쟁이 끝나고 이와 더불어 RUF에 복종하던 고통스러운 시기가 끝났다고 생각하자 행복과 안도감에 한껏 도취하기도 했다. 한편으로는 기쁘면서도, 한편으로 자기 앞에 놓인 개인적·구조적 어려움을 생각하면 시원섭섭한 기분이 들었을 것이다.

종전 이후의 상황은 참가자들이 RUF와의 관계를 정리했는데도 여전히 새롭고 상징적인 전쟁터를 경험하고 있었음을 잘 보여준다. 하지만 전쟁 당시 이들의 행동, 하지 않은 행동, 정체성, 충성심 그리고 이들 요인이 자신과 시에라리온의 미래에 대해 의미하는 바를 맞닥뜨리고 받아들이려고 투쟁하는 소년병의 마음속 또한 전쟁터였다. 참가자들이 치른 마음속 전쟁은 형태가 분명하지도, 특정 시기에 나타나지도 않았으며 이들을 둘러싼 구조와 힘, 이들의 개인적 숙고와 성찰을 변화시키고 이로부터 영향을 받으면서 끊임없이 변화하며 전개되었다.

집단행동으로 구조 돌파하기

구조적 장벽과 개인적 환멸이 극심한 가운데에서도 전직 소년병들은 정치 참여와 집단행동을 통해 새로운 기회를 만들어냄으로써 현 상태를 변화시키려고 노력했다. 특히 시에라리온에 새로 등장한 오토바이 택시는 젊은이들이 적극적으로 생계를 모색하고 노동시장의 틈새를 공략하면서 정치적으로 단결하여 그 나름의 사회복귀를 위한 대안을 찾고 있음을 잘 보여준다. 시에라리온에서는 오토바이 택시가 기존의 네 바퀴 달린 택시를 대체하며 확산되고 있다. 전쟁 통에 차량이 불에 타거나 파괴되는 바람에 지방 도시에서는 일반 택시의 씨가 말랐다. 이 때문에 거물급 인사들이 택시를 소유하고 운전수를 고용해 영업하는 것이 일반적이다. 오토바이는 자동차보다 값이 싸고 인접국 기니의 업자들에게 한 달에 100만 리온씩 6개월 할부로 구입할 수 있어서 자동차의 중요한 대체 수단으로 인기를 끌었다.[4] 전쟁 전만 해도 시에라리온에서는 오토바이 택시가 낯설었지만 지금은 종전 이후의 가장 두드러진 변화로 손꼽힌다. 오토바이 택시의 장단점은 아래와 같다.

오토바이 택시의 장점은 시내를 종횡무진하며 손님을 찾아다닐 수 있으며 뒷골목에 서 있는 손님에게도 택시보다 몇 분 앞서 도착할 수 있다는 것이다. 일단 손님을 태우면 합승 손님을 잡거나 데려다 주려고 우회하거나 교통 체증에 시달리지 않고 목적지까지 곧장 모셔다 준다. 반면에 단점은 요금이 일반 택시보다 두세 배 비싸고 비를 고스란히 맞아야 하며(우산을 쓰고 비를 피하는 손님도 많지만) 승객용 헬멧이 없어서 안전성이 낮다는 것이다. 하지만 오토바이 택시는 케네마, 보, 코이두, 마케니에서 운송 수단으로 확실하게 자리 잡았다.[5]

눈에 띄는 사실은 오토바이 운전수 대부분이 전직 전투원이라는 것이다. 마케니에는 오토바이 운전수가 300명 있는데, 그중 4분의 3이 전투원 출신이며 대다수가 RUF 소속이었다.[6] 이에 반해 보와 케네마에서는 CDF 전투원 출신이 대부분이다.[7] 오토바이 운전수는 자기 오토바이를 소유하지 않고 임대해 운영한다.* 오토바이를 소유한 지휘관 출신이 자기 부하에게 임대하는 경우도 있다.[8]

전투원 출신 오토바이 운전수는 재봉이나 목공 같은 기존 일자리와 경쟁할 필요 없는 틈새시장을 개척했다. 게다가 오토바이 운전수의

---

* 이것은 지역마다 다르다. 보와 케네마에서는 사업가가 오토바이를 소유하고 운전수가 임차하는 것이 일반적이며 일정 시간이 지나면 운전수가 오토바이를 소유하게 된다. 하지만 마케니에서는 운전수가 소유주에게 오토바이를 빌리기만 할 뿐 소유하지는 않는다.

세력이 큰 지역에서는 강력한 노동조합을 결성하여 동료 운전수들을 지원하기도 한다. 조합은 단체행동을 조율하고 사고를 당했을 때 도움을 주며 결혼식과 장례식 같은 경조사에 부조하는 등의 활동을 한다.[9] 무엇보다 오토바이 노동조합은 "거물들이 자신을 전쟁에 끌어들였다고 생각하기에 이들의 정치 후견을 거부한"다.[10] 이렇듯 오토바이 운전수들은 시에라리온의 기존 권위 구조에 도전하고 있다. "노동조합은 병에 걸리거나 부상당한 운전수를 지원하고, 운전수와 승객의 분쟁을 해결하고, 건강과 안전, 신기술을 도모할 뿐 아니라 전쟁 전의 권력 사유화에 분명히 이의를 제기한"다.[11]

전직 소년병이 오토바이 운전수로 변신한 것은 혁신적인 사건으로, 아동이 종전 이후의 상황에 집단적·건설적으로 대응하고 있음을 잘 보여준다. 하지만 어려움도 적지 않다. 기존 권위 구조와 맞서고 전직 전투원에 대한 편견에 도전하기란 여간 힘든 일이 아니다. 무엇보다 심각한 문제는 오토바이 운전수와 경찰 사이의 갈등이다. 대다수 운전수가 전직 전투원이라는 사실이 널리 알려져 있기 때문에, 운전수들은 경찰이 자기네를 표적으로 삼아 이유 없이 체포하고 딱지를 끊고 금전을 요구한다고 하소연한다. 최근에는 헬멧을 쓰지 않았다는 이유로* 운전수와 승객에게 뇌물을 갈취한다고 한다.[12] 3만 리온(약 7000원)을 뇌물로 바치지 않으면 경찰서에 끌려가 법정에서 벌금형

---

* 승객과 운전수가 헬멧을 쓰지 않으려 드는 이유는 헬멧을 여러 사람이 함께 쓰다가 결핵에 걸릴까 봐서다(Richards et al. 2004).

을 받는 수가 있다. 유죄판결이 내려지면 최대 15만 리온(약 3만 7000원)의 벌금을 물어야 한다. 2005년 11월 7일에 케네마 지역의 운전수들과 경찰 사이에 유혈 충돌이 벌어졌다. 발단은 오토바이 운전수 두명이 살해된 사건이었다.[13] 교통경찰들은 오토바이 운전수들이 경찰과 말다툼을 벌이고 교통 규칙을 어기고 위험천만하게 운전한다고 불평하지만 운전수들은 교통경찰이 끗발 있는 운전수를 편애하고 체포시에 불필요한 폭력을 휘두른다고 받아친다. 승객들은 오토바이 운전수가 "더럽고 남루하고 위험하고 무모하"다고 말하지만[14] 운전수들은 자기네 옷차림이 허름한 것은 가난과 도로 사정 때문이라며 승객들이 자기네를 (전직 전투원이라는 이유로) 살인자로 몰고 간다고 항변한다.[15]

긴장이 완전히 가신 것은 아니지만, 이제 전직 소년병들의 무기는 총이 아니라 조직된 저항과 노동조합과 파업이다. 이를테면 2003년 2월에 경찰이 오토바이 운전수들에게 뇌물을 요구하고 벌금을 물리고 급기야 32명을 체포하자 보 노동조합은 파업에 돌입했다(오토바이 택시의 주 고객인 여자 상인들이 동참했다). 보 노동조합은 프리타운의 변호사를 선임하여 법정 공방을 벌인 끝에 벌금 액수를 평균 40퍼센트씩 줄일 수 있었다.[16] 피터스는 운전수 조합의 집단행동과 정치적 영향력을 언급하며 이들 조합이 "젊은 조합원을 위해 '전쟁'을 치르되 무기가 아니라 노동조합의 고전적인 수단을 동원한"다고 말한다. "이들이 쓰는 수단은 강제 모병과 즉결 처형이 아니라 직업적 이해관계와 파업, 계약법"이다.[17] 노동조합은 연대의 실마리가 되기도 한다. CDF와 RUF처럼 다른 무장단체에 몸담았던 사람들이 오토바이 운전수로 일하면서 같은 조합에 소속되어 우애를 다지고 있다. 오토바이 운전수 조합은 종전 뒤에 부족이나 소속 무장단체가 아니라 "공통의 이해관계"를 바탕으로 조직이 구성된 예다.[18]

오토바이 운전수들의 집단행동에서는 희망과 창의성을 확인할 수 있지만 운전수 집단 안에서의 성별 문제는 짚고 넘어가야 한다. 지금껏 이 문제를 언급한 사람은 거의 없었다. 카바 대통령이 50 대 50 성평등 안을 발표하자 보 조합에서 미취업 여성 45명을 모집하여 운전 연습을 시킨 사례가 고작이다.[19] 어쨌든 운전수는 남성 비율이 절대적으로 높다.[20] 여성 운전수가 적은 이유는 더 살펴보아야 하겠지만(자발적인 선택인가, 배제 때문인가?) 오토바이 운전수 중에서 전직 여성 병사를 찾아볼 수 없다는 것은 장기적 사회복귀를 위한 긍정적 조치에 여성이 배제될 수 있음을 뜻한다.

새로운 상징적 전쟁터에서
살아남으려면

소집단 토론에 참가한 전직 소년병들에게 장기적 사회복귀를 촉진하기 위해 어떤 정책과 사업이 필요한지 물었더니 지역사회의 수용과 용서, 학업 기회와 지원, 취업 기회, 의료(특히 산부인과 질환 치료), 육아 지원, 낙인의 수술적 제거, 심리 상담과 지원, 가족 찾기와 재결합 사업, 예술 활동 등을 꼽았다. 현지 단체와 국내외 기구는 이 같은 요구를 충족하기 위해 많은 노력을 기울였다. 그러나 전쟁에 만신창이가 되어 빈곤의 나락에 떨어져 역사의 상처를 치유할 능력도, 국민 대다수의 행복을 가로막는 정치적·경제적 요인을 없앨 능력도 없는 나라에는 무리한 요구다. '기부 피로증'(donor fatigue, 위기 상황이 지속되면서 초기의 기부 열풍이 시드는 현상_옮긴이)에 빠지기 쉬운 국제사회에도 만만한 과제가 아니다. 장기적 되돌리기 과정에서 소년병을 돕고자 하는 사람들에게 종전 이후의 시기는 '새로운 전쟁터'인 셈이다.

시에라리온에서 전쟁에 시달린 아동의 심리사회적 문제를 해결하기 위한 정책이나 절차는 전혀 찾아볼 수 없다. 하지만 구조와 행위의 상호 연결된 이중성을 고찰하면 개별 소년병과 (이들을 지원하고자 하는) 기관 및 정부 앞에 새로 놓인 상징적 전쟁터를 어떻게 헤쳐 나가야 할지 실마리를 잡을 수 있다.

시에라리온을 비롯한 사하라 이남 아프리카의 전직 소년병이 처한 곤경을 해결하고자 하는 사람들에게 시급한 과제는 수많은 아동과 청년을 지겹도록 오랫동안 소외하고 착취한 사회 환경을 바꾸는 것이다. 이를 위한 일말의 가능성이라도 붙잡기 위해서는 투명하고 민주적인 정부, 실질적인 자원 투자, 정부와 비정부 단체의 균형 잡힌 개입, 다양한 기관 행위자의 연합 구축, 역동적인 시민사회의 등장 등을 이루어내야 한다. 구조적 영역에서 발전이 지지부진하기는 했지만 시에라리온은 평화 정착을 넘어서 국가 발전으로 방향을 틀고 있다.[21] 2002년에 전국 선거가 치러졌으며 2004년에는 30년 만에 지방자치제를 다시 도입했다. 시에라리온 정부는 좋은 지배구조와 민주주의라는 목표 아래 제도 개혁, 정책 구축, 역량 강화를 추진하고 있다. 청년층을 위해서는—특히 청년의 취업과 교육을 위해—여러 법적·정책적·제도적 조치가 도입되었다. 이를테면 청소년의 제반 문제를 다루기 위해 교육·청소년·스포츠부가 신설되었으며 청년 취업을 위한 특별 부서가 설치되었다. 교육·청소년·스포츠부에서 내놓은 청년 정책은 창업 지원을 비롯한 청년의 교육과 취업에 중점을 두었다.

2004년에 신설된 지방정부법은 18세 이상의 청년에게 투표권과 공직 피선거권을 부여했다. 정부는 〈빈곤 감소 전략 보고서〉 발표와 더불어 평화구축위원회를 설립했는데, 둘 다 청년의 취업과 교육 문제를 다루고 있다. 2006년 10월에 솔로몬 베레와 부통령은 청년을 위한 단기적·중기적·장기적 일자리를 지속적으로 창출하기 위해 청년취업 계획을 출범시켰다. 목표는 전국적으로 청년 일자리 수천 개를 창출하는 것이다.[22] 2008년에는 세계식량계획, 유엔개발계획, 시에라리온 교육·청년·스포츠부가 협력하여 '노동 연계 식량 지원Food for Work' 사업에 착수했다. 2008년 4월부터 12월까지 약 4000명이 이 사업에 참여하여 가족을 포함해 총 2만 명이 혜택을 입을 전망이다. 여성, 여성 가장의 가족, 전직 전투원의 참여를 촉진하기 위한 노력도 이루어졌다. 이 사업의 목표는 취약 가정에 식량을 지원하고 (특히 청년과 전직 전투원의) 도시인구 유입을 줄이는 것이다.[23]

최근 양성평등 관련 법안들*이 발의되기 전에는—법률로 제정된 것은 2007년이다—성문법과 관습법을 막론하고 여성을 보호할 수단이 거의 없었다. 관습법에 따르면 남편은 "합당한 이유가 있을 경우 아내를 체벌할" 권리가 있었으며, 관습법에서도 성문법에서도 부부 강간을 인정하지 않았다.[24] 새로 제정된 법률에서는 가정폭력을 금지하고 여성의 상속권과 재산권을 인정하며 관습적 결혼의 효력을 인정한다.

• 이 법안은 가정폭력법, 부동산 양도법, 관습적 결혼 및 이혼 등록법으로 이루어진다.

이처럼 긍정적인 조치가 시행되고 있기는 하지만 장애물도 만만치 않다. 케모카이는 정부가 (앞에서 언급한) 청년 관련 정책과 사업을 제대로 집행하거나 청년에게 최대한의 혜택이 돌아가도록 사업을 감독할 능력이 없다고 주장한다.[25] 이 같은 정부 사업은 대개 후원을 받아 운영되며, 정부가 아니라 유엔개발계획 같은 유엔 기구와 영국 국제개발부 같은 양국 간 기구가 비정부기구를 통해 자금을 지원하는 것이 일반적이다.

시에라리온의 지배구조가 복종, 권위주의, 엘리트주의, 후견 등의 문화에 또다시 물들지 모른다는 우려가 커지고 있다.[26] 2003년에 국제위기감시기구(이하 ICG)는 정부의 "성과가 실망스럽고 자기만족에 빠져 있으며 …… 기부에 대한 의존과 낡은 정치 행태가 반복되리라는 징후가 끊임없이 나타나고 있"다고 지적했다.[27] 이어서 "기부 단체와 정치 엘리트의 합의가 일반 국민의 현실과 동떨어질 수 있"다고 꼬집었다.[28] 세계은행은 시에라리온의 구조 개혁 가능성에 대해 우려를 제기하며 상당수의 공무원이 빈곤선 이하의 임금을 받고 있다고 지적했다. "성과를 향상시키고 개혁을 이끄는 데 필요한 핵심 인력을 끌어들이고 동기를 부여하고 유지하기에는 공무원 임금이 턱없이 낮다."[29]

부패 또한 분야를 가리지 않고 만연해 있다. 교육계에서는 '유령' 교사가 임금을 챙기고 가짜 단체가 교육·청소년·스포츠부의 지원금을 빼돌렸으며 계약과 승진을 미끼로 금품이 오갔다.[30] 교사가 뇌물을 요구하고 입학과 시험에 특혜를 준다는 증거도 있다.[31] 2004년에 ICG는 "사법부는 …… 부패 공무원을 단죄할 의지도 능력도 없"다고 지적했으며 기부 단체와 외교관이 "시에라리온의 부패에 눈을 감고 옛 권력 엘리트와 결탁하여 영향력을 휘두르면서 진정으로 개혁을 바라는 사람들을 소외한"다고 질타했다.[32] 2001년 말, 부패방지위원회(이하 ACC)에서도 정부 간섭에 불만을 제기했다. 부패방지법(2000년)에 따르면 ACC의 권고를 거부해도 처벌할 방법이 없다. 정부 부처와 공무원은 ACC의 요청을 무시하기 일쑤였다.[33] 2002년 초에 ACC는 전국 선거관리위원 5명 중 3명을 고발했지만 카바 정부는 이들을 기소하지 않았다.[34] ACC의 제약과 한계를 보여주기라도 하듯, ACC가 법무부에 고발한 40건의 사건 중에서 2004년까지 종결된 것은 두 건에 불과했다. 정부가 비판 세력을 처벌했다는 증거도 있다. 정부 부패를 고발한 언론인 세 명은 2004년 10월과 2005년 5월에 '선동적 명예훼손'이라는 죄목으로 투옥되었다.[35] 부패의 직격탄을 맞은 것은 가난한 사람들이었다. 지방 공무원은 의료와 교육 서비스에 대해 추가 비용을 요구하며 가난의 고통을 가중시켰다.[36]

　여성의 권리를 보자면 시에라리온 여성들은 자신들의 목소리에 귀를 기울이고 헌법과 새로운 민주주의 의제에 여성의 이해관계를 포함해달라고 요구했으나 "문화적 장애와 문맹을 비롯해 여성의 지위를 낮추는 정치 구조" 탓에 이를 온전히 쟁취할 수 없었다. "여성의 권리에 대한 무지와 지역적 관습 또한 민주주의 과정에 여성이 참여하는 것을 가로막고 있다".[37] 샤키는 가부장적 지배 구조가 공적·사적 담론에 스며 있으며 여성에 대한 폭력이 여전히 관행이라고 지적한다.[38] 2008년에는 67퍼센트에 이르는 시에라리온의 도시 여성들이 가정폭력을 겪었다.[39] 게다가 족장과 전통적 지도자는 여성을 보호하기 위해 제정된 법률에 대해 무지하거나 이를 위반하기가 예사였다. 한 변호사는 이렇게 말했다. "족장과 전통적 지도자가 판결하는 법원에서는 …… 양성평등법이 있다는 사실도 모른다. 알더라도 이것을 서구 이데올로기로 치부해 거부한다."[40] 또 다른 문제는 대족장 체제다. 2장에서 설명했듯이 많은 사람들은 족장이 분쟁을 해결하고 세금을 징수한 대족장 체제가 부패를 일삼고 청년층을 조직적으로 배제한 것이 전쟁의 중요한 요인이라고 생각한다.[41] 대족장 체제는 전쟁 중에 많은 족장이 목숨을 잃으면서 와해되었지만 영국 국제개발부에서 후원한 대족장 재건 사업을 통해 부활했다. 63석의 공석을 메울 선거가 2002년 말과 2003년 초에 치러졌다. 납세자들(대부분 남자다)이 선출한 의원이 대족장을 뽑는 간접선거였으며 대족장은 종신 임기가 보장되었다.[42] 리처즈는 대족장 체제를 복원하는 것은 시에라리온을 전쟁으로 이끈 농촌의 강제노동을 부활시키는 격이라고 지적한다.[43] 지방 법정을 내세운 사적 처벌, 과중한 벌금, 재산 몰수를 비롯하여 과거에 흔하던 권력 남용이 대족장 체제에서 바뀔 전망은 희박하다.[44] 게다가 관습법은 여성과 아동에 대한 인권침해를 여전히 허용한다. 1932년에 제정된 강제노동령이 아직까지도 법전에 버젓이 남아 있으며, 이 때문에 족장과 이들의 가족 친지는 청년과 외부인에게 마음대로 일을 시킬 수 있다. 정부와 후원 기관의 종전 이후 '국가 재건 전략'에 대한 최종 평가 보고서에서는 "영향력 있는 인사를 보호하고 빈민과 취약 계층에 피해를 주는 관습법과 사회 체계를 (마을과 족장령 차원에서) 바로잡아야 한다"고 지적한다.[45] 제도로서의 족장 체제에 가치를 부여하는 사람들이 있고 족장 체제의 폐지를 바라지 않는 사람이 많지만, 개혁을 원하는 것은 이들도 마찬가지다.[46] 하지만 다이아몬드 채굴 지역의 족장들은 지역사회를 위해 쓰도록 되어 있는 0.75퍼센트의 다이아몬드 세稅를 개인적으로 유용한다.[47] 팬소프는 족장들이 자신의 배를 불리고 정치적 지지자들에게 보답하는 데 구호 자금을 쓴다고 주장한다.[48] 잭윌리엄스도 영국이 국민에게 신임을 잃은 봉건 전통을 재건해 풀뿌리 민주주의의 발전을 가로막았다고 주장한다.[49] 대족장 체제가 복원되면 "낡은 정치의 토대가 새로 마련되고 농촌 빈민층은 예전처럼 엘리트 집단의 후견을 차지하려 필사적으로 다툴" 것이다.[50]

다른 체제도 문제가 있기는 마찬가지다. 시에라리온 사법 체제는 법원 공무원의 금품 수수와 뇌물로 얼룩져 있고 인력 부족에 시달리고 있으며 수백 명이 재판도 받지 않은 채 기약 없이 구금되어 있다.[51] 박봉에 허덕이는 판사들은 부패의 유혹을 느낄 수밖에 없다. 소송이 적체되어 있어 국민의 70퍼센트는 대족장 법정에서 사건이 종결되기 때문에, 족장은 더더욱 큰 영향력을 행사한다.[52]

핸런은 역사가 되풀이되리라는 우려를 언급하며, 1991년에 전쟁을 촉발한 불만을 바로잡지 않으면 "과거의 권력자들이 다시 권력을 잡고 여성과 청년이 정치 과정에서 내몰릴 것"이라고 주장했다.[53] 불평등, 성차별, 국가 실패의 형식적 구조는 결코 완전히 사라지지 않았으며 이제 원래 자리로 스멀스멀 기어오르고 있다. 코피 아난 유엔 사무총장은 2005년 4월에 이렇게 경고했다. "시에라리온 내전을 일으켰거나 내전 때문에 일어난 주요 인권 문제의 상당수가 여전히 남아 있다. …… 시에라리온 청년의 정치적·경제적·사회적 소외를 해결하지 않으면 영구적 평화를 이룰 수 없다."[54] 앞에서 보았듯, 구조는 청년의 삶에 크나큰 영향을 미친다. 따라서 되돌리기의 장기적 과정은 역사적으로 불평등을 영구화한 기존 구조의 '철저한 변혁'을 토대로 할 수밖에 없다. 하지만 유엔 인간개발지수에서 최하위를 기록하고 식민 지배와 국제적 약탈, 내전의 참상에서 벗어나려 안간힘을 쓰고 있는 형편에서 이것은 여간 어려운 일이 아니다.

하지만 구조가 모든 것을 좌우하지는 않는다. 시소의 반대편인 행위의 역할에도 문제가 남아 있다. 케모카이는 시에라리온 정부가 정책을 개발하고 구현하는 과정에서 청년층을 충분히 활용하거나 참여시키지 않고 이들을 정책과 사업의 피동적 수혜자로만 치부했다고 주장한다.[55] 게다가 현재의 정책은 도시 지역에 사는 청년과 농촌 지역에 사는 청년의 삶과 현실이 서로 달라도 이를 포착하지 못했으며 성별, 교육 수준, 장애 같은 기본 요인을 간과하고 있다.

전쟁 당시와 이후의 행동에 대한 참가자들의 증언을 읽으면 눈살이 찌푸려지지만, 아동은 피할 수 없는 고통과 상상할 수 없는 잔학상 앞에서 힘든 선택을 할 수밖에 없었다. 이들의 증언에서 알 수 있는 것은 국가 붕괴의 와중에 합법적이고 공식적인 지원이 끊긴 상황에서도 아동이 무력충돌의 공포를 무릅쓰고 자신을 지킬 창의적 방법을 찾아내고 자기 힘으로 변화를 이끌어낼 수 있다는 것이다. 피해자화와 폭력, 소외가 벌어지는 상황에서 아동의 행위와 저항 행위를 '하찮은 승리'

로 치부할 수도 있겠지만, 아동은 창의적 아이디어를 동원하여 혼란과 불안정, 소외, 배제와 맞섬으로써 무력충돌과 그 이후의 전개 과정에서 뛰어난 대처 능력을 입증했다.

아동을 대상으로 한 종전 이후 정책과 사업을 계획하려면 변화의 주체로서 아동의 내적 능력을 중요하게 고려해야 한다. 참가자들의 증언에서 보듯 많은 아동은 전쟁 당시와 이후에 의지력과 집단적 행위 능력을 입증했기에(때로는 비극적 결과를 낳기도 했지만), 사회적 지원 전략을 수립할 때는 아동의 행위와 회복력을 이끌어내 소외와 굴종을 바로잡으려는 접근법을 채택해야 할 것이다. 교육 및 취업 기회 제공, 소득을 창출하는 기술 훈련, 의료 혜택, 육아 지원, 가족 찾기와 재결합, 상담과 지역사회 인식 향상, 아동에게 문화 표현의 기회를 제공하는 음악과 연극, 춤 등의 예술 활동 등 아동이 바라는 분야에서 실질적인 노력이 지속되어야 한다. 하지만 자신의 삶과 주변 세상을 변화시키는 아동의 행위와 능력을 인정하고 정책 및 사업의 개발, 실행, 평가의 모든 측면에 전직 소년병을 참여시킴으로써 이러한 능력을 활용하고 아동에게 평화 운동가, 동료 교육자, 적극적 지도자, 후원자의 임무를 맡길 필요도 있다. 종전 이후에 아동에게 필요한 것을 가장 잘 알고 가장 잘 대처할 수 있는 사람은 아동 자신일 테니까 말이다. 참가자들의 이야기를 들어보자.

사업을 개발할 때 소년 소녀가 참여해야 해요. 뭐가 좋은지는 우리 자신이 알고 있으니까요.(소녀)

전쟁 중에는 우리의 삶이 가치를 인정받지 못했어요. 삶이 만신창이가 될 뻔했죠. 장래에 어떤 일이 닥칠지도 모르면서 그저 시키는 대로 했어요. 그뿐 아니라 어리다는 이유로 아무런 권리도 누리지 못했어요. 어디에서도 우리의 권리를 찾을 수 없었어요. 전쟁이 끝났으니 이제는 바로잡아야죠.(소년)

참가자들은 모순된 경험을 겪고 극한적 상황에 대처하여 살아남는 데 필요한 온갖 행동을 해보았기 때문에, 전쟁이 끝난 뒤에 자신이 훨씬 성숙했고 독립적이며 (특히 힘든 상황에서) 자신을 돌볼 능력을 갖추었다고 생각했다. 오토바이 운전수들의 사례에서 보듯 아동에게 싹을 틔운 이러한 지도력과 독립심을 우리는 점진적으로 키워가야 한다. 게다가 건강, 민권, 토지권, 교육, 취업 같은 사회복귀 및 사회 재건 사업을 진행할 때 여성에 대한 성차별과 소외를 반드시 고려해야 한다. 여성의 취약성과 피해자화에만 치중하지 말고 이들의 자신감, 회복력, 기술에 초점을 맞추어야 한다. 또한 소녀들은 무장단체에서 중요한 위치를 차지하고 여러 임무를 맡았으므로, 전쟁을 분석할 때 소녀들의 경험과 시각을 중요하게 고려해야 하며 하찮게 여기거나 (의도적이든 아니든) 아예 무시해서는 안 된다. 이를 반영하고 여성의 권리를 존중하기 위해서는 전직 소녀 병사를 위한 정책과 사업을 계획할 때 이들의 목소리에 귀를 기울이고 공적 의사 결정에서 소녀들의 참여를 늘려야 한다. 소녀들이 독립적으로 생각하고 행동하는 능력을 발휘하도록 해준다면, 폭력적 충돌을 평화와 좋은 지배구조의 사회적·제도적 토대로 대체하려는 투쟁에서 전쟁에 시달린 수많은 소녀들에게 공적 역할을 더 많이 맡길 수 있을 것이다.

하지만 구조 개혁과 마찬가지로 소년 소녀의 권리와 요구에서 우선순위를 정하고 이들을 의사 결정에 참여시키는 것은 여간 힘든 일이 아니다. 아동의 삶에 영향을 미치는 의사 결정에 아동을 적극적으로 참여시켜야 한다는 조항이 유엔 '아동의 권리에 관한 협약'에 버젓이 실려 있는데도, 전 세계 수많은 나라에서 전쟁에 시달린 아동, 특히 소녀들은 자신의 필요를 충족하기 위한 사업의 기획과 실행에 아무런 목소리도 내지 못하고 완전히 무시되었다.[56] 아동이 사회에서 더 큰 목소리를 내게 해주는 것이 전통적인 사회 규범과 어긋나는 경우도 있다. 시에라리온을 비롯한 많은 사회에서는 나이 든 남성에게 무조건적으로 존경과 권력, 지위를 부여하는 전통문화가 있으며, 사회생활, 교육, 정치, 경제 등 여러 분야에서 법적으로 또한 관습적으로 여성이 차별받고 있다.[57] 소년 소녀, 여성의 소외, 착취, 공공연한 신체적 학대가 문화적으로 깊이 뿌리내린 사회에서는 (특히 여성의) 권익 신장을 목표로 제정된 정책과 원칙이 기존의 지배적인 권력 구조를 재편할 수 있을지 의문이다. 공적·사적 삶의 모든 차원에서 남녀의 관계, 소년과 소녀의 관계를 근본적으로 바꾸는 계획적 사회 변화는 대규모 동원과 행동의 포괄적 전략이 필요한 점진적 과정이며 본질상 매우 정치적이다. 게다가 전쟁을 겪은 나라가 흔히 그렇듯 극심한 빈곤과 만연한 사회문제에 시달리는 사회에서는 청년, 특히 소녀들의 고유한 필요와 상황이 더 시급하고 중요한 사회경제적 문제에 치여 뒤로 밀리기 일쑤다. 하지만 전쟁에 시달린 수많은 아동의 험난한 인생 역정을 고려할 때, 이들의 관점과 필요를 무시하고 전쟁 이후의 사회 재건에 적극적으로 참여할 권리를 외면하다가는 불평등과 불안정, 폭력을 존속시킬 우려가 있다. 한 참가자의 말을 들어보자.

젊은이들이 다양한 분야에서 파업을 일으키고 시위를 조직하는 것은 자신이 싸우고 투쟁하면서 이루고자 한 목표가 실현되지 않았기 때문이에요. ······ 제가 보기에는 거짓 약속이에요. ······ 거짓말이죠.(소년)

가난과 배제가 계속되고 현실성 있는 대안을 찾기 힘든 상황에서는 아동이 다시 병사와 지휘관이 되어 폭력의 고리를 영구화하고 아슬아슬한 '평화' 상태를 무너뜨릴지도 모른다는 두려움을 가질 수 있다. 라이베리아, 시에라리온, 기니, 코트디부아르 국경을 넘나드는 젊은 서아프리카 전사들은 전쟁을 경제적 기회로 또한 경제적 생존을 위한 최상책으로 여긴다.[58] 전쟁으로 경제가 만신창이가 된 상황에서 먹고 살려고 안간힘을 쓰다 보니 이웃 나라의 전쟁은 전직 소년병에게 솔깃한 유혹이다.[59] 이들 용병은 경제적 궁핍이 폭력과 전쟁범죄의 악순환을 일으키는 중요한 요인임을 입증한다. 용병들이 죽음을 불사하고 전쟁에 뛰어드는 핵심적인 이유는 지독한 가난과 무력함 때문이다.

종전 이후의 '안보 위협'으로 부각되는 것은 대개 소년병이지만 여성의 분노와 폭력도 무시할 수 없다. 본 연구에 참가한 소녀 중 일부는 종전 이후에 좌절과 환멸에 시달리다 폭력 행동을 저지른 적이 있다고 말했다. 소녀들은 불만을 품은 젊은 남성보다 덜 위협적인 존재로 간주되었지만, 내전이 끝난 뒤에 소녀들의 불만과 좌절이 커지고 공적·사적 영역에서 폭력을 저지를 가능성이 커진 것은 분명하다. 장래가 불투명하고 경제 침체가 계속되는 상황에서, 많은 전직 소녀 병사들의 손에서 자라는 아이들이 폭력에 길들여질 우려가 있다. 지속되는 소외에 맞선 호전적 대응에서는 소녀들의 행위 능력과 회복력을 엿볼 수 있다. 하지만 이것이 폭력적 형태로 표출되면 소녀들이 지역사회에서 더더욱 소외되어 사회복귀가 힘들어지고 장기적 평화 정착의 전망도 멀어질 것이다. 전쟁 뒤에 이 소녀들과 그 자녀들에게 필요한 것을 외면하는 것은 매우 근시안적인 태도다.

게다가 종전 뒤에 모호하게 변한 소년병의 지위와 소년 소녀를 막론한 피해자화, 가담, 저항의 상호 연결된 경험을 깨닫지 못하면 어떤 사업을 진행해도 아동에게 필요한 것을 채워주지 못할 것이다. 무장단체에 몸담았던 전직 소년병뿐 아니라 전쟁에 시달린 '모든' 아동에게 DDR 혜택을 주어야 한다는 요구가 끊이지 않았다. 전직 소년병에게 '특혜'가 돌아가는 것을 피하고 이에 따른 소외와 질투를 예방하며, 전쟁의 폭력에 가담한 사람이 오히려 보상을 받는다는 인식을 깨뜨리기 위해서다.[60] 이런 주장은 중요하고 설득력이 있지만, 폭력 가담으로 인한 불안과 혼란 그리고 여기에 얽힌 수많은 의미를 생각한다면 폭력 가담의 후유증과 영향을 특별히 다루는 전후戰後 사업을 반드시 추진해야 한다. 폭력에 가담한 아동에게는 자신의 모순된 감정과 우려를 안전하게 드러낼 수 있는 여건을 마련해주어야 한다.

아동이 폭력의 세계로 다시 돌아가려는 유혹을 받지 않도록 하는 것도 중요한 일이지만, 이러한 위험만을 부각하고 희망을 제시하지 않으면 전직 소년병을 위협적이고 비뚤어지고 무질서한 존재로 치부하는 통념이 확산될 수도 있다. 아동이 엄청난 역경 속에서도 거대한 창의력을 발휘해 평화적이고 대안적인 삶을 창안하고 꾸려가는 모습을 강조하는 것은 위험을 경고하는 것 못지않게 중요한 일이다. 아르젠티는 이렇게 말한다.

주목할 사실은 왜 아프리카의 일부 젊은이들이 폭력에 가담했느냐가 아니라 폭력에 가담한 젊은이들이 왜 그토록 적었느냐다. 대다수는—심지어 군사 폭력에 휘말린 젊은이조차—지역사회, 지방정부, 자유시장 자본주의의 악영향으로 인해 높아만 가는 위기에 훌륭하게 창의적으로 대처하는 능력을 보여주고 있다. …… 젊은이들은 점차 사회의 주도권을 차지하고 모든 어려움에 맞서 대안적 사회질서를 평화적으로 구축하고 있다. …… 젊은이들이 환멸을 느끼고 범죄를 저지르기도 하지만 …… 이들이 단순히 국가 폭력을 재생산하는 것이 아니라 …… 이를 전유하고 전복할 방법을 찾고 있음에 유의해야 한다.[61]

오토바이 택시 운전수의 사례에서 보듯, 내전이 끝난 뒤 시에라리온의 젊은이들은 스스로 조직적인 사회적 행동을 벌였다.[62] 전쟁의 타격을 가장 심하게 입은 지역의 사회적 네트워크와 사회적 기구가 가장 강력하다고들 한다.[63] 청년들은 족장령이나 분파, 지구地區의 발전을 목표로 사업 제휴를 하거나 단체를 조직하기도 하고 오토바이 운전수 조합이나 카세트테이프 판매인 조합 같은 직능 단체를 결성하기도 했다. 한 비정부기구가 조사한 바에 따르면 코노 지구에만 141개 청년 단체가 있으며 회원 수는 1만 7000명을 넘었다.[64] 이러한 행동주의와 참여는 청년들이 자신의 삶에 대한 통제력을 늘리고, 자신이 처한 상황을 긍정적이고도 지속 가능하도록 변화시킬 수 있는 지도력과 자부심, 지식, 경험을 증진해 폭넓은 국가 건설에 이바지하게 한다.

이 책은 주로 2003년과 2004년에 수집한 데이터를 토대로 삼았다. 물론 그 뒤로 시에라리온은 많은 변화를 겪었다. 나는 2008년에 참가자 몇 명을 다시 만나 이들의 삶이 어떻게 전개되었는지 살펴볼 기회가 있었다. 몇 년 뒤에 다시 인터뷰한 소수의 참가자 중에서 몇 명은 여전히 학교에 다니고 있었고 두 명은 대학에 진학했다. 한 명은 지방 라디오 방송국에서 기자로 일하고 있었으며 또 한 명은 다른 나라에서 용병으로 싸우자는 제안을 받고 수락할지 말지 고민하고 있었다. 나머지는 대부분 하찮은 물건을 사고팔면서 근근이 생계를 꾸려가고 있었다. 세 명은 안타깝게도 유명을 달리했다고 한다. 2008년의 면접 참가자들은 모두 전쟁의 폭력에 대한 끔찍한 기억에 시달리고 있었으며, 이런 일을 일주일에 세 번씩 겪는 참가자도 있었다. 소녀들은 강간에 대한 기억과 그로 인한 수치심이 2004년보다 더 심해져 있었다. 2003년과 2004년에 면접할 때는 강간이 자신의 장래에 어떤 영향을 미칠지 제대로 이해하지 못했던 것이다. 나이를 먹으면서 강간으로 인한 영향과 수치심이 더욱 뚜렷해지고 더욱 고통스러워졌다고 한다.

2008년의 면접 참가자들은 모두 차별과 보복을 당할까 봐 RUF 전력을 숨기려고 안간힘을 썼다. 몇 명은 자신이 RUF에 몸담았다는 이유로 마을에서 푸대접을 받고 있다고 말했다. 하지만 다른 참가자들은 시간이 지나면 RUF에 몸담았다는 낙인이 사라질 거라고 여겼다. 그래도 반군과 한편이었다는 사실을 결코 밝히지 않겠다고 했다.

청년들이 폭력에 가담하고 벗어나는 길과 이에 따른 고통스러운 투쟁은 끝나지 않을 것이다. 하지만 이러한 여정을 헤쳐 나가는 방식과 새롭고 상징적인 전쟁터의 결과는 궁극적으로 구조와 행위 둘 다에 연관된 요인들에 좌우될 것이다. 어떤 형태의 연대를 구축하든, 어떤 개입을 함께 계획하든 아동의 삶에서 구조와 행위가 함께 작용하고 있음을 명심해야 한다. 구조의 영향은 개인과 (개인이 사건을 해석하는 틀로 삼는) 공유된 의미를 제쳐두고 따로 분리하거나 분석할 수 없다. 사회와 경제구조의 개혁이 아동의 복지 향상으로 이어지려면 이와 관련한 논의와 의사 결정에 모든 계층의 아동을 직접 참여시켜야 한다. 이에 못지않게 중요한 것은 아동이 현명한 선택을 하고 자신과 지역사회에 이로운 평화롭고 건설적인 방식으로 행동할 수 있도록 전면적 구조 개혁을 추진하는 것이다. 범죄와 폭력은 아동의 피할 수 없는 운명이 아니다. 하지만 아동에게 제대로 된 기회를 주지 않으면 폭력과 범죄가 생존 수단이 될지도 모른다. 프리타운 빈민가에 사는 한 노숙인 참가자는 "돈이나 물건을 훔치지 않고서는 살아갈 수 없어요"라고 말한다.

정성적 연구의 제약 때문에 참가자들의 경험과 증언을 전체 소년병의 경험으로 일반화하거나 시에라리온 이외의 나라에 적용할 수 없다는 것을 다시 한 번 일러둔다. 하지만 본 연구에 참가한 전직 소년병들이 저마다 독특한 방식으로 군사화와 사회복귀를 겪은 것은 분명하지만, 전반적인 만들기와 되돌리기 과정 —그리고 구조와 행위와의 연관성 —은 전쟁의 참화를 이겨내려 애쓰는 모든 사회에 중요한 실마리를 던져줄 것이다. 구체적으로 말하자면, 어떤 상황에서든 아동의 군사화와 탈군사화의 관계와 행위, 역학관계를 형성하는 것은 역사적 힘과 구조적 힘일 것이다. 소년병 만들기와 되돌리기 과정에는 일상 활동을 통해 구조를 생산하고 재생산하고 변형하는 개별 행위자의 행위가 녹아들어 있다. 따라서 전 세계 소년병들이 전쟁 당시와 이후에 겪은 고통을 제대로 이해하고 해결하려면 구조와 행위의 실제 작용에 주목해야 한다.

하지만 소년병의 궁극적 운명은 자신이 살아가는 국가 안에서의 구조와 행위에 국한되지 않는다. 아동이 폭력에 가담하고 벗어나는 복잡한 여정은 진공 속에서 이루어지는 것이 아니며 전 세계의 광범위한 구조와 행위에 밀접하게 연결되어 있다. 따라서 우리는 지구촌 주민으로서 나 자신과 우리 정부의 행동이 기존 구조와 현실을 생산하고 재생산하고 변형해 결국은 전 세계 소년병의 현실에 영향을 미친다는 것을 인정해야 한다. 아동 모병 행위를 억제하고 궁극적으로 근절하려면 다른 방법이 없다. 이것은 우리 모두의 중요한 전쟁터이며 누구도 그 책임에서 자유로울 수 없다.

▌주

서론: 소년은 어떻게 되었을까?

1. Kemper 2005.
2. Boyden and Levinson 2000.
3. 같은 책, p. 28.
4. United Nations 2005.
5. World Bank 2007b.
6. Government of Sierra Leone 2003.
7. Mawson 2004, p. 226.
8. Honwana 2006.
9. UNICEF 2007, p. 7.
10. Ariès 1962; James and Prout 1990.
11. Honwana 2006; Macmillan 2009;
    Rosen 2009; Skinner 1999.
12. Schuler 1999.
13. *The Montreal Gazette* 1999.
14. Kaplan 1994.
15. Wasswa 1997.
16. *The Independent* 1993.
17. Aning and McIntyre 2004, p. 77.
18. *Newsweek* 1995.
19. *New York Times* 2006.
20. Cain 1999, p. 296에서 재인용.
21. BBC News 2007.
22. Alberts 2006.
23. *Newsweek* 2000.

24. Horn 2001.
25. Macmillan 2009; Rosen 2005;
    Shepler 2005.
26. *The Ottawa Citizen* 1998.
27. *The Los Angeles Times* 1999.
28. McIntyre 2003; Rosen 2005.
29. McIntyre 2003, p. 9에서 재인용.
30. Burman 1994.
31. Brocklehurst 2006, p. 17.
32. Burman 1994, p. 246.
33. Burman 1994, p. 249.
34. Burman 1994, p. 238.
35. Marten 2004.
36. Wessells 2006.
37. *The San Francisco Chronicle* 2007.
38. *The Independent* 2007.
39. *Heart of Fire* 2006.
40. Luscombe 2007.
41. McKay 2004, 2005, 2006.
42. Mazurana et al. 2002.
43. Goldstein 2001.
44. Mazurana et al. 2002.
45. Reese, Brocklehurst 2006, p. 79에서
    재인용.
46. Kater 2004, p. 238.
47. Nordstrom 1997, p. 5.

48. Coulter 2008; Denov and Maclure 2006; Fox 2004; Keairns 2003; McKay and Mazurana 2004; Park 2006; Schroven 2008; Veale 2003.
49. McKay and Mazurana 2004.
50. McKay and Mazurana, 2004.
51. Coalition to Stop the Use of Child Soldiers 2008.
52. Bouta 2005.
53. Mazurana et al. 2002, p. 105.
54. Coulter 2008; Denov 2007.
55. Macmillan 2009.
56. Geyer 1989, p. 79.
57. Adelman 2003; Feldman 2002.
58. Regan 1994.
59. United Nations 2006, p. 19.
60. Annan and Blattman 2006; Betancourt et al. 2008; Boothby 2006.
61. Boyden 2004, p. 248.
62. Downe 2001, p. 165.
63. Rudd and Evans 1998, p. 41.
64. Ungar and Teram 2000.
65. Caputo 2001.
66. Coulter, Persson and Utas 2008; Denov 2007; Human Rights Watch 2003b.
67. Nordstrom 1997, pp. 5, 36.

1장 총을 든 아이들

1. Maxted 2003, pp. 51~52, 65.
2. Peters and Richards 1998, p. 183.
3. Singer 2005a, p. 28(강조는 저자).
4. UNICEF 2007.
5. Marten 2002; Mazurana et al. 2002; Rosen 2005.
6. Shahar 1990.
7. Watson 2006.
8. Cardoza 2002, p. 206.
9. Collmer 2004.
10. Marten 2004.
11. Marten 2004.
12. Kater 2004.
13. Honwana 2006.
14. Coalition to Stop the Use of Child Soldiers 2008.
15. Coalition to Stop the Use of Child Soldiers 2008.
16. McIntyre 2003.
17. Singer 2005b.
18. Coalition to Stop the Use of Child Soldiers 2008.
19. Coalition to Stop the Use of Child Soldiers 2008.
20. Coalition to Stop the Use of Child Soldiers 2008.
21. Coalition to Stop the Use of Child Soldiers 2008.
22. Coalition to Stop the Use of Child Soldiers 2008.
23. Human Rights Watch 2003a.
24. Warchild UK 2006, p. 3.
25. Coalition to Stop the Use of Child Soldiers 2008.

26. Coalition to Stop the Use of Child Soldiers, 2008.

27. Coalition to Stop the Use of Child Soldiers 2008.

28. Coalition to Stop the Use of Child Soldiers 2008.

29. Coalition to Stop the Use of Child Soldiers 2008.

30. Coalition to Stop the Use of Child Soldiers 2008.

31. Troyer 2005.

32. Coalition to Stop the Use of Child Soldiers 2008.

33. Coalition to Stop the Use of Child Soldiers 2004.

34. Coalition to Stop the Use of Child Soldiers 2004.

35. Coalition to Stop the Use of Child Soldiers 2008.

36. Coalition to Stop the Use of Child Soldiers 2001.

37. Coalition to Stop the Use of Child Soldiers 2001.

38. Coalition to Stop the Use of Child Soldiers 2001.

39. Coalition to Stop the Use of Child Soldiers 2008.

40. Schmidt 2007.

41. Human Rights Watch 2003a, p. 4.

42. Coalition to Stop the Use of Child Soldiers 2001.

43. Coalition to Stop the Use of Child Soldiers 2001.

44. Coalition to Stop the Use of Child Soldiers 2001.

45. Coalition to Stop the Use of Child Soldiers 2001.

46. Coalition to Stop the Use of Child Soldiers 2001.

47. Coalition to Stop the Use of Child Soldiers 2004.

48. Becker 2004.

49. Chrobok 2005에서 재인용.

50. Coalition to Stop the Use of Child Soldiers 2008.

51. Coalition to Stop the Use of Child Soldiers 2008.

52. Coalition to Stop the Use of Child Soldiers 2008.

53. Howard 2008.

54. Coalition to Stop the Use of Child Soldiers 2008.

55. Twum—Danso 2003, p. 16.

56. Coalition to Stop the Use of Child Soldiers 2004; Human Rights Watch 2007a.

57. Human Rights Watch 2007a, p. 5.

58. United Nations Security Council 2007.

59. Coalition to Stop the Use of Child Soldiers 2008.

60. Coalition to Stop the Use of Child Soldiers 2008, p. 247.

61. Rosen 2005; Usher 1991.

62. Rosen 2005; Sirajsait 2004.

63. Coalition to Stop the Use of Child Soldiers 2004.

64. Sela—Shayovitz 2007.

65. Coalition to Stop the Use of Child Soldiers 2008.

66. Coalition to Stop the Use of Child Soldiers 2008.

67. Coalition to Stop the Use of Child Soldiers 2008.

68. Coalition to Stop the Use of Child Soldiers 2008.

69. Hogg 2006; Kanagaratnam et al. 2005.

70. Jayamah 2004; Keairns 2003.

71. Coalition to Stop the Use of Child Soldiers 2008.

72. Watchlist on Children and Armed Conflict 2008.

73. Van de Voorde 2005.

74. The Hindu News Update Service 2008.

75. Coalition to Stop the Use of Child Soldiers 2008.

76. Coalition to Stop the Use of Child Soldiers 2008.

77. Coalition to Stop the Use of Child Soldiers 2008.

78. Brett and Specht 2004; Maxted 2003; Murphy 2003.

79. Brocklehurst 2006; Honwana 2008.

80. Duffield 2001; Kaldor 1999; Singer 2005b; Snow 1996.

81. Kaldor 1999, pp. 1, 16.

82. Kalyvas 2001; Newman 2004.

83. Harris 2006.

84. Otunnu 2000, p. 11.

85. Brocklehurst 2006; Singer 2005b.

86. Kaldor 1999; Newman 2004.

87. Kaldor 1999, p. 4.

88. Carment et al. 2007.

89. Rotberg 2002, p. 127.

90. Rotberg 2002, p. 130.

91. UNICEF 2008.

92. Brett and Specht 2004; Honwana 2006.

93. Kaldor 1999, p. 3.

94. Honwana 2006.

95. Honwana 2006, p. 45.

96. Kalyvas 2001; Newman 2004.

97. Kalyvas 2001, p. 104; Keen 1997; Utas and Jorgel 2008.

98. Newman 2004, p. 179.

99. Newman 2004.

100. Freedson 2002; MacMullin and Loughry 2004; United Nations News Centre 2008.

101. Klare 1999.

102. Small Arms Survey 2009.

103. Atanga 2003.

104. Small Arms Survey 2009.

105. Stohl 2002b, p. 281.

106. Endleman 2001; Klare 1999.

107. Freedson 2002; UNICEF 2001; United Nations News Centre 2008.

108. Maxted 2003, p. 65.
109. Klare 1999, p. 19.
110. Stohl 2002a.
111. Shepler 2004.
112. Hay 1995, p. 195.
113. Becker 1970.
114. Bangura 1997.
115. Argenti 2002, p. 133.
116. Machel 1996.
117. Green et al. 2000; Pombeni et al. 1990.
118. Human Rights Watch 2003a; Peters and Richards 1998.
119. Peters 2004, pp. 30~31.
120. Abdullah et al. 1997.
121. Veale 2003.
122. West 2004.
123. Boyden 2004, p. 255.
124. Rosen 2005, pp. 55~56.
125. Mkandawire 2002, pp. 189, 191.
126. Honwana 2006; Honwana and de Boeck 2005; Maclure and Denov 2006; Peters 2004; Richards 1996; Utas 2005a, b.
127. Boyden 2004, p. 250.
128. Giddens 1984.
129. Giddens 1984.
130. Layder 1994.
131. Giddens 1984.
132. Giddens 1984, p. 181.
133. Giddens 1984, p. 17.
134. Giddens 1984, p. 70.
135. Giddens 1976, p. 121.
136. Giddens 1979, pp. 57, 215~216.
137. Craib 1992.
138. Giddens 1976, p. 161.

2장 시에라리온 내전의 시작과 끝

1. *Footpaths to Democracy: Toward a New Sierra Leone* 1995에 실린 'RUF 단가團歌' 일부.
2. Statistics Sierra Leone 2005.
3. Statistics Sierra Leone 2005.
4. World Bank 2007b.
5. United Nations Development Programme 2008a.
6. Women's Commission for Refugee Women and Children 2008.
7. World Bank 2007a.
8. Reno 1995.
9. Hanlon 2005.
10. Sierra Leone Truth and Reconciliation Commission 2004.
11. Sierra Leone Truth and Reconciliation Commission 2004, p. 235에서 재인용.
12. Sierra Leone Truth and Reconciliation Commission 2004, p. 235에서 재인용.
13. McKay, Mazurana 2004.
14. UNICEF 2005, p. ix.
15. Sierra Leone Truth and Reconciliation Commission 2004, p. 235.
16. Bangura 2004.
17. Richards 1996.

18. Abdullah 2004; Abdullah et al. 1997.

19. Kpundeh 2004.

20. Abraham 2004.

21. Rosalind Shaw 2002.

22. Peters 2006.

23. Shaw 2002, p. 41.

24. Peters 2006, p. 23.

25. Gberie 2005, p. 18.

26. Gberie 2005, p. 19.

27. Keen 2005.

28. Jackson 2006, p. 98.

29. Fanthorpe 2001, p. 380.

30. Richards et al. 2004.

31. Berman 1998, p. 321.

32. Fanthorpe, Hanlon 2005, p. 462에서
    재인용.

33. Keen 2005.

34. Clapham 2003.

35. Bundu 2001, p. 34에서 재인용.

36. Bundu 2001, p. 34.

37. Gberie 2005, p. 20.

38. Abdullah 2004; Kpundeh 2004.

39. Murphy 2003.

40. Aning and McIntyre 2004.

41. Smillie et al. 2000.

42. Smillie et al. 2000.

43. Rashid 1997.

44. Enloe 2000, p. 3.

45. Enloe 2000, p. xii.

46. Cervenka 1987, p. 69.

47. Feldman 2002.

48. Rashid 1997.

49. Kandeh 1999, p. 359.

50. Abdullah 2004; Bangura 2004.

51. Zack—Williams 1999.

52. Jackson 2006.

53. Jackson 2006.

54. World Bank 2003, p. 44.

55. Keen 2005; World Bank 2007b.

56. Fanthorpe 2001, 2005; Hanlon 2005.

57. Jackson 2006, p. 101.

58. Richards 2005, p. 578.

59. World Bank 2007b.

60. Bangura 2004.

61. Abdullah 1998, pp. 207~208.

62. Abdullah 2002.

63. Abdullah 2004.

64. Rosen 2005.

65. Richards 1996, p. 81.

66. Ellis 2003.

67. Little 1965, p. 349(강조는 원저자).

68. Richards 1996.

69. Ferme and Hoffman 2004.

70. Ellis 2003; Shaw 2002.

71. Watkins 1943, p. 671.

72. Rosen 2005.

73. Ferme and Hoffman 2004; Kandeh
    1999; Richards 1996.

74. Ferme and Hoffman 2004.

75. Ferme and Hoffman 2004, p. 82.

76. Ellis 2003.

77. Revolutionary United Front 1995.

78. Abdullah 2004.

79. Paul Richards 1996.

80. Abdullah 1998, 2004.

81. Keen 1997, 2005.

82. Gberie 2005.

83. Abdullah 2004.

84. Abdullah 2004.

85. Gberie 2005.

86. Gberie 2005, p. 45.

87. Gberie 2005.

88. Gberie 2005.

89. Keen 2005.

90. Abdullah 2004.

91. Bangura 1997, pp. 129~130.

92. Mazurana et al. 2002.

93. Peters 2004.

94. McKay and Mazurana 2004.

95. McKay and Mazurana 2004.

96. Richards 1996.

97. Keen 2005, p. 42.

98. Women's Commission for Refugee Women and Children 2002.

99. Amowitz et al. 2002.

100. Abdullah 1998.

101. Abdullah 2004; Abdullah et al. 1997; Bangura 1997, 2004.

102. Abdullah 1998, p. 223.

103. Gberie 2005.

104. Gberie 2005, p. 151.

105. Farah 2001.

106. Keen 2000.

107. Keen 1997.

108. Smillie et al. 2000.

109. Berman 2000.

110. Keen 2005.

111. Keen 2005, p. 293.

112. Gberie 2005.

113. Keen 2005.

114. Richards 1996.

115. Gberie 2005.

116. Abraham 1997.

117. Kpundeh 2004.

118. Gberie 2005.

119. Abraham 2004; Richards 1996.

120. Muana 1997.

121. Gberie 2005; Muana 1997.

122. Hirsch 2001.

123. Richards 1996.

124. Keen 2005, p. 40.

125. Abraham 2004; Keen 1997.

126. Gberie 2005.

127. Abraham 2004.

128. Ukeje 2003.

129. Keen 2005.

130. Ferme and Hoffman 2004, p. 76.

131. Muana 1997.

132. Ferme and Hoffman 2004, p. 81.

133. Muana 1997.

134. Keen 2005.

135. Human Rights Watch 2003c.

136. Gberie 2005.

137. Keen 2005; Ukeje 2003.

138. Hirsch 2001, p. 39.

139. Clapham 2003.

140. Clapham 2003.

141. Singer 2003.

142. Hirsch 2001.
143. Gberie 2005.
144. Kandeh 2004.
145. Hirsch 2001.
146. Hirsch 2001.
147. Clapham 2003.
148. Keen 2005.
149. Hirsch 2001.
150. Hirsch 2001.
151. Hirsch 2001.
152. Hirsch 2001.
153. Gberie 2005.
154. Gberie 2005.
155. Hirsch 2001.
156. Gberie 2005; Kandeh 2004.
157. Gberie 2005, p. 102.
158. Gberie 2005.
159. Hirsch 2001.
160. United Nations 2005.
161. Gberie 2005.
162. Hirsch 2001.
163. Gberie 2005.
164. Gberie 2005.
165. Gberie 2005.
166. Gberie 2005, p. 120.
167. Gberie 2005, p. 126.
168. Abdullah 2005.
169. Gberie 2005.
170. Abraham 2004.
171. Hirsch 2001.
172. Gberie 2005.
173. Hirsch 2001.

174. Hirsch 2001.
175. Keen 2005.
176. Keen 2005.
177. BBC News 2002.
178. Berewa, Schabas 2004, p. 8에서 재
    인용.
179. BBC News 2003.
180. Special Court for Sierra Leone
    2008b.
181. US Department of State 2008.

3장 소년병이 소년병에게 듣다

1. England 1994; Stacey 1991.
2. Mutua and Blue Swadener 2004, p. 1
   에서 재인용.
3. Thapar—Bjorkert and Henry 2004.
4. Wong 1998.
5. Mauthner 1997.
6. Mishna et al. 2004.
7. Kay et al. 2002.
8. Lee and Renzetti 1993.
9. Sieber 1993.
10. Boyden 2004, p. 241.
11. Scheyvens and Leslie 2000, pp.
    125~126.
12. Barker and Smith 2001.
13. Barker and Smith 2001, p. 146.
14. Bhavnani 1993; Mutua and Blue
    Swadener 2004.
15. Foucault 1980.
16. Thapar—Bjorkert and Henry 2004.

17. Thapar—Bjorkert and Henry 2004, p. 364.
18. Morrow and Richards 1996, p. 100.
19. Alderson 2000, p. 244.
20. Alderson 2000, p. 243.
21. Alderson 2000, p. 253.
22. Munford and Sanders 2004.
23. Munford and Sanders 2004, pp. 470, 472.
24. Boyden and de Berry 2004.
25. Boyden and de Berry 2004, p. 242.
26. Boyden and de Berry 2004.
27. Mauthner 1997, p. 26.
28. Honwana 2006; Shepler 2005; Utas 2004.
29. Utas 2003, p. 81.
30. Utas 2003, pp. 51, 80.
31. Grbich 2007.
32. Lyons 2004, p. 282; Stasiulis 1993.
33. Miles and Huberman 1994.
34. Alderson 2000.
35. Lyons 2004, p. 282.
36. Stasiulis 1993.
37. Honwana 2006, p. 18.

4장 RUF 되기 혹은 소년병 만들기

1. Adolf Hitler, Rempel 1989, p. 2에서 재인용.
2. 참가자의 증언.
3. Crelinsten 2003.
4. Crelinsten 1995, 2003
5. Brett and Specht 2004; Honwana 2006; Wessells 2006.
6. Clapham 2003을 보라.
7. Honwana 2006; Stavrou 2004; Wessells 2006.
8. Crelinsten 2003, Kelman 1995.
9. Kelman 1995.
10. Haritos—Fatouros 2003, p. 46.
11. Crelinsten 2003.
12. Richards 1996.
13. Richards 2003, p. 27.
14. Haritos—Fatouros 2003.
15. Stavrou 2004.
16. McKay and Mazurana 2004.
17. Dodge and Raundalen 1991.
18. Murphy 2003.
19. Haritos—Fatouros 2003.
20. Decker and Van Winkle 1996, p. 75.
21. Post et al. 2003, p. 176.
22. Post et al. 2003.
23. Richards 2003, p. 28.
24. Singer 2005b; Stavrou 2004; Wessells 2006.
25. McKay 2005, 2006.
26. McKay and Mazurana 2004.
27. Stavrou 2004.
28. Denov 2008.
29. Coulter et al. 2008; McKay and Mazurana 2004; Schroven 2008; Stavrou 2004를 보라.
30. Keairns 2003; McKay and Mazurana 2004; Stavrou 2004; Veale 2003.

31. Goffman 1961.

32. Abdullah and Rashid 2004, p. 240.

33. Kandeh 1999, p. 364.

34. Murphy 2003.

35. Murphy 2003, pp. 69, 77.

36. Rosen 2005, p. 78.

37. Murphy 2003, p. 77.

38. Richards 1996; Ellis 2003.

39. Little 1965.

40. Little 1965, pp. 357, 358(강조는 저자).

41. Little 1965, p. 357(강조는 저자).

42. Ferme 2001, pp. 179~180.

43. Richards 1996, p. 30.

44. Shepler 2004.

45. Shaw 2002.

46. Enloe 2000.

47. Giddens 1977.

48. Abdullah 1998.

49. Haritos—Fatouros 2003.

50. Hiroto and Seligman 1975.

51. Murphy 2003.

5장 세 개의 얼굴

1. Shepler 2003, p. 61.

2. 참가자의 증언.

3. Betancourt 2008; Boothby 2006; Honwana 2006; McKay 2004; Stavrou 2004; Wessells 2006.

4. Coulter, Persson and Utas 2008; McKay and Mazurana 2004; Stavrou 2004.

5. Mendel 1995.

6. Weissberg 2003.

7. United Nations Commission on Human Security 2003.

8. Kelman 1995.

9. Haritos—Fatouros 2003.

10. Cohen 2001; Sykes and Matza 1957.

11. Crelinsten 1995.

12. Haritos—Fatouros 2003.

13. Bandura 1999.

14. Lyons 2004, pp. 191, 271.

15. Ibañez 2001.

16. Utas 2005b.

17. Shaw 2002.

18. Kandeh 1999; Murphy 2003; Reno 1995; Richards 1996.

19. Erikson 1963.

20. McAdams 2001.

21. McAdams 2001, p. 110.

22. Schmid and Jones 1991, p. 415.

23. Schmid and Jones 1991.

24. Schmid and Jones 1991, p. 419.

6장 총을 내려놓다

1. 참가한 소년의 증언.

2. McKay 2004.

3. Betancourt et al. 2008; Betancourt and Tanveer Khan 2008; Chrobok and Akutu 2008; McKay 2004; Stavrou 2004.

4. Boothby et al. 2006; Betancourt and

Khan 2008.

5. Helmus et al. 2004; Marlowe 2001;
   Solomon 1993; Staub 1989.
6. United Nations 2006, p. 6.
7. Spear 2002, p. 141.
8. United Nations 2006, p. 6.
9. United Nations 2006, p. 19.
10. Muggah 2006.
11. Specker 2008.
12. Specker 2008.
13. Farr 2002; McKay and Mazurana
    2004; Stavrou 2004.
14. Ismail 2002, p. 127.
15. Shepler 2004.
16. Chrobok and Akutu 2008.
17. Specker 2008.
18. Agence France—Presse 1995.
19. Molloy 2004; UNICEF 2005.
20. UNICEF 2005.
21. Miller et al. 2006.
22. Women's Commission for Refugee
    Women and Children 2002.
23. Malan et al. 2003.
24. Malan et al. 2003.
25. Peters 2007a.
26. Humphreys and Weinstein 2007.
27. UNICEF 2004, p. 2.
28. UNICEF 2005.
29. Sierra Leone Truth and Reconciliation
    Commission 2004, p. 324.
30. Peters 2007a.
31. NCDDR 2004.

32. NCDDR 2004.
33. NCDDR 2004.
34. NCDDR 2004.
35. Peters 2007a.
36. Mazurana and Carlson 2004; McKay
    and Mazurana 2004.
37. Hanlon 2005.
38. Denov 2006.
39. McKay and Mazurana 2004; Stavrou
    2004.
40. Mazurana and Carlson 2004.
41. Coalition to Stop the Use of Child
    Soldiers 2004.
42. Mazurana and Carlson 2004.
43. Coalition to Stop the Use of Child
    Soldiers 2008.
44. Betancourt and Khan 2008;
    Betancourt et al. 2008; Kostelny 2006.
45. McKay and Mazurana 2004.
46. Betancourt et al. 2008.
47. World Bank 2007a, p. 10.
48. Fox 2004; Human Rights Watch
    2003b; McKay and Mazurana 2004;
    Twagiramariya and Turshen 1998.
49. McKay and Mazurana 2004.
50. Stark 2006, p. 207.
51. Betancourt 2008; McKay and
    Mazurana 2004, p. 50.
52. Honwana 1998.
53. Hanlon 2005; Silberfein 2004.
54. Silberfein 2004.
55. Freeman 2008.

56. Hanlon 2005.
57. Moore et al, 2003, pp. iv, vi.
58. Ginifer 2003, p. 51.
59. Betancourt et al. 2008; Boothby,
    Crawford and Halperin in 2006.
60. Kagawa 2005.
61. Tidwell 2004.
62. Kuterovac–Jagodic and Kontac 2002.
63. Machel 1996, p. 92.
64. Thorpe 2002, p. 3.
65. Ministry of Education, Science and
    Technology 2007.
66. Ministry of Education, Science and
    Technology 2003.
67. UNICEF Sierra Leone 2005.
68. Maclure and Denov 2009.
69. Bennell et al. 2004.
70. World Bank 2006.
71. World Bank 2007b.
72. Kemokai 2007.
73. Hanlon 2005.
74. IRIN 2008a.
75. Moore et al, 2003, pp. 43~44.
76. Hanlon 2005.
77. Farrell 1999, p. 168.
78. Hansen et al. 2002.
79. Government of Sierra Leone 2005.
80. Hanlon 2005, p. 466.
81. United Nations Development
    Programme 2008b.
82. World Bank 2007b.
83. World Bank 2007b, p. 23.
84. World Bank 2007b.
85. World Bank 2007b.
86. Peters 2007a.
87. Freeman 2008.
88. Peters 2007a, p. 49.
89. Fox 2004; Physicians for Human
    Rights 2002; Sideris 2002;
    Twagiramariya and Turshen 1998.
90. Médecins Sans Frontières 2006.
91. Médecins Sans Frontières 2006, p. 3.
92. World Bank 2003.
93. World Bank 2007a, pp. 31~32.
94. Hanlon 2005, p. 464.
95. Van Gurp 2009.
96. Van Gurp 2009.
97. Médecins Sans Frontières 2006.
98. Van Gurp 2009.
99. Médecins Sans Frontières 2006.
100. IRIN 2008b.
101. Médecins Sans Frontières 2006.
102. IRIN 2008a.
103. IRIN 2008b.

7장 '새로운' 전쟁터

1. United Nations 2007.
2. Special Court for Sierra Leone 2002.
3. Denov and Maclure 2007.
4. Richards et al. 2004.
5. Peters 2007b, p. 14.
6. Peters 2007b.
7. Peters 2007b.

8. Richards et al, 2004, p. 35.

9. Search for Common Ground 2006.

10. Richards et al, 2004, p. 36.

11. Peters 2007b, p. 19.

12. Massaquoi 2008.

13. Search for Common Ground 2006.

14. Search for Common Ground 2006, pp. 1~2.

15. Search for Common Ground 2006.

16. Richards et al, 2004.

17. Peters 2007b, p. 19.

18. Peters 2007b.

19. Richards et al, 2004.

20. Conciliation Resources 2006.

21. Kemokai 2007.

22. *Awareness Times* 2007.

23. United Nations Development Programme 2008c.

24. Human Rights Watch 2003b.

25. Kemokai 2007.

26. Hanlon 2005.

27. ICG 2003, p. 1.

28. ICG 2004, p. 24.

29. World Bank 2003, p. 16.

30. Kpaka and Klemm 2005.

31. Hanlon 2005.

32. ICG 2003, pp. 8, 24.

33. Freeman 2008.

34. MacJohnson 2004.

35. Hanlon 2005, p. 465.

36. Freeman 2008.

37. Joka Bangura 2007.

38. Sharkey 2008.

39. IRIN 2009.

40. Mossman 2008, pp. 87~88.

41. Hanlon 2005; Richards 2005.

42. Hanlon 2005.

43. Richards 2005.

44. Freeman 2008.

45. Hanlon 2005, p. 462에서 재인용.

46. Jackson 2006.

47. Malan and Meek 2003.

48. Fanthorpe 2003.

49. Hanlon 2005에서 재인용.

50. Fanthorpe 2005, p. 47.

51. Human Rights Watch 2007b.

52. Freeman 2008.

53. Hanlon 2005, p. 471.

54. Hanlon 2005, p. 470에서 재인용.

55. Kemokai 2007.

56. McEvoy—Levy 2001.

57. Denov 2007.

58. Human Rights Watch 2005.

59. Ismail 2002.

60. Chrobok and Akutu 2008; UNICEF 2007.

61. Argenti 2002, pp. 151, 146(인용은 원저자).

62. World Bank 2007a.

63. Bellows and Edward 2006.

64. Peters 2006.

참고문헌

Abdullah, I. 1998. 'Bush path to destruction: The origin and character of the Revolutionary United Front/Sierra Leone'. *Journal of Modern African Studies* 36(2): 203~235.

2002. 'Youth culture and rebellion: Understanding Sierra Leone's wasted decade'. *Critical Arts* 16(2): 19~32.

2004. 'Bush path to destruction: The origin and character of the Revolutionary United Front (RUF/SL)'. In *Between Democracy and Terror: The Sierra Leone Civil War*, ed. I. Abdullah. Dakar, Senegal: Codresia.

2005. '"I am a rebel": Youth culture and violence in Sierra Leone'. In *Makers and Breakers: Children and Youth in Postcolonial Africa*, eds. A. Honwana and F. de Boeck. Trenton, NJ: Africa World Press.

Abdullah, I., Y. Bangura, C. Blake, L. Gberie, L. Johnson, K. Kallon, S. Kemokai, P. Muana, I. Rashid and A. Zack-Williams. 1997. 'Lumpen youth culture and political violence: Sierra Leoneans debate the RUF and the civil war'. *Africa Development* 22(3/4): 171~214.

Abdullah, I. and I. Rashid. 2004. 'Smallest victims; youngest killers: Juvenile combatants in Sierra Leone's civil war'. In *Between Democracy and Terror: The Sierra Leone Civil War*, ed. I. Abdullah. Oxford, UK: UNISA Press.

Abraham, A. 1997. 'War and transition to peace: A study of state conspiracy in perpetuating armed conflict'. *Africa Development* 22(3/4): 103~116.

2004. 'State complicity as a factor in perpetuating the Sierra Leone civil war'. In *Between Democracy and Terror: The Sierra Leone Civil War*, ed. I. Abdullah. Dakar, Senegal: Codresia.

Adelman, M. 2003. 'The military, militarism and the militarization of domestic violence'. *Violence Against Women* 9(9): 1118~1152.

Agence France-Presse. 1995. 'Boutros-Ghali calls for democracy in Sierra Leone ahead of trip'. 24 November.

Alberts, S. 2006. 'Teen is committed to killing, US claims'. 11 January. *The Montreal Gazette*, p. A17.

Alderson, P. 2000. 'Children as researchers: The effects of participation rights on research methodology'. In *Research with Children: Perspectives and Practices*, eds. P. Christensen and A. James. New York: Falmer Press.

Amowitz, L. L., C. Reis, K. Lyons, B. Vann, B. Mansaray, A. AkinsulureSmith, L. Taylor and V. Iacopino. 2002. 'Prevalence of war-related sexual violence and other human rights abuses among internally displaced persons in Sierra Leone'. *Journal of the American Medical Association* 287(4): 513~521.

Aning, K. and A. McIntyre. 2004. 'From youth rebellion to child abduction: The anatomy of recruitment in Sierra Leone'. In *Invisible Stakeholders: The Impact of Children on War*, ed. A. McIntyre. Pretoria: Institute for Security Studies.

Annan, J. and C. Blattman. 2006. 'The psychological resilience of youth'. *Research Brief 2, Survey of War Affected Youth, Uganda*. Retrieved 4 June 2007 from www.sway-uganda.org/SWAY.RB2.pdf

Argenti, N. 2002. 'Youth in Africa: A major resource for change'. In *Young Africa: Realising the Rights of Children and Youth*, eds. A. de Waal and N. Argenti. Trenton, NJ: Africa World Press.

Ariès, P. 1962. *Centuries of Childhood*. London: Jonathan Cape.

Atanga, L. 2003. *Tackling Small Arms in Central Africa*. Bonn: Bonn International Centre for Conversion.

Awareness Times. 2007. 'Youth Employment Scheme on course in Sierra Leone by Youth Employment Scheme'. 14 March. Retrieved 26 October 2008 from http://news.sl/drwebsite/publish/article_20054975.shtml

Bandura, A. 1999. 'Moral disengagement in the perpetration of inhumanities'. *Personality and Social Psychology Review* 3: 193~209.

Bangura, Y. 1997. 'Understanding the political and cultural dynamics of the Sierra Leone war: A critique of Paul Richards' *Fighting for the Rainforest*'. *Africa Development* 22(3/4): 117~148.

———. 2004. 'The political and cultural dynamics of the Sierra Leone war'. In *Between*

Democracy and Terror: The Sierra Leone Civil War, ed. I. Abdullah. Oxford, UK: UNISA Press.

Barker, J. and F. Smith. 2001. 'Power, positionality and practicality: Carrying out fieldwork with children'. *Ethics, Place and Environment* 4(2): 142~147.

BBC News. 2002. 'Sierra Leone's "flames of peace"'. Retrieved 25 July 2008 from http://news.bbc.co.uk/2/hi/africa/1767600.stm

——— 2003. 'Sierra Leone rebel leader dies'. 30 July. Retrieved 13 October 2008 from http://news.bbc.co.uk/2/hi/africa/3109521.stm

——— 2007. 'Child soldiers "are a time bomb"'. 5 February. Retrieved 4 June 2007 from http://news.bbc.co.uk/1/hi/world/europe/6330503.stm

Becker, H. 1970. *Sociological Work*. Chicago: Aldine.

Becker, J. 2004. *Children as Weapons of War*. New York: Human Rights Watch.

Bellows, J. and M. Edward. 2006. 'War and institutions: New evidence from Sierra Leone'. *American Economic Review* 96(2): 394~399.

Bennell, P., J. Harding and S. Rogers-Wright. 2004. *PRSP Education Sector Review, Sierra Leone*. Prepared for the PRSP Education Sub-Sector Working Group, Freetown, Sierra Leone.

Berman, B. 1998. 'Ethnicity, patronage and the African state: The politics of uncivil nationalism'. *African Affairs* 97: 315~341.

——— 2000. 'The relevance of narrative research with children who witness war and children who witness woman abuse'. *Journal of Aggression, Maltreatment and Trauma* 3(1): 107~125.

Betancourt, T. S. 2008. 'Child soldiers: Reintegration, pathways to recovery and reflections from the field'. *Journal of Developmental and Behavioral Pediatrics* 29(2): 138~141.

Betancourt, T. S., and K. T. Khan (2008). 'The mental health of children affected by armed conflict: Protective processes and pathways to resilience'. *International Review of Psychiatry* 20(3): 317~328.

Betancourt, T. S., S. Simmons, I. Borisova, S. Brewer, U. Iweala and M. de la Soudiere. 2008. 'High hopes, grim reality: Reintegration and the education of former child soldiers in Sierra Leone'. *Comparative Education Review* 52(4): 565~584.

Bhavnani, K.-K. 1993. 'Tracing the contours: Feminist research and feminist objectivity'. *Women's Studies International Forum* 16(2): 95~104.

Boothby, N. 2006. 'What happens when child soldiers grow up? The Mozambique case study'. *Intervention: International Journal of Mental Health, Psychosocial Work and Counselling in Areas of Armed Conflict* 4(3): 244~259.

Boothby, N., Crawford, J. and J. Halperin. 2006. 'Mozambique child soldier life outcome study: Lessons learned in rehabitation and reintegration efforts'. *Global Public Health* 1(1): 87~107.

Bouta, T. 2005. *Gender and Disarmament, Demobilization and Reintegration: Building Blocks for Dutch Policy.* Netherlands: Clingendael Conflict Research Unit.

Boyden, J. 2004. 'Anthropology under fire: Ethics, researchers and children in war'. In *Children and Youth on the Front Line: Ethnography, Armed Conflict, and Displacement,* eds. J. Boyden and J. de Berry. New York: Berghahn Books.

Boyden, J. and J. de Berry (eds.). 2004. *Children and Youth on the Front Line: Ethnography, Armed Conflict, and Displacement.* New York: Berghahn Books.

Boyden, J. and D. Levinson. 2000. 'Children as economic and social actors in the development process'. Working Paper 1. Stockholm: Expert Group on Developmental Issues.

Brett, R. and I. Specht. 2004. *Young Soldiers: Why They Choose to Fight.* London: Lynne Rienner Publishers.

Brocklehurst, H. 2006. *Who's Afraid of Children: Children, Conflict and International Relations.* Aldershot, UK: Ashgate.

Bryant, C. and D. Jary (eds.). 1991. *Giddens' Theory of Structuration: A Critical Appreciation.* London: Routledge.

Bundu, A. 2001. *Democracy by Force? A Study of International Military Intervention in the Conflict in Sierra Leone from 1991~2000.* London: Universal Publishers.

Burman, E. 1994. 'Innocents abroad: Western fantasies of childhood and the iconography of emergencies'. *Disasters* 18(3): 238~253.

Cain, K. 1999. 'The rape of Dinah: Human rights, civil war in Liberia and evil triumphant'. *Human Rights Quarterly* 21: 265~307.

Canadian Broadcasting Corporation. 2008. 'Publisher admits errors in memoir of child soldier'. 21 April. Retrieved 2 February 2009 from http://www.cbc.

ca/arts/books/story/2008/04/21/memoir-child-soldier.html

Caputo, V. 2001. 'Telling stories from the field: Children and the politics of ethnographic representation'. *Anthropologica* 43(2): 179~189.

Cardoza, T. 2002. 'These unfortunate children: Sons and daughters of the regiment in revolutionary and Napoleonic France'. In *Children and War: A Historical Anthology*, ed. J. Marten. New York: New York University Press.

Carment, D., J. Gazo and S. Prest. 2007. 'Risk assessment and state failure'. *Global Society* 21(1): 47~69.

Cervenka, Z. 1987. 'The effects of militarization of Africa on human rights'. *Africa Today* 1–2: 69~84.

Chrobok, V. 2005. *Demobilizing and Reintegrating Afghanistan's Young Soldiers*. Bonn: Bonn International Centre for Conversion.

Chrobok, V. and A. Akutu. 2008. *Returning Home: Children's Perspectives on Reintegration*. London: Coalition to Stop the Use of Child Soldiers.

Clapham, C. 2003. *Sierra Leone: The Political Economy of Internal Conflict*. The Hague: Netherlands Institute of International Relations, Conflict Research Unit.

Coalition to Stop the Use of Child Soldiers. 2001. *Global Report*. London: Coalition to Stop the Use of Child Soldiers.

2004. *Global Report*. London: Coalition to Stop the Use of Child Soldiers.

2008. *Global Report*. London: Coalition to Stop the Use of Child Soldiers.

Cohen, I. 1989. *Structuration Theory: Anthony Giddens and the Constitution of Social Life*. New York: St Martin's Press.

2001. *States of Denial: Knowing about Atrocities and Suffering*. London: Polity Press.

Collmer, S. 2004. 'Child soldiers: an integral element in new, irregular wars?' *Connections: The Quarterly Journal* 3(3): 1~11.

Conciliation Resources. 2006. 'Peace is not just the absence of the gun'. Retrieved 18 February 2009 from www.c-r.org/about/documents/CR_review_2006_West_Africa.pdf

Coulter, C. 2008. 'Female fighters in the Sierra Leone war: Challenging the assumptions?' *Feminist Review* 88: 54~73.

Coulter, C., M. Persson and M. Utas. 2008. *Young Female Fighters in African Wars: Conflict and Its Consequences*. NAI Policy Dialogue. Sweden: Nordiska Afrikainstitutet.

Craib, I. 1992. *Anthony Giddens*. London: Routledge.

Crelinsten, R. 1995. 'In their own words: The world of the torturer'. In *The Politics of Pain: Torturers and their Masters*, eds. R. Crelinsten and A. Schmid. Oxford, UK: Westview Press.

    2003. 'The world of torture: A constructed reality'. *Theoretical Criminology* 7(3): 293~318.

Decker, S. and B. Van Winkle. 1996. *Life in the Gang: Family, Friends, and Violence*. Cambridge: Cambridge University Press.

Denov, M. 2006. 'Wartime sexual violence: Assessing a human security response to war-affected girls in Sierra Leone'. *Security Dialogue* 37(3): 319~342.

    2007. *Is the Culture Always Right? The Dangers of Reproducing Gender Stereotypes and Inequalities in Psycho-Social Interventions for War-Affected Children*. Retrieved 13 October 2008 from www.child-soldiers.org/psycho-social/Gender_stereotypes_andjnequalities_2007.pdf

    2008. 'Girl soldiers and human rights: Lessons from Angola, Mozambique, Sierra Leone, and northern Uganda'. *International Journal of Human Rights* 12(5): 811~833.

Denov, M. and C. Gervais. 2007. 'Negotiating (in)security: Agency, resistance and the experiences of girls formerly associated with Sierra Leone's Revolutionary United Front'. *Signs: Journal of Women in Culture and Society* 32(4): 885~910.

Denov, M. and R. Maclure. 2006. 'Engaging the voices of girls in the aftermath of Sierra Leone's conflict: Experiences and perspectives in a culture of violence'. *Anthropologica* 48(1): 73~85.

    2007. 'Turnings and epiphanies: Militarization, life histories and the making and unmaking of two child soldiers in Sierra Leone'. *Journal of Youth Studies* 10(2): 243~261.

Dinan, K. A. 2002. 'Migrant Thai women subjected to slavery-like abuses in Japan'. *Violence Against Women* 8(9): 1113~1139.

Dodge, C. P. and M. Raundalen. 1991. *Reaching Children in War: Sudan, Uganda and Mozambique.* Uppsala, Sweden: Scandinavian Institute of African Studies.

Downe, P. J. 2001. 'Playing with names: How children create identities of self in anthropological research'. *Anthropologica* 43(2): 165~177.

Duffield, M. R. 2001. *Global Governance and the New Wars: The Merging of Development and Security.* London: Zed Books.

Ellis, S. 2003. Young Soldiers and the Significance of Initiation: Some Notes from Liberia. Unpublished manuscript.

Endleman, S. 2001. 'Arms for the poor: Small arms and light weapons in interstate and intrastate conflict'. *Humanity and Society* 25(3-4): 288~298.

England, K. 1994. 'Getting personal: Reflexivity, positionality, and feminist research'. *Professional Geographer* 46(1): 80~89.

Enloe, C. 2000. *Maneuvers: The International Politics of Militarizing Women's Lives.* Berkeley, CA, and London: University of California Press.

Erikson, E. H. 1963. *Childhood and Society.* New York: Norton.

Fanthorpe, R. 2001. 'Neither citizen nor subject? "Lumpen" agency and the legacy of native administration in Sierra Leone'. *African Affairs* 100: 363~386.

2003. 'Humanitarian aid in post-war Sierra Leone: The politics of moral economy'. In *Power, livelihoods and conflict*, HPG Report 13. London: Overseas Development Institute.

2005. 'On the limits of liberal peace: Chiefs and democratic decentralization in post-war Sierra Leone'. *African Affairs* 105(418): 27~49.

Farah, D. 2001. 'They fought for nothing and that's what they got'. 1 September. *Washington Post*, p. C1.

Farr, V. 2002. *Gendering Demilitarization as a Peacebuilding Tool.* Bonn: Bonn International Centre for Conversion.

Farrell, J. P. 1999. 'Changing conceptions of equality of education: Forty years of comparative evidence'. In *Comparative Education: The Dialectic of the Global and the Local*, eds. R. F. Arnove and C. A. Torres. Lanham, MD: Rowman and Littlefield.

Feldman, A. 2002. 'X-children and the militarisation of everyday life: Comparative comments on the politics of youth, victimage, and violence in transitional societies'. *International Journal of Social Welfare* 11: 286~299.

Ferme, M. 2001. *The Underneath of Things: Violence, History, and the Everyday in Sierra Leone*. Berkeley: University of California Press.

Ferme, M. and D. Hoffman. 2004. 'Hunter militias and the international human rights discourse in Sierra Leone and beyond'. *Africa Today* 50(4): 73~95.

Foucault, M. 1980. *Power/Knowledge: Selected Interviews and Other Writings, 1972~1977*. New York: Pantheon Books.

Fox, M.-J. 2004. 'Girl soldiers: Human security and gendered insecurity'. *Security Dialogue* 35(4): 465~479.

Freedson, J. 2002. 'The impact of conflict on children ? the role of small arms'. *Disarmament Forum* 3: 37~44.

Freeman, C. 2008. 'The failures of post-conflict reconstruction in Sierra Leone and the threat to peace'. Retrieved 16 February 2009 from www.beyondintractability.org/case_studies/reconstruction_sierra_leone.jsp?nid=6811

Galanter, M. 1989. *Cults: Faith, Healing, and Coercion*. Oxford: Oxford University Press.

Gberie, L. 2005. *A Dirty War in West Africa: The RUF and the Destruction of Sierra Leone*. London: Hurst and Company.

Geyer, M. 1989. 'The militarization of Europe, 1914~1945'. In *The Militarization of the Western World*, ed. J. Gillis. New Brunswick, NJ: Rutgers University Press.

Giddens, A. 1976. *New Rules of Sociological Method*. London: Macmillan.

　1977. *Studies in Social and Political Theory*. London: Hutchinson.

　1979. *Central Problems in Social Theory*. London: Macmillan.

　1984. *The Constitution of Society*. Cambridge, UK: Polity Press.

Ginifer, J. 2003. 'Prioritising reintegration'. In *Sierra Leone: Building the Road to Recovery*, eds. M. Malan, S. Meek, T. Thusi, J. Ginifer and P. Coker. Pretoria: Institute for Security Studies.

Goffman, E. 1961. *Asylums*. Garden City, NY: Doubleday Anchor Books.

Goldstein, J. 2001. *War and Gender*. Cambridge: Cambridge University Press.

Government of Sierra Leone. 2003. 'Sierra Leone national youth policy'. Retrieved

8 September 2009 from www.daco-sl.org/encyclopedia/4_strat/4_2/
National_Youth_Policy.pdf

2005. Poverty Reduction Strategy Paper.

Grbich, C. 2007. *Qualitative Data Analysis: An Introduction*. London: Sage.

Green, E., W. Mitchell and R. Bunton. 2000. 'Conceptualizing risk and danger: An analysis of young people's perceptions of risk'. *Journal of Youth Studies* 3: 109~126.

Hanlon, J. 2005. 'Is the international community helping to recreate the preconditions for war in Sierra Leone?' *The Round Table* 94(381): 459~472.

Hansen, A., J. Nenon, J. Wolf and M. Sommers. 2002. *Final Evaluation of the Office of Transition Initiatives' Program in Sierra Leone, Final Report*. Washington, DC: USAID.

Haritos-Fatouros, M. 2003. *The Psychological Origins of Institutionalized Torture*. London and New York: Routledge.

Harris, G. 2006. 'The military as a resource for peacebuilding: Time for consideration?' *Conflict, Security and Development* 6(2): 241~252.

Hay, C. 1995. 'Structure and agency'. In *Theory and Method in Political Science*, eds. D. Marsh and G. Stoker. New York: St Martin's Press.

Held, D. and J. Thompson. 1989. *Social Theory of Modern Societies: Anthony Giddens and his Critics*. Cambridge: Cambridge University Press.

Helmus, T., C. Russell and W. Glenn. 2004. *Steeling the Mind: Combat Stress Reactions and their Implications for Urban Warfare*. Santa Monica, CA: Rand Arroyo Center.

Hiroto, D. and M. Seligman. 1975. 'Generality of learned helplessness in man'. *Journal of Personality and Social Psychology* 13: 311~327.

Hirsch, J. 2001. *Sierra Leone: Diamonds and the Struggle for Democracy*. London: Lynne Rienner Publishers.

Hogg, C. 2006. *Sri Lanka: The Liberation Tigers of Tamil Eelam (LTTE) and Child Recruitment*. London: Coalition to Stop the Use of Child Soldiers.

Honwana, A. 1998. 'Okusiakala ondalo yokalye: Let us light a new fire. Local Knowledge in the Post-War Healing and Reintegration of War-Affected Children in Angola'. Retrieved 14 October 2008 from www.forcedmigration.

org/psychosocial/inventory/pwg001

2006. *Child Soldiers in Africa*. Philadelphia: University of Pennsylvania Press.

2008. 'Children's involvement in war: Historical and social contexts'. *Journal of the History of Childhood and Youth* 1(1): 139~149.

Honwana, A. and F. de Boeck (eds.). 2005. *Makers and Breakers: Children and Youth in Postcolonial Africa*. Trenton, NJ: Africa World Press.

Horn, R. 2001. 'Little lords of the jungle'. 29 January. *Time Magazine*. Vol. 157, No. 4: 52.

Howard, M. 2008. 'Captured videos show "al-Quaida children" training to kidnap and assassinate, says US'. 7 February. *The Guardian*, Retrieved 13 November 2008 from www.guardian.co.uk/world/2008/feb/07/alqaida.iraq

Human Rights Watch. 2003a. *Child Soldier Use 2003: A Briefing of the 4th UN Security Council Open Debate on Children and Armed Conflict - Rwanda*. New York: Human Rights Watch. Retrieved 28 October 2008 from www.hrw. org/reports/2004/childsoldiers0104/14.htm

2003b. *We'll Kill You If You Cry: Sexual Violence in the Sierra Leone Conflict*. New York: Human Rights Watch.

2003c. *World Report: Sierra Leone*. New York: Human Rights Watch. Retrieved 6 November 2007 from www.hrw.org/wr2k3/africa10.html

2005. *Youth, Poverty and Blood: The Lethal Legacy of West Africa's Regional Warriors*. Vol. 17, No. 53(A). New York: Human Rights Watch. Retrieved 9 February 2008 from www.hrw.org/reports/2005/westafrica0405/ westafrica0405text.pdf

2006. *Trying Charles Taylor in the Hague: Making Justice Available to the Most Affected*. New York: Human Rights Watch. Retrieved 13 October 2008 from www.hrw.org/backgrounder/ij/ij0606/ij0606.pdf

2007a. *Sold to Be Soldiers: The Recruitment and Use of Child Soldiers in Burma*. New York: Human Rights Watch.

2007b. 'Sierra Leone: New leader must combat injustice, corruption'. New York: Human Rights Watch. Retrieved 17 February 2009 from www. hrw.org/en/news/2007/11/12/sierra-leone-new-leader-must-combat-injustice-corruption

Humphreys, M. and J. Weinstein. 2007. 'Demobilization and reintegration'. *Journal of Conflict Resolution* 51(4): 531~567.

Ibañez, A. 2001. 'El Salvador: War and untold stories: Women guerrillas'. In *Victims, Perpetrators or Actors? Gender, Armed Conflict and Political Violence*, eds. C. Moser and F. Clark. London: Zed Books.

Integrated Regional Information Networks (IRIN). 2008a. 'Sierra Leone: Still last on human development index'. 18 December.

2008b. 'Sierra Leone: Maternity hospital is "last resort"'. 12 March. 2009. 'Sierra Leone: Sexual violence defies new law'. Retrieved 7 September 2009 from www.irinnews.org/report.aspx?ReportId=85511

International Crisis Group (ICG). 2003. 'Sierra Leone: The state of security and governance'. *Africa Report* 67.

2004. 'Liberia and Sierra Leone: Rebuilding failed states' *Africa Report* 87.

Ismail, O. 2002. 'Liberia's child combatants: Paying the price of neglect'. *Conflict, Security and Development* 2(2): 125~134.

Jackson, P. 2006. 'Reshuffling an old deck of cards? The politics of local government reform in Sierra Leone'. *African Affairs* 106(422): 95~111.

James, A. and A. Prout. 1990. *Constructing and Deconstructing Childhood*. London: Falmer Press.

Jayamah, D. 2004. 'Partners in Arms: LTTE Women Fighters and the Changing Face of the Sri Lankan Civil War'. Unpublished manuscript.

Joka Bangura, F. 2007. 'Political and economic empowerment of Sierra Leone women'. 6 December. *Awareness Times*, from news.sl/drwebsite/publish/article_20057125.shtml

Kagawa, F. 2005. 'Emergency education: A critical review of the field'. *Comparative Education* 41(4): 487~503.

Kaldor, M. 1999. *New and Old Wars: Organized Violence in a Global Era*. Cambridge, UK: Polity Press.

Kalyvas, S. 2001. '"New" and "old" civil wars: A valid distinction?' *World Politics* 54: 99~118.

Kanagaratnam, P., M. Raundalen and A. E. Asbjornsen. 2005. 'Ideological commitment and posttraumatic stress in former Tamil child soldiers'.

Scandinavian Journal of Psychology 46(6): 511~520.

Kandeh, J. 1999. 'Ransoming the state: Elite origins of subaltern terror in Sierra Leone'. *Review of African Political Economy* 81: 349~366.

2004. 'Unmaking the second republic: Democracy on trial'. In *Between Democracy and Terror: The Sierra Leone Civil War*, ed. I Abdullah. Dakar, Senegal: Codresia.

Kaplan, R. 1994. 'The coming anarchy'. February. *Atlantic Monthly*.

Kater, M. 2004. *Hitler Youth*. Cambridge, MA: Harvard University Press.

Kay, H., V. Cree, K. Tisdall and J. Wallace. 2002. 'At the edge: Negotiating boundaries in research with children and young people'. *Online Journal: Forum: Qualitative Social Research* 4(2).

Keairns, L. 2003. *The Voice of Girl Children Soldiers*. New York: Quaker United Nations Office.

Keen, D. 1997. 'A rational kind of madness'. *Oxford Development Studies* 25(1): 67~75.

2000. 'War and peace: What's the difference?' *International Peacekeeping* 7(4): 1~22.

2005. *Conflict and Collusion in Sierra Leone*. New York: Palgrave.

Kelman, H. 1995. 'The social context of torture: Policy process and authority structure'. In *The Politics of Pain: Torturers and their Masters, eds. R. Crelinsten and A*. Schmid. Boulder, CO: Westview Press.

Kemokai, A. 2007. 'The role of young people in local governance and accountability particularly regarding their education and employment in Sierra Leone'. Report for the Young Men's Christian Association, Sierra Leone.

Kemper, Y. 2005. *Youth in War to Peace Transitions*. Berlin: Berghof Research Center for Constructive Conflict Management.

Klare, M. 1999. 'The Kalashnikov age'. *Bulletin of the Atomic Scientists* 55(1): 18~22.

Kostelny, K. 2006. 'A culture-based integrative approach: Helping war-affected children'. In *A World Turned Upside Down: Social Ecological Approaches to Children in War Zones*, eds. N. Boothby, A. Strang and M. Wessells. Bloomfield, CT: Kumarian Press.

Kpaka, S. and J. Klemm. 2005. 'Sierra Leone expenditure tracking: Detecting leakages at primary school'. In *Stealing the Future: Corruption in the Classroom. Ten Real World Experiences*, eds. B. Meier and M. Griffin. Berlin: Transparency International.

Kpundeh, S. 2004. 'Corruption and political insurgency in Sierra Leone'. In *Between Democracy and Terror: The Sierra Leone Civil War*, ed. I. Abdullah. Dakar, Senegal: Codresia.

Kuterovac-Jagodic, G. and K. Kontac. 2002. 'Normalization: A key to children's recovery'. In *Children and Disasters: A Practical Guide to Healing and Recovery*, eds. W. N. Zubenko and J. A. Capozzoli. New York: Oxford University Press.

Kuttab, D. 1988. 'Profile of the stonethrowers'. *Journal of Palestinian Studies* 17(3): 14~23.

Layder, D. 1994. *Understanding Social Theory*. London: Sage.

Lee, R. and C. Renzetti (eds.). 1993. *Researching Sensitive Topics*. London: Sage.

Little, K. 1965. 'The political function of the Poro'. *Africa* 35(4): 349~365.

Luscombe, B. 2007. 'Pop culture finds lost boys'. *Time Magazine*. Available at www.time.com/time/magazine/article/0,9171,1584807,00.html

Lyons, T. 2004. *Guns and Guerilla Girls: Women in the Zimbabwean Liberation Struggle*. Asmara, Eritrea: Africa World Press.

Machel, G. 1996. *The Impact of War on Children*. New York: United Nations.

Maclure, R. and M. Denov. 2006. '"I didn't want to die so I joined them": Structuration and the process of becoming boy soldiers in Sierra Leone'. *Terrorism and Political Violence* 18(1): 119~135.

— 2009. 'Reconstruction versus transformation: Post-war education and the struggle for gender parity in Sierra Leone'. *International Journal of Educational Development* 29: 612~620.

MacJohnson, R. 2004. 'Spotlight falls on corruption in Sierra Leone'. 6 May. South African Press Association.

Macmillan, L. 2009. 'The child soldier in north?south relations'. *International Political Sociology* 3: 36~52.

MacMullin, C. and M. Loughry. 2004. 'Investigating psychosocial adjustment of former child soldiers in Sierra Leone and Uganda'. *Journal of Refugee Studies* 17(4): 460~472.

Malan, M. and S. Meek. 2003. 'Extension of government authority and national recovery'. In M. Malan, S. Meek, T. Thusi, J. Ginifer and P. Coker. 2003. *Sierra Leone: Building the Road to Recovery*. Pretoria: Institute for Security Studies.

Malan, M., S. Meek, T. Thusi, J. Ginifer and P. Coker. 2003. *Sierra Leone: Building the Road to Recovery*. Pretoria: Institute for Security Studies.

Marlowe, D. 2001. *Psychological and Psychosocial Consequences of Combat and Deployment with Special Emphasis on the Gulf War*. Santa Monica, CA: RAND.

Marten, J. (ed.) 2002. *Children and War: A Historical Anthology*. New York: New York University Press.

2004. *Children for the Union: The War Spirit on the Northern Home Front*. Chicago: Ivan R. Dee.

Massaquoi, M. 2008. 'Sierra Leone: Police wage war on Okada riders'. Retrieved 18 February 2009 from http://allafrica.com/stories/200811200960.html

Mauthner, M. 1997. 'Methodological aspects of collecting data from children: Lessons from three research projects'. *Children and Society* 11: 16~28.

Mawson, A. 2004. 'Children, impunity and justice: Some dilemmas from northern Uganda'. In *Children and Youth on the Front Line: Ethnography, Armed Conflict and Displacement*, eds. J. Boyden and J. de Berry. New York: Berghahn Books.

Maxted, J. 2003. 'Children and armed conflict in Africa'. *Social Identities* 9(1): 51~72.

Mazurana, D. and K. Carlson. 2004. *From Combat to Community: Women and Girls of Sierra Leone*. Women Waging Peace.

Mazurana, D., S. McKay, K. Carlson and J. Kasper. 2002. 'Girls in fighting forces and groups: Their recruitment, participation, demobilization and reintegration'. *Peace and Conflict: Journal of Peace Psychology* 8(2): 97~123.

McAdams, D. 2001. 'The psychology of life stories'. *Review of General Psychology* 5(2): 100~122.

McEvoy-Levy, S. 2001. 'Youth as social and political agents: Issues in post-settlement peace building'. Kroc Institute Occasional Paper 21.

McIntyre, A. 2003. 'African children in armed conflict: Bridging rights and reality'. *Commonwealth Youth and Development* 1(2): 5~21.

McKay, S. 2004. 'Reconstructing fragile lives: Girls' social reintegration in northern Uganda and Sierra Leone'. *Gender and Development* 12(3): 19~30.

2005. 'Girls as "weapons of terror"'. *Studies in Conflict and Terrorism*, 28(5): 385~397.

2006. 'The inversion of girlhood: Girl combatants during and after armed conflict'. In *A World Turned Upside Down: The Social Ecologies of Children in Armed Conflict* (pp. 89~109), eds. N. Boothby, M. Wessells and A. Strang. Bloomfield, CT: Kumarian Press.

McKay, S. and D. Mazurana. 2004. *Where Are the Girls? Girls in Fighting Forces in Northern Uganda, Sierra Leone, and Mozambique: Their Lives During and After War*. Montreal, Canada: International Centre for Human Rights and Democratic Development.

Médecins Sans Frontières. 2006. *Access to Healthcare in Post-Conflict Sierra Leone*. Amsterdam: Médecins Sans Frontières.

Mehari, S. 2006. *Heart of Fire*. London: Profile Books. (Originally published in German in 2004.)

Mendel, M. 1995. *The Male Survivor: The Impact of Sexual Abuse*. London: Sage.

Miles, M. B. and A. M. Huberman. 1994. *Qualitative Data Analysis: An Expanded Sourcebook*. 2nd edn. Thousand Oaks, CA: Sage.

Miller, D., D. Ladouceur and Z. Dougal. 2006. *From Research to Road Map: Learning from the Arms for Development Initiative in Sierra Leone*. Geneva: United Nations Institute for Disarmament Research.

Ministry of Education, Science and Technology. 2003. *National Report on the Development of Education in Sierra Leone for 2003*. Freetown: Government of Sierra Leone.

2007. *Sierra Leone Education Sector Plan: A Road Map for a Better Future, 2007~2015*. Freetown: Government of Sierra Leone.

Mishna, F., B. Antle and C. Regehr. 2004. 'Tapping the perspectives of children:

Emerging ethical issues in qualitative research'. *Qualitative Social Work* 3(4): 449~468.

Mkandawire, T. 2002. 'The terrible toll of post-colonial rebel movements in Africa: Towards an explanation of the violence against the peasantry'. *Journal of Modern Adolescent Studies* 40(2): 181~215.

Molloy, D. 2004. *The DDR Process in Sierra Leone: An Overview and Lessons Learned.* Freetown: United Nations Mission in Sierra Leone.

Moore, K., C. Squire and F. MacBailey. 2003. *Sierra Leone National Recovery Strategy Assessment, Final Report.* Freetown: United Nations Development Programme/Government of Sierra Leone.

Morrow, V. and M. Richards. 1996. 'The ethics of social research with children: An overview'. *Children and Society* 10(2): 90~105.

Mossman, L. 2008. *Gender Equality in Post-Conflict Sierra Leone.* Unpublished Master's thesis, Carleton University.

Muana, P. 1997. 'The Kamajoi militia: Civil war, internal displacement and the politics of counter-insurgency'. *Africa Development* 22(3/4): 77~100.

Muggah, R. (ed.). 2006. *No Refuge: The Crisis of Refugee Militarization in Africa.* London: Zed Books.

Munford, R. and J. Sanders. 2004. 'Recruiting diverse groups of young people to research: Agency and empowerment in the consent process'. *Qualitative Social Work* 3(4): 469~482.

Murphy, W. 2003. 'Military patrimonialism and child soldier clientalism in the Liberian and Sierra Leonean civil wars'. *African Studies Review* 46(2): 61~87.

Mutua, K. and B. Blue Swadener. 2004. 'Introduction'. In *Decolonizing Research in Cross-Cultural Contexts*, eds. K. Mutua and B. Blue Swadener. Albany: State University of New York Press.

National Committee for Disarmament, Demobilization and Reintegration (NCDDR). 2004. 'Final reports'. Available at www.daco-sl.org/encyclopedia/5_gov/5_3ncddr.htm

New York Times. 2006. 'Armies of children'. 12 October.

Newman, E. 2004. 'The "new wars" debate: A historical perspective is needed'. *Security Dialogue* 35(2): 173~89.

Newsweek. 1995. 'Special report: Boy soldiers'. 7 August.

2000. 'Terror twins'. 7 February. Vol. 135, Iss. 6: 42~43.

Nordstrom, C. 1997. *Girls and Warzones: Troubling Questions.* Uppsala, Sweden: Life and Peace Institute.

Otunnu, O. 2000. 'Innocent victims: Protecting children in times of armed conflict'. In *United Nations 2000.* London: Agenda Publishing.

Park, A. 2006. '"Other inhumane acts": Forced marriage, girl soldiers and the Special Court for Sierra Leone'. *SocioLegal Studies* 15(3): 315~337.

Pavlos, A. 1982. *The Cult Experience.* Westport, CT: Greenwood Press.

Peters, K. 2004. *Re-examining Voluntarism: Youth Combatants in Sierra Leone.* Retrieved 12 November 2008 from www.iss.co.za/pubs/Monographs/No100/Contents.html

2006. *Footpaths to Reintegration.* Unpublished PhD thesis, Wageningen University.

2007a. 'Reintegration support for young ex-combatants: A right or a privilege?' *International Migration* 45(5): 35~59.

2007b. 'From weapons to wheels: Young Sierra Leonean ex-combatants become motorbike taxi-riders'. *Journal of Peace, Conflict and Development* 10: 1~23.

Peters, K. and P. Richards. 1998. 'Why we fight: Voices of youth combatants in Sierra Leone'. *Africa* 68(2): 183~209.

Physicians for Human Rights. 2002. *War-Related Sexual Violence in Sierra Leone: A Population-Based Assessment.* Boston: Physicians for Human Rights.

Pombeni, M., E. Kirchler and A. Palmonari. 1990. 'Identification with peers as a strategy to muddle through the troubles of the adolescent years'. *Journal of Adolescence* 13: 351~369.

Post, J., E. Sprinzak and L. Denny. 2003. 'The terrorists in their own words: Interviews with 35 incarcerated Middle Eastern terrorists'. *Terrorism and Political Violence* 15(1): 171~184.

Rashid, I. 1997. 'Subaltern reactions: Lumpen, students, and the left'. *Africa Development* 22(3/4): 19~44.

Regan, P. 1994. 'War toys, war movies, and the militarization of the United States,

1900~85'. *Journal of Peace Research*, 31(1): 45~58.

Rempel, G. 1989. *Hitler's Children: The Hitler Youth and the SS*. Chapel Hill: University of North Carolina Press.

Reno, W. 1995. *Corruption and State Politics in Sierra Leone*. Cambridge: Cambridge University Press.

Revolutionary United Front. 1995. 'RUF Anthem'. *Footpaths to Democracy: Toward a New Sierra Leone*.

Richards, P. 1996. *Fighting for the Rainforest: War, Youth and Resources in Sierra Leone*. Oxford, UK: James Currey.

    2003. 'The political economy of internal conflict in Sierra Leone'. Working Paper 21. Netherlands Institute of International Relations Clingendael, Conflict Research Unit.

    2005. 'To fight or to farm? Agrarian dimensions of the Mano River conflicts (Liberia and Sierra Leone)'. *African Affairs* 104(417): 571~590.

Richards, P., K. Bah and J. Vincent. 2004. *Social Capital and Survival: Prospects for Community Driven Development in Post-Conflict Sierra Leone*. Washington, DC: World Bank.

Rosen, D. 2005. *Armies of the Young: Child Soldiers in War and Terrorism*. New Brunswick, NJ: Rutgers University Press.

    2009. 'The child soldier in literature or how Johnny Tremain Became Johnny Mad Dog'. In *Restaging War in the Western World: Noncombatant Experiences*, eds. M. Abbenhuis and S. Buttsworth. New York: Palgrave MacMillan.

Rotberg, R. I. 2002. 'Failed states in a world of terror'. *Foreign Affairs* 81(4): 127~140.

    2003. *Failed States, Collapsed States, Weak States: Causes and Indicators*. Retrieved 13 November 2008 from www.wilsoncenter.org/topics/docs/statefailurea ndstateweaknessinatimeofterror.pdf

Rudd, P. and K. Evans. 1998. 'Structure and agency in youth transitions: Student experiences of vocational further education'. *Journal of Youth Studies* 1: 39~62.

Schabas, R. 2004. 'A synergistic relationship: The Sierra Leone Truth and Reconciliation Commission and the Special Court for Sierra Leone'. In

Truth Commissions and Courts, eds. W. Schabas and S. Darcy. London: Kluwer Academic Publishers.

Scheyvens, R. and H. Leslie. 2000. 'Gender, ethics and empowerment: Dilemmas of development fieldwork'. *Women's Studies International Forum* 23(1): 119~130.

Schmid, T. and R. Jones. 1991. 'Suspended identity: Identity transformation in a maximum security prison'. *Symbolic Interaction* 14(4): 415~432.

Schmidt, R. 2007. *No Girls Allowed? Recruitment and Gender in Colombian Armed Groups*. Unpublished Master's thesis, Carleton University.

Schroven, A. 2008. *Women After War: Gender Mainstreaming and the Social Construction of Identity in Contemporary Sierra Leone*. Berlin: LIT Verlag Berlin-Hamburg-Münster.

Schuler, C. 1999. 'Special report from Sierra Leone'. 15 September. *National Post*, p. A14.

Search for Common Ground. 2006. 'Key findings from bike riders in Sierra Leone'. Retrieved 18 February 2009 from www.sfcg.org/Programmes/sierra/pdf/bike.pdf

Sela-Shayovitz, R. 2007. 'Suicide bombers in Israel: Their motivations, characteristics, and prior activity in terrorist organizations'. *International Journal of Conflict and Violence* 1(2): 160~168.

Shahar, S. 1990. *Children in the Middle Ages*. New York: Routledge.

Sharkey, D. 2008. *Education, Violence and Resilience in War-Affected Girls in Sierra Leone: An Ecological Case Study*. Unpublished PhD disserta?tion, University of Ottawa.

Shaw, R. 2002. *Memories of the Slave Trade*. Chicago: University of Chicago Press.

Shepler, S. 2003. 'Educated in war: The rehabilitation of child soldiers in Sierra Leone'. In *Conflict Resolution and Peace Education in Africa*, ed. E. Uwazie. New York: Lexington Books.

2004. *The Social and Cultural Context of Child Soldiering in Sierra Leone*. Oslo: PRIO.

2005. 'The rites of the child: Global discourses of youth and reintegrating child soldiers in Sierra Leone'. *Journal of Human Rights* 4: 197~211.

Sideris, T. 2002. 'Rape in war and peace: Social context, gender, power and identity'. In *The Aftermath: Women in Post-Conflict Transformation*, eds. S. Meintjes, A. Pillay and M. Turshen. New York: Zed Books.

Sieber, J. 1993. 'The ethics and politics of sensitive research'. In *Researching Sensitive Topics*, eds. R. Lee and C. Renzetti. London: Sage.

Sierra Leone Truth and Reconciliation Commission. 2004. *Witness to Truth: Report of the Sierra Leone Truth and Reconciliation Commission*. Available at www. trcsierraleone.org/drwebsite/publish/index.shtml

Silberfein, M. 2004. 'The geopolitics of conflict and diamonds in Sierra Leone'. *Geopolitics* 9(1): 213~241.

Singer, P. W. 2003. *Corporate Warriors: The Rise of the Privatized Military Industry*. Ithaca, NY: Cornell University Press.

2005a. 'Child soldiers: The new faces of war'. Retrieved 25 April2007 from www.brookings.edu/articles/2005/winterislamicworld_singer.aspx

2005b. *Children at War*. New York: Pantheon Books.

2006. 'The new children of terror'. In *The Making of a Terrorist*, ed. J. Forest. Westport, CT: Praeger Security International.

Sirajsait, M. 2004. 'Have Palestinian children forfeited their rights?' *Journal of Comparative Family Studies* 35(2): 211~228.

Skinner, E. 1999. 'Child soldiers in Africa: A disaster for future families'. *International Journal on World Peace* 16(2): 7~22.

Small Arms Survey. 2007. *Guns and the City*. Geneva: Small Arms Survey.

2009. *Shadows of War*. Cambridge: Cambridge University Press.

Smillie, I., L. Gberie and R. Hazleton. 2000. *The Heart of the Matter. Sierra Leone, Diamonds, and Human Security*. Ottawa: Partnership Africa Canada.

Snow, D. 1996. *Uncivil Wars: International Security and the New Internal Conflicts*. London: Lynne Rienner Publishers.

Solomon, Z. 1993. *Combat Stress Reaction: The Enduring Toll of War*. New York: Plenum Press.

Spear, J. 2002. 'Disarmament and demobilization'. In *Ending Civil Wars: The Implementation of Peace Agreements*, eds. S. Stedman, D. Rothchild and E. Cousens. Boulder, CO: Lynne Rienner Publishers.

Special Court for Sierra Leone. 2002. 'Special Court Prosecutor says he will not prosecute children'. Press release, 2 November. Retrieved 13 October 2008 from www.sc-sl.org/Press/prosecutor-110202.pdf

2008b. 'Appeals Chamber overturns convictions, Civil Defence Forces leaders'. Outreach and Public Affairs Office, press release. Retrieved 13 October 2008 from www.sc-sl.org/Press/pressrelease-052808.pdf

Specker, L. 2008. *Reintegration Phase of DDR Processes*. The Hague: Netherlands Institute of International Relations.

Stacey, J. 1991. 'Can there be a feminist ethnography?' *Women's Studies International Forum* 11: 21~27.

Stark, L. 2006. 'Cleansing the wounds of war: An examination of traditional healing, psychosocial health and reintegration in Sierra Leone'. *Intervention* 4(3): 206~218.

Stasiulis, D. 1993. '"Authentic voice": Anti-racist politics in Canadian feminist publishing and literary production'. In *Feminism and the Politics of Difference*, eds. A. Yeatman and S. Gunew. Sydney: Allen and Unwin.

Statistics Sierra Leone. 2005. *Sierra Leone Integrated Household Survey 2003~2004*. Freetown: Statistics Sierra Leone.

Staub, E. 1989. *The Roots of Evil: The Origins of Genocide and Other Group Violence*. New York: Cambridge University Press.

Stavrou, V. 2004. *Breaking the Silence: Girls Abducted During Armed Conflict in Angola*. Report for the Canadian International Development Agency.

Stohl, R. 2002a. 'Children in conflict: Assessing the optional protocol'. *Conflict, Security and Development*, 2(2): 135~140.

2002b. 'Targeting children: Small arms and children in conflict'. *The Brown Journal of World Affairs* 9(1): 281~292.

Sykes, G. and D. Matza. 1957. 'Techniques of neutralization: A theory of delinquency'. *American Sociological Review* 22(6): 664~670.

Thapar-Bjorkert, S. and M. Henry. 2004. 'Reassessing the research relation?ship: Location, position and power in fieldwork accounts'. *International Journal of Social Research Methodology* 7(5): 363~381.

The Fund for Peace. 2007. *The Failed States Index 2007*. Retrieved 26 May 2008 from www.foreignpolicy.com/story/cms.php?storyjd=3865&page=7

The Hindu News Update Service. 2008. 'LTTE got new method of child recruitment, Lanka tells UN'. 25 February.

The Independent. 1993. 'Liberian boy soldiers leave a swathe of ruin'. 27 March.

2007. 'From child soldier to poster boy'. 22 January.

The Los Angeles Times. 1999. 18 October. p. 18A~11.

The Montreal Gazette. 1999. 'Drug crazed child soldiers kill like unfeeling robots'. 9 August.

The Ottawa Citizen. 1998. 13 May. p. A15.

The San Francisco Chronicle. 2007. 'Once a drugged child soldier, Beah reclaims his soul'. 27 February.

Thomas, N. and C. O'Kane. 1998. 'The ethics of participatory research with children'. *Children and Society* 12(5): 336~348.

Thorpe, C. 2002. 'Statement at the UN Special Session on Children'. New York: United Nations.

Tidwell, A. 2004. 'Conflict, peace, and education: A tangled web'. *Conflict Resolution Quarterly* 21(4): 463~470.

Troyer, K. 2005. 'The mental health needs of child soldiers in Uganda: A case study of structural violence'. *The Applied Anthropologist* 25(2): 135~146.

Twagiramariya, C. and M. Turshen 1998. '"Favours" to give and "consenting" victims: The sexual politics of survival in Rwanda'. In *What Women Do in Wartime: Gender and Conflict in Africa*, eds. M. Turshen and C. Twagiramariya. London: Zed Books.

Twum-Danso, A. 2003. *Africa's Young Soldiers: The Co-Option of Childhood.* Retrieved 9 February 2008 from www.iss.co.za/Pubs/Monographs/No82/Content.html

Ukeje, C. 2003. 'Sierra Leone: The long descent into civil war'. In *Civil Wars, Child Soldiers, and Post-Conflict Peace Building in West Africa*, ed. A. Sesay. African Strategic and Peace Research Group.

Ungar, M. and E. Teram. 2000. 'Drifting toward mental health: High-risk adolescents and the process of empowerment'. *Youth and Society* 32: 228~252.

UNICEF. 2001. 'Small arms and children: UNICEF fact sheet'. Available at www. un.org/Depts/dda/CAB/smallarms/presskit/sheet5.htm

2004. *From Conflict to Hope: Children in Sierra Leone's Disarmament, Demobilization and Reintegration Programme*. New York: UNICEF.

2005. *The Disarmament, Demobilisation and Reintegration of Children Associated with the Fighting Forces: Lessons Learned in Sierra Leone 1998~2002*. Dakar: UNICEF.

2007. 'The Paris Principles. Principles and guidelines on children associated with armed forces or armed groups'. February. Retrieved 8 September 2009 from www.unhcr.org/refworld/docid/465198442.html

2008. *State of the World's Children*. New York: UNICEF.

UNICEF Sierra Leone. 2005. *Education Programme*. Retrieved 14 October 2008 from www.dac-sl.org//encyclopedia/4_part/4_2/icef_edu_may05.pdf

United Nations. 1999. *Small Arms*. Geneva: United Nations Publications.

2005. *Sierra Leone - UNAMSIL - Background*. Retrieved 13 December 2007 from www.un.org/Depts/dpko/missions/unamsil/background.html

2006. *Integrated Disarmament, Demobilization and Reintegration Standards*. Retrieved 15 October 2008 from www.unddr.org/iddrs/framework.php

2007. 'Ten years on, Machel Review cites continued abuse against children in conflicts'. UN press release, 17 October. Retrieved 13 October 2008 from www.un.org/children/conflict/pr/2007-10-17167.html

United Nations Commission on Human Security. 2003. *Human Security Now: Protecting and Empowering People*. New York: United Nations Commission on Human Security.

United Nations Development Programme. 2008a. *Human Development Index Rankings. Statistical Update 2008/2009*. Retrieved 24 February 2009 from www.hdr.undp.org/en/statistics/

2008b. *Draft Country Programme Document for Sierra Leone 2008~2010*. Retrieved 15 October 2008 from www.undp.org/africa/programmedocs/ sierra%20leone%20CPD%20-%202008?2010%20_english.pdf

2008c. 'UNDP and World Food Programme conclude US$1M youth employment agreement'. Retrieved 26 October 2008 from www.sl.undp.

org/4_media/Newsroom/undp_wfp_1m_project_youth.htm

United Nations News Centre. 2008. 'Strong link between child soldiers and small arms trade, UN experts say'. 15 July.

United Nations Security Council. 2007. *Report of the UN Secretary General on Children and Armed Conflict in Myanmar.* S/2007/666. 16 November. Retrieved 11 February 2008 from www.child-soldiers.org/regions/country?id=146

US Department of State. 2008. *Sierra Leone: Country Reports on Human Rights Practices 2007.* Retrieved 22 October 2008 from www.state.gov/g/drl/rls/hrrpt/2007/100503.htm

Usher, G. 1991. 'Children of Palestine'. *Race and Class* 32(4): 1~18.

Utas, M. 2003. *Sweet Battlefields: Youth and the Liberian Civil War.* Unpublished PhD thesis, Uppsala University.

　　 2004. 'Fluid research fields: Studying excombatant youth in the aftermath of the Liberian civil war'. In *Children and Youth on the Front Line: Ethnography, Armed Conflict, and Displacement*, eds. J. Boyden and J. de Berry. New York: Berghahn Books.

　　 2005a. 'Agency of victims: Young women in the Liberian civil war'. In *Makers and Breakers: Children and Youth in Postcolonial Africa*, eds. A. Honwana and F. de Boeck. Trenton, NJ: African World Press.

　　 2005b. 'Victimcy, girlfriending, soldiering: Tactic agency in a young woman's social navigation of the Liberian war zone'. *Anthropological Quarterly* 78(2): 403~430.

Utas, M. and M. Jorgel. 2008. 'The west side boys: Military navigation in the Sierra Leone civil war'. *Journal of Modern African Studies* 46(3): 487~511.

Van de Voorde, C. 2005. 'Sri Lankan terrorism: Assessing and responding to the threats of the Liberation Tamil Tigers of Eelam (LTTE)'. *Policy Practice and Research* 6(2): 181~199.

Van Gurp, G. 2009. 'Asset-based needs assessment: Paki Masebong and Gbongaleiken chiefdoms Northern Province, Sierra Leone'. Unpublished report.

Veale, A. 2003. *From Child Soldier to Ex-Fighter. Female Fighters: Demobilisation and*

Reintegration in Ethiopia. Pretoria: Institute for Security Studies.

Warchild UK. 2006. *I Am Not Trash: A Call to Action from Child Soldiers*. Retrieved 9 February 2008 from www.crin.org/docs/I%20Am%20Not%20Trash. pdf

Wasswa, H. 1997. 'Uganda's children have been warped by war'. 20 December. *Kingston Whig Standard*, p. 16.

Watchlist on Children and Armed Conflict. 2008. *No Safety, No Escape: Children and the Escalating Armed Conflict in Sri Lanka*. New York: Watchlist on Children and Armed Conflict.

Watkins, M. H. 1943. 'The West African "bush" school'. *American Journal of Sociology* 48(6): 666~675.

Watson, A. 2006. 'Children and international relations: A new site of knowledge?' *Review of International Studies* 32: 237~250.

Weissberg, M. 2003. 'Conceptualizing human security'. *Swords and Ploughshares: A Journal of International Affairs* 13(1): 3~11.

Wessells, M. 2006. *Child Soldiers: From Violence to Protection*. Cambridge, MA: Harvard University Press.

West, H. 2004. 'Girls with guns: Narrating the experience of war of FRELIMO's "female detachment"'. In *Children and Youth on the Front Line: Ethnography, Armed Conflict, and Displacement*, eds. J. Boyden and J. de Berry. New York: Berghahn Books.

Williamson, J. 2006. 'The disarmament, demobilization and reintegration of child soldiers: Social and psychological transformation in Sierra Leone'. *Intervention* 4(3): 185~205.

Women's Commission for Refugee Women and Children. 2002. *Precious Resources: Adolescents in the Reconstruction of Sierra Leone*. New York: Women's Commission on Refugee Women and Children.

2008. *Country at a Crossroads: Challenges Facing Young People in Sierra Leone Six Years After the War*. New York: Women's Commission for Refugee Women and Children.

Wong, L. 1998. 'The ethics of rapport: Institutional safeguards, resistance and betrayal'. *Qualitative Inquiry* 4(2): 178~199.

World Bank. 2003. *Sierra Leone - Strategic Options for Public Sector Reform*. Washington, DC: World Bank.

2006. *World Development Report 2007, Development for the Next Generation*. Washington, DC: World Bank.

2007a. *Education in Sierra Leone: Present Challenges, Future Opportunities*. Washington, DC: World Bank.

2007b. *Sierra Leone: Youth and Employment*. Environmentally and Socially Sustainable Development Unit, West Africa.

Zack-Williams, A. 1999. 'Sierra Leone: The political economy of civil war 1991~1998'. *Third World Quarterly* 20(1): 143~162.

아이들은 괴물도 천사도 아니다

소년병은 우리에게 낯설지 않다. 전직 소년병의 수기가 전 세계 베스트셀러가 되었고 소년병을 주제로 한 책들이 국내에서도 여러 권 출간되었으며 자기 키만 한 총을 든 어린아이의 이미지는 대부분의 사람들에게 친숙할 것이다. 사람들은 소년병의 고통스러운 경험을 접하며 함께 슬퍼하고 어려움을 이겨내는 인간 승리의 드라마를 보면서 용기와 희망을 얻는다. 그런데 사람들이 소년병 이야기에 깊이 감정이입할 수 있는 것은 이것이 자신과 무관한 이야기이기 때문이다. 소년병이 어떤 고통을 겪고 어떤 만행을 저질러도 나의 안전이 위협받지는 않는다.

하지만 소년병 개인에게 초점을 맞추지 않고 소년병 현상의 맥락을 폭넓게 바라보기 시작하면 이 문제가 우리와 그다지 멀리 떨어져 있지 않음을 깨닫게 된다. 이 책의 배경인 시에라리온 내전의 원인을 거슬러 올라가면 부패한 정권, 권력 사유화, 외세의 개입, 지역(종족) 갈등, 이권(다이아몬드) 등을 만나게 된다. 소년병의 비극은 시에라리온 역사의 비극과 맞닿는다.

소년병의 가장 큰 비극은 어느 순간 피해자에서 가해자로 둔갑한다는 것이다. 반군의 손에 부모를 잃고 납치되어 끌려간 아이들은 마약, 세뇌, 반군 내부의 권력관계 등을 겪으며 자신 또한 서슴없이 만행을 저지르는 반군으로 바뀌어간다. 소년병을 세뇌할 때 가장 중요한 것은 타인의 고통에 공감하는 능력을 없애는 것이다. 그래야 전투에서 적을 가차 없이 학살할 수 있기 때문이다. (그런데 전시도 아니면서 공감 능력을 잃어가는 우리 사회는 무엇을 대비하려는 것일까?)

소년병은 괴물일까? 마을 주민들을 모아놓고 총질을 하거나 손목과 팔꿈치를 잘라내거나 고통을 증가시키려고 일부러 날이 무딘 칼을 쓰는 순간은 괴물이 틀림없을 것이다. 하지만 반군에게 납치되기 전까지만 해도 천사 같은 아이들 아니던가? 인간 아닌 괴물이 만행을 저지른 것이라고 생각하면 차라리 편하겠지만, 두려운 사실은 누구나 이런 괴물로 변할 수 있다는 것이다. 그렇기에 괴물을 모조리 죽이거나 감옥에 넣어도 문제는 해결되지 않는다. 아이들이 괴물로 변하지 않도록 해야 한다.

하지만 아이들은 단순한 피해자도, 단순한 가해자도 아니었다. 상관의 위협에 마지못해 복종하면서도 자기들 나름의 방식으로 견디고 저항했다. 가장 큰 저항은 인간성을 간직하는 것이었으리라. 소녀들의 연대도 성적 폭력을 거부하고 스스로를 보호하는 중요한 수단이었다. 반군 내에서는 성차별이 극단으로 치달아 소녀들은 늘 성폭력의 위험에 노출되었다. 자신을 지키려면 소녀들끼리 뭉치거나 힘(총)을 얻거나 권력관계를 이용하는 수밖에 없었다. 아이들은 살아남기 위해 반군의 페르소나를 쓰기도 했다. 자신의 참모습은 전쟁 전의 과거에 남겨둔 채. 이렇듯 아이들은 환경과 역동적으로 영향을 주고받았기에 소년병이라는 고정된 이미지로 파악할 수 없다.

반군은 납치된 아이들에게 낙인을 찍었다. 만에 하나 탈출하더라도 정부군에게 살해당하도록 하려는 속셈이었다. 전쟁이 끝난 뒤에도 낙인은 지워지지 않았다. 소년병이었다는 낙인, 사람을 죽였다는 낙인, 괴물이었다는 낙인이 아이들의 삶을 짓눌렀다. 하지만 쉽게 용서를 말할 수는 없다. 자기 부모를 죽인 소년병과 같은 학교에서 공부하게 된 아이의 심정은 어땠을까? 이라크 전쟁에 참전한 군인들이 전역 후 사회에 적응하지 못하고 후유증으로 고통받고 있다는 이야기를 들었다. 이와 관련하여 시에라리온 소년병의 사회복귀 과정은 시사하는 바가 크다. 가해자이든 피해자이든 과거에서 벗어날 계기가 필요했다. 어떤 마을은 주술을 동원하여 전직 소년병을 새 사람으로 탈바꿈시키기도 했다.

청산하지 못한 과거가 어디 시에라리온에만 있겠는가? 일제 식민지, 한국전쟁, 독재와 민주화 운동 등을 거치면서 우리도 숱한 폭력의 가해자와 피해자로 살지 않았던가. 책을 덮는 순간 21세기 대한민국의 현실이 오버랩된다.

기타 약어

AFRC ☞ 군 혁명평의회

APC ☞ 전인민회의당

APRD ☞ 공화국과 민주주의 회복을 위
한 인민군

BRN-C ☞ 바리산 민족혁명연합

CAD ☞ 자위위원회

CDF ☞ 시민방위군

CPP ☞ 필리핀 공산당

DCISL ☞ 국제아동보호 시에라리온 지부

DDR ☞ 무장해제 disarmanent · 동원해제
demobilization · 사회복귀reintegration

ECOMOG ☞ 서아프리카경제공동체 휴
전감찰단

ECOWAS ☞ 서아프리카경제공동체

EO ☞ 이그제큐티브 아웃컴스

FAFN ☞ 신세력의 군대

FNL ☞ 민족해방군(콜롬비아)

FoC ☞ 양심의 법정

FUC ☞ 변화를 위한 통일전선

GSG ☞ 구르카 경호대

ICC ☞ 국제형사재판소

ICG ☞ 국제위기감시기구

KLA ☞ 코소보 혁명군

LRA ☞ 신의 저항군

LTTE ☞ 타밀 엘람 해방 호랑이

MILF ☞ 모로 이슬람 해방전선

MNLF ☞ 모로 민족해방전선

NCDDR ☞ 국립 DDR 위원회

NPA ☞ 신인민군

NPFL ☞ 라이베리아 전국애국전선

NPRC ☞ 국가임시통치평의회

RPA-ABB ☞ 프롤레타리아 혁명군 알렉
스 본카야오 여단

RUF ☞ 혁명통일전선

SCSL ☞ 시에라리온 특별법정

SLA ☞ 시에라리온군

SLPP ☞ 시에라리온 인민당

SLST ☞ 시에라리온 실렉션 트러스트

TRC ☞ 진실과 화해 위원회

UNAMSIL ☞ 유엔 시에라리온 대표부

UNIOSIL ☞ 유엔 시에라리온 통합 사
무소

UNIPSIL ☞ 유엔 시에라리온 통합 평화
정착 사무소

UNOMSIL ☞ 유엔 시에라리온 감찰단